전체 최적화를 위한 시스템 사고와 제약 관리

생산운영관리

이견직

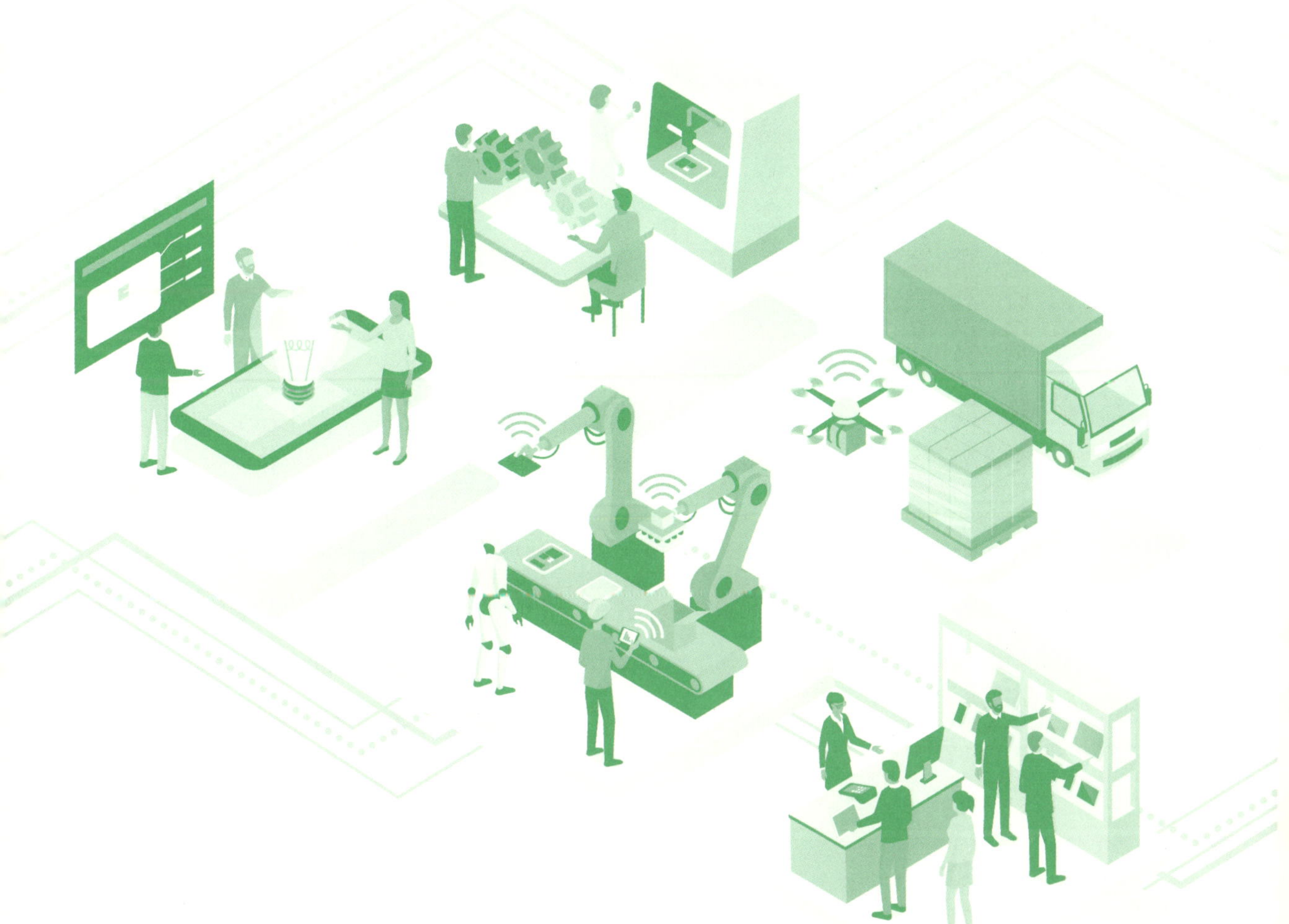

도서출판
청람

| 머리말 |

탈산업기를 맞아 공급자 중심에서 소비자 중심으로 이동된 시장은 코로나19 팬데믹 현상과 환경파괴의 위협을 본격적으로 인식하면서 지속성장 시대에서 지속가능 성장 시대로 전환되고 있다. 여기에 과거 1, 2, 3차 산업혁명기에서 보여준 한계생산성 체감의 요소 중심적 경제에서 체증의 관계 중심적 경제라는 4차 산업혁명까지 경험하고 있다.

생산운영관리는 성과를 창출하고 관리하는 경영학의 핵심 기능이다. 이제 조직의 성과는 수급의 전환을 넘어 지속가능 성장과 한계생산성 체증 현상을 이해하지 않고서는 존립조차 위협받는 상황에 놓여지게 되었다. 유한한 자원으로 무한한 성장을 설계함이 허상이 되었고, 팬데믹은 자동화와 인공지능의 활용을 수년 앞당기는 계기로 작용하였다.

현재와 미래 세대 간 자원 활용의 균형성을 담보한 상태에서, 친환경적이면서 무인자동화의 경쟁우위까지 확보한 경쟁자를 상대로 성과를 창출하기에는 과거에 비해 더욱 어려운 상황으로 치닫고 있음을 손쉽게 진망할 수 있다.

이제 생산운영관리는 어떠해야 할까?

본서의 저술 의도는 여기에서 출발하였다. 확실한 점은 수단적 방법론의 개선적 접근으로는 시작부터 유효하지 않으리라는 것이다. 사상부터 개혁하는 접근법이 제시되어야 한다. 그러면서도 현실 조직의 한계를 반영해 조직 운영의 변화를 점진적으로 유도해 내야 한다. 현실 조직의 한계는 주류 경영(학)적 접근에 익숙하다는 점이며 조직 변화는 쉽게 일어나지 않는다는 것이다.

이러한 측면에서 본서는 주류 경영학의 사상적 토대를 환원적 사고로 보고 전일적 사고에 기초한 생산운영관리의 접근을 피력한다. 환원적 사고는 요소 중심적 사고로 부분의 최선이 곧 전체의 최선이 된다는 접근법이다. 이에 반해 전일적 사고는 관계 중심적 사고로 부분의 최선이 전체의 최선으로 이어지지 않을 수 있음을 직시하는 접근법이다. 이를 연장하여 사람 중심적인 경영의 효과성도 강조한다. 이른바 4단계로 구성된 생명경영이 그것이다.

그 첫 단계가 사람을 관리의 대상으로 설정하지 않는 것이다. 사람을 관리하겠다는 발상은 사람이 곧 기계여야 한다는 시각과 일치하게 되어 조직과 그 속에서 일하는 사람 모두에게 궁극적으로 필패로 귀결되게 된다.

관리에서 벗어난 사람은 학습의 대상이어야 한다는 것이 그 두 번째 단계이다. 이것이 지속가능 성장의 토대이다. 행동 유인의 엔진을 외부가 아닌 내부에 두어야 한다는 것이 본질이다.

셋째 단계는 생산운영관리와 직결되게 되는데 이는 관리의 대상은 시스템이라는 것이다. 시스템은 요소와 관계의 합으로 시스템이 발생시키는 시스템 에너지인 시너지(synergy)를 통해 성과를 창출하게 된다. 시스템 사고가 전일적 사고이며, 시스템의 이해가 프로세스 관리이다. 그 프로세스가 '일하는 방법'이자, 흔히 말하는 '업무'이다. 그 업무(an operation)의 집합이 운영(operations)으로 생산운영관리는 본질적으로 전일성과 시스템의 이해를 기초로 해야 한다.

넷째 단계는 생산운영관리의 실제적 활동과 연결되는 것으로 조직 학습은 핵심가치를 업무에 녹여 흐르게 한다는 것이다. 업무는 조직이 매일 전개하는 활동으로 고객에게 전달되게 된다. 고객은 업무를 통해 조직과 만나게 되는데 그 업무에 조직의 핵심가치를 녹였다는 것은 매일같이 살아 숨쉬는 조직의 미션을 만나게 된다는 것과 일치한다. 그리고 또 하나의 의미가 '흐름'에 있다. 그 반대어가 '막힘'임을 상기해 보면 의미의 중요성을 가름해 볼 수 있을 것이다. 모든 생명체는 흐름을 유지할 수 있으면 생존하게 된다. 사람도 피가 흘러야 하며, 조직도 업무가 흘러야 한다. 생산운영관리는 피와도 같은 업무를 조직 내 자연스럽게 흐르게 하여 생존과 성장이라는 성과를 창출하는 분야이다. 여러 투입을 받아 산출과 결과로 그 형태를 변화시키는 기능이 생산운영관리이자 시스템의 기능이기도 하다.

따라서 본서는 시스템 사고에 입각해 생산운영관리를 전개시킴이 변화되는 환경에 부합하는 접근법이라고 믿고 있다. 그래서 본서에는 전일주의, 시스템 사고, 제약이론을 특히 강조하고 있다. 나누어 이해하고자 하는 환원성은 다시 붙여 전체를 보겠다는 전일성 속에 있어야 빛을 발휘하게 된다. 또 가장 효율적인 조직이 가장 붕괴되기 쉬운 조직이라는 주장에도 귀를 기울여야 한다. 모든 것을 관리할 수 없으며 선택과 집중하기에 제약과 비제약의 구분보다 좋은 시각은 없는 것 같다. 제약없는 조직은 없으며 성과관리는 곧 제약관리로써 본서를 통해 학습하는 모든 학습자가 제약의 이동을 찾을 수 있는 생산운영관리자로 거듭나기를 바래본다.

부족하고 아쉬운 부분이 많다. 더 공부하고 더 친절하게 서술해야 하는데 후속 작업으로 남기고자 한다. 그리고 후속 작업을 지속하여 보다 내면의 울림에 귀 기울이고자 한다.

벌써 두 권의 책을 내 주셨다. 여러 요구에도 좋은 책을 만들어 주신 도서출판 청람의 이수영 대표께도 깊이 감사드린다.

나를 키워준 우리 사회에 진심으로 감사드린다. 내가 받은 것만큼이라도 돌려줄 수 있다면 내 작은 삶에 기쁨이 넘칠 것이다.

담소재(潭昭齋)에서 2021년 8월

이견직

서양 문화는
꾸준히 양 또는 남성적 가치와 태도를 선호해 왔고,
그와는 상보적으로 대립하는 음을 가벼이 보았다.

융합보다는 자기 주장을
종합보다는 분석을
직관적 지혜보다는 합리적 지식을
협동보다는 경쟁을
보전보다는 확장에 편중해 왔다.

이 같은 일방적인 발전은 이제 극히 위험한 단계,
즉 사회적, 생태계적, 도덕적 그리고 정신적 차원의 위기에 도달하였다.

F. Capra의 〈The Tao of Physics〉에서

| 차례 |

Part 1 경영의 기초

Part 2 생산운영관리의 개념론

Chapter 3 생산운영관리의 기초

Chapter 4 전략적 성과관리

Part 3 생산운영관리의 방법론

Chapter 5 제약이론과 관리

Chapter 6 프로세스 사고와 관리

Chapter 10 지속적 성과관리시스템

Part • 1

경영의 기초

1 CHAPTER 지속가능경영의 이해

실존은 본질에 우선한다

1절 패러다임의 변화

1. 시작하면서

경영이란 의도한 일을 되도록 하는 활동이다. '의도한 일'을 하는 것을 올바른 일을 하는 것이라 하며, '일을 되도록 하는 것'을 올바르게 일하는 것이라 한다. 모든 조직체가 의도한 일을 되도록 한다면 생존할 것이며, 또한 이를 항상되도록 한다면 지속적으로 존재하게 될 것이다.

그런데 의도한 일을 되도록 하는 경영이 어려운 이유는 무엇일까? 올바른 일을 하기가 어려운 일이기 때문일까? 아니면 일을 올바르게 하는 방법을 모르기 때문일까? 이 모두가 아니다. 그 이전에 일함에 불확실성이 있기 때문이다. 즉, 변화와 변동성이 있기 때문이다. 이 변동성은 조직으로 하여금 위협이자 기회이기도 하다. 변동이 심하다는 것은 높은 위험뿐 아니라 높은 성과도 확보할 수 있음을 의미하는 것이다.

이 변동성을 효과적으로 예측·관리해서 성과를 달성하는 것이 바로 경영이다. 관리되지 않는 변동은 그저 위험일 뿐이기 때문이다. 변동성의 관리는 한 번으로 끝나지 않는다. 조직을 둘러싼 안팎의 모든 요소가 변한다. 그 변화는 꼬리에 꼬리를 물어 이에 대한 통제관리가 늦어질수록 누적되어 증폭된다. 또 그 변화는 여기저기 옮겨 다니며 끊임없이 관리의 대상이 되고 있다. 조직이 이를 그만두거나 모두 해결하였다고 생각하는 순간 쇠퇴의 길로 들어서게 될 것이다. 따라서 변동의 관리는 조직이 존속하는 한 영원한 의무이다.

올바른 일인가에 대한 물음이 경영의 근본적 질문이라고 한다면, 올바르게 일하고 있는가에 대한 물음이 생산운영관리의 근본적 질문이다. 그리고 올바르게 일함에 핵심 주제가 변화와 변동성의 이해와 관리에서 비롯된다. 생산운영관리는 '옳은 일을 올바르게 할 수 있도록' 그 일하는 방법을 관리하는 분야이다. 일하는 방법을 프로세스라고 한다. 프로세스는 흐름이다. 이것이 조직에서 얼마나 중요한지는 그 반대의 개념에서 짐작할 수 있다. 그것은 막힘이다.

프로세스로 구성된 전체를 시스템이라 한다. 시스템은 자체가 생산해낸 에너지를 통해 시스템의 고유 목적을 달성하려 한다. 시스템의 에너지(system energy)를 시너지(synergy) 또는 상생효과라고 하며 이는 레버리지(leverage) 정도에 따라 발휘되는 효과가 다르게 된다. 프로세스의 합인 시스템은 성과 창출이 본연의 임무이다. 그러기 위해서는 시스템을 구성하는 프로세스의 불확실성이 줄어들어야 한다. 그러면서도 프로세스는 빠르게 움직일 수 있어야 한다. 이를 품질이라고 한다. 따라서 생산운영관리자의 핵심 업무는 프로세스의 변동과 낭비를 줄여 최적의 프로세스를 구축하는 것이다.

본서에서는 생산운영관리가 무엇이며 어떻게 조직의 생산운영을 관리할 것인지에 대해 논의하고자 한다. 그 논의의 시작으로 변화하고 있는 경영 패러다임에 대해 소개하고자 한다. 그 변화에 맞춰 생산운영관리가 변화되어야 한다. 이것이 생산운영관리에 대한 관심의 시작이다. 그 여정을 떠나보자.

2. 산업조직 패러다임의 변화

1) 산업혁명의 시대

(1) 산업혁명의 성과

현대 조직의 전통적인 모습은 18~19세기에 영국을 중심으로 일어난 산업혁명(the Industrial Revolution)을 통해 형성되었다. 산업혁명은 17세기, 자연계가 수학으로 표현될 수 있다는 믿음하에 시작된 환원주의에 입각한 근대 과학의 혁명이 사회 영역으로 확산되는 과정에서 출현하게 된다. 이는 기술발전을 토대로 형성된 사회경제적 변혁을 의미하는 것으로 특히, 경제적 측면과 조직적 측면에서 기여하는 바가 실로 엄청나다. 오늘날 경영학의 발전 또한 산업혁명을 모체로 하고 있다.

산업혁명기 이전의 시대에서는 공업생산물이 **자급자족의 범주**를 벗어나지 못하였고 그 결과 생산량이 매우 미미하였으며 교역 또한 지역의 한계 속에 머무르던 시기였다. 풍부한 지하자원과 노동력을 보유하고 식민지 지배 등을 통해 자본을 형성한 영국이 다른 국가보다 일찍 정치적인 성숙과 안정을 이루면서 이전보다 자유로운 농민층이 나타나게 되었다. 이들을 주축으로 농촌에서는 모직물 공업이 발달하게 되면서 **근대적인 산업이 형성**되게 되었다.

특히, 와트(J. Watt)가 **증기기관**을 개량해 대량생산이 가능한 기술적 토대를 형성하고 그 위에 스미스(A. Smith)의 **분업 이론**이 소개되면서 명실상부한 품질을 확보한 **대량생산체계**가 구축되게 되었다. 스미스의 분업 이론은 최고의 효율을 달성하고자 하는 경제 패러다임으로 사람들이 소수의 쉬운 일, 즉 고도의 분업을 통해 생산성을 최대화하는 전문화를 이룩하고 이를 다시 합하면 전체 작업의 생산성이 최대화되어 급격한 원가절감과 대량생산체제가 가능함을 제시하였다.

산업혁명은 이전에는 볼 수 없었던 전혀 새로운 제품을 대량으로 소개함으로써 미지의 광대한 수요 시장을 광분하며 개척하였던 전대미문의 사건이었다. 유사 이래 처음으로 형성된 철저히 **효율성에 기초한 공급자 중심 시장의 시작**이었다.

(2) 주류 경영학의 형성

환원주의에 기초한 분업의 논리는 20세기 초 테일러리즘(Taylorism)과 포디즘(Fordism)으로 이어지면서 20세기 기계적 인간관과 이윤극대화에 기초한 미국식 경영학 탄생의 밑거름이 되었다. 과학적 관리법의 창시자인 테일러(F. Talyor)는 분업을 담당하는 직공들의 개별 작업을 철저히 분석하여 생산성 향상의 새로운 지평을 열었다는 평가를 받고 있다. 또한 포드자동차의 포드(H. Ford)는 컨베이어벨트시스템을 창안하여 작업자 간의 연결을 흐름화하고 자동화를 통한 생산성 향상이라는 철저히 효율성에 기초한 혁신을 주도하였다.

페이욜(H. Fayol)에 의해 관리방식 또한 이에 적합하게 탄생하였다. 먼저 상하관계를 명확히 하여 상층에서는 명령하고 하층에서는 이를 실행하는 수직적인 조직구조를 형성하였다. 또 관리의 범위를 좁게 하여 한 명의 상급자가 소수의 하급자를 두게 됨에 따라 여러 층의 상하관계를 나타내는 다층 구조를 보유하게 되었다. 이렇게 군대식의 수직적인 다층의 조직구조는 빠른 의사전달을 통한 업무의 효율성을 극대화하는데 크게 기여하게 된다.

이렇게 주류 경영학은 매 20년마다 생산, 인사, 회계재무분야의 학문적 성장을 보이면서 1960~1970년대 공급에서 수요 중심이라는 시장 축 이동의 변화를 경험하였다. 마케팅전략의 출현은 이러한 변화에 대처하기 위한 학문적 성과로써 이후 오늘날까지 **유한 자원의 무한 성장**이라는 꿈의 실현을 도모하고 있다. 주류 경영학의 성장 속에서 호손공장실험(Hawthorne experiment) 이후 끊임없이 제기된 인간 중심의 경영학은 1980년대를 전후하여 **관계 중심의 전일적(holistic) 경영학**을 모색하기에 이르렀다. 이는 1970년대, 한계에 직면할 유한 자원의 **무한 성장 패러다임**을 **지속가능 발전으로 전환**할 것을 강조한 MIT대학에 의해 소개되었다.

2) 탈산업혁명과 초연결의 시대

(1) 탈산업혁명기를 맞으며

현대산업은 근대산업의 잔재와 함께 어우러져 수급 간의 힘의 균형이 넘어가는 진통 속에 놓여 있다. 이제 고객은 공급자가 규정한 제품과 서비스의 틀 속에 자신을 끼워 맞추고자 함에 인내의 한계를 드러내기 시작하였다. 그 근본적인 원인은 공급자 중심적으로 설계된 생산운영방식이 소비자 중심으로 변화되었음에도 불구하고 여전히 고수되고 있음에 있다. 그 주요 내용은 다음과 같다.

먼저, 주류 경영학은 생성 당시 경영환경을 반영하여 **좁고 예측 가능할** 것이라는 가정하에 고안되어 있다. 이로 인해 경영진은 **운영에서 분리**될 수 있었고 운영을 개별 부서가 담당하는 형태로 전개되었다. 그 결과, 조직 밖에서 일어나는 거대 변화의 인지가 어려웠고, 감지하였다 하더라도 전사적 차원에서의 대응책 마련이 쉽지 않았다.

또, 산업혁명기식 조직구조는 분업과 전문화에 의한 **공급자의 기능 중심적** 조직구조로써 한 프로세스 안에 복잡하게 분화된 여러 기능들이 세로로 배치하는 형태로 구성되어 있다. 이는 외부 고객을 전혀 보여주지 못하는 한계를 안고 있다. 고객에게 제공하는 제품과 서비스가 어떻게 형성되어 어떤 업무를 거쳐 어떻게 전달되는지에 대해 아무런 설명을 하지 못하고 있다. 그저 공급자가 어떻게 구성되어 있으며 이들 간의 상하 관계와 명령 전달이 어떠한지에 대해서만 답하고 있을 뿐이다.

그림 1-1 조직구조

소비자 중심으로 변화된 환경에서 이러한 **프로세스의 분열**이 저조한 성과의 원인이다. 전통적 조직구조의 세분화된 업무구조와 분열된 프로세스는 **혁신과 창의력을 지속적으로 억압**한다. 그 결과 비즈니스 프로세스의 개별 과제나 업무 또는 이를 담당하는 사람에게만 집중함으로써 고객에게 제품을 전달한다는 전체 목표를 보는 시각을 상실해 버리는, 이른바 부서 간, 관리자 간, 조직 간 **목표의 불완전한 정렬**이라는 문제를 초래하였다. 옆에 부서가 무슨 일을 하든 그저 자신과 자신의 부서가 맡은 일만 열심히 하고자 하는 **부분 최적화의 모습에 함몰**하게 되었다. 이는 부서 간에 처리해야 하는 일이 발생하는 경우 그 최고점에 달하게 된다.

고도의 분업은 수많은 단순작업을 양산시켰고 이를 짜맞추기 위해 복잡한 프로세스가 요구되었다. 이렇게 단순한 작업의 혜택을 얻기 위해 복잡한 프로세스에 수반되는 불편함과 비효율성, 비용을 감수해야 하였다. 프로세스 내의 개별 과제는 잘 운영되어 제품을 생산하지만 전반적인 프로세스, 즉 제품이 고객에게 잘 전달되지 못하여 **재고량만 증가**하는 문제를 낳았다. 그 결과 조직 생존의 근본인 소비자 가치 창출은 남의 이야기가 되고 말았다. 관심을 갖고자 하여도 자신이 맡은 일과 자신의 부서를 벗어날 수 있는 방법이 없음을 알고 곧 포기하게 된다.

소비자의 준엄한 요구사항은 '자신들이 필요로 하는 것을 낮은 가격에 고품질로 편리하게 사용할 수 있도록 제공하라'는 것이다. 이는 기존의 원가 정책에 덧붙여 고품질을 추구하여야 할 뿐 아니라 개별적 공급자가 개별적으로 생산한 상품을 나누어 소비하는 것이 아닌 소비자가 원하는 또는 원할 것 같은 상품을 한꺼번에 소비할 수 있도록 생산하라는 것이다.

이렇게 되기 위해서는 공급자는 어떻게 하여야 할까?

먼저, 소비자가 무엇을 원하는지에서부터 출발하여야 할 것이다. 소비자가 원하는 것을 정의하고 이를 제공함에 필요한 공급체계를 재편하여야 한다. 기존의 부서 중심의 기능을 벗어나서 고객의 요구를 해소시킬 수 있는 관련 부서가 하나의 팀으로 재구성되어야 한다. 그저 자신의 부서에서 열심히 일하는 형태가 아닌 고객의 요구를 충족시킬 수 있도록 전체 업무과정을 최적화함에 집중하여야 한다.

프로세스를 통합하면 부서 간 이동을 차단함에 따른 실수와 지연, 재작업이 사라지고 생산운영속도 또한 증가하게 된다. 이로 인해 관리비용이 줄어들며 정시에 결함 없이 업무를 처리할 수 있으며 소수의 인원만 참가하기 때문에 책임을 지정하고 성과를 관리하기가 한결 용이해진다. 이를 통해 작업자 스스로가 업무에서 의사결정을 내릴 수 있어 의사결정이 업무와 분리되는 것이 아니라 업무의 일부로 자리매김할 수 있다. 따라서 작업지연의 축소, 적시공급, 관리비용의 절감, 고객응대 개선, 작업자의 높아진 책임감 등의 효과를 기대할 수 있다.

현대 운영관리의 초점은 부분 최적화에서 벗어나 전체 최적화를 실현할 수 있도록 비전을 설정하고 전략을 수립하며 성과관리체계를 정돈하는 것에 주어져야 한다. 일반적인 상식이 부분의 효율을 희생하더라도 전체의 이익을 우선해야 함에도 불구하고 전체를 희생하면서 부분을 최적화하고 있으니 이 현상에서 벗어나야 한다. 기능에 의한 기능 개선이라는 전통적인 성과관리 체계를 벗어나 시스템적 사고에 입각해 모두가 함께 하나의 지향점을 향해 일할 수 있도록 일하는 방법을 재구축하여야 한다. 이것이 현대 생산운영관리가 지향해야 하는 방향이다.

따라서, 근본적 해법은 **생산운영구조 및 관점의 재설계**에 있다. 즉, 협의로는 기능 중심 구조에서 **프로세스 중심 구조**로의 전환이며, 광의로는 부분 최적화에서 **전체 최적화**로의 전환이 그것이다. 따라서, 협의로는 **프로세스 관리 중심으로의 접근**과 광의로는 **시스템 중심으로의 접근**을 이루어내야 한다.

표 1-1 패러다임의 변화

산업혁명기	탈산업혁명기
공급자 주도	수요자 주도
분업과 전문화	협력과 융합화
수직적 세분화	수평적 통합화
대량생산	맞춤생산
원가감소	가치창출
부분 최적화	전체 최적화
기능에 의한 기능개선	시스템에 초점
부서 안에서 일하기	지속적 흐름을 생성하기

(2) 초연결사회로의 전환

이제 인류는 탈산업혁명기를 넘어 **저성장**의 저출산 고령화와 **초연결(hyper-connectivity)**의 **디지털 전환(digital transformation)**기 속으로 급속히 이동하고 있다. 이제 경제적 성장이 절실했던 시기에 형성된 경영학이 국민소득 3~8만 달러 상황에서도 여전히 유효한가에 대해 고민해야 한다. 기존의 연결성이 무시된 과거 100여 년간 형성된 기존 주류 경영학은 이에 적절하게 대응하지 못한다. 이는 주류 경영학이 근간으로 하고 있는 환원주의의 특성이자 과학적 엄밀성을 반영하기 위해 투여된 세반 가정들의 내용이기도 하다. 그 대표적인 것이 정적, 선형적, 일방향의 비순환적 사고의 전개이다.

따라서 초연결 사회에 적합한 경영학은 동적, 비선형적, 쌍방향의 순환적 사고 체계로 전환되어야 한다. 경영학의 전환을 이끌었던 변혁의 기준을 과거 수요자 중심에서 관계 중심을 넘어 동태성 중심의 문제로 보고자 한다. 즉, 연결에 기초한 동역학(dynamics)을 어떻게 활용할 것인가에 초점을 두고자 한다.

이제 조직은 **요소 중심의 기계적 인간관과 원가절감의 이윤극대화 및 정적 분석 수준을 넘어** 고객가치 극대화를 지속가능한 경영 속에 실현해야 하는 상황에까지 이르렀다. 그 중심에 **관계 중심의 유기적 인간관과 성과 중시의 고객가치극대화 및 동적 통합**의 생산운영관리가 있다. 그 주요한 방향 전환은 다음과 같다.

그림 1-2 **경영환경 및 경영학의 변천 과정**

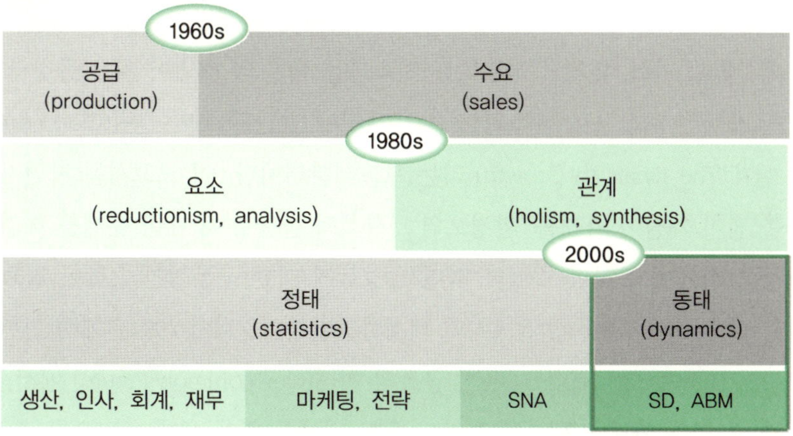

SNA: social network analysis, SD: system dynamics, ABM: agent-based modeling

- 기계적 인간관에서 **유기적 인간관**으로(제1장 2절에서)
- 요소 중심의 환원주의에서 **관계 중심의 전일주의**로(제1장 2절에서)
- 정적 분석에서 **동적 통합**으로(제2, 8장에서)
- 사람관리에서 **시스템관리**로(제2장에서)
- 부분 최적화에서 **전체 최적화**로(제2, 10장에서)
- 전체관리에서 **병목관리**로(제5, 10장에서)
- 비용 중심의 생산관에서 **성과 중심의 판매관**으로(제4, 5장에서)
- 기능에서 **프로세스**로(제6, 7장에서)

3) 지속가능 발전

지속가능 발전 또는 개발(sustainable development: SD)이란 일반적으로 환경을 보호하고 빈곤을 구제하며 장기적 성장을 이유로 단기적 자연자원을 파괴하지 않는 경제적 성장을 창출하기 위한 방법들의 집합을 의미한다. 즉, 생태적 지속가능성(ecological sustainability)과 경제적 개발 또는 성장(economic development)을 합쳐 자연 생태계의 범위 내에서 경제성장을 이루자는 개념으로 소개된다.

이 개념은 1972년 개최된 최초의 국제환경회의에서 유래된다. 당시 산성비로 피해를 보고 있던 스웨덴의 스톡홀름에서 UN의 제1차 세계 인간환경회의가 개최되었는데 본 회의에서 환경문제가 곧 범지구적 문제임을 확인하면서 개발을 동반한 사회변화의 논의와 함께 '경제, 사회, 환경을 아우르는 지속가능 개발'의 개념이 처음 등장하였다. 이 개념이 전 세계적 관심사로 부각된 것은 1974년에 발간된 로마 클럽(Club of Rome)의 '성장의 한계(The Limits to Growth)'라는 보고서부터이다. 이 보고서는 자연자원 부족의 문제를 넘어 개발이 가져올 '환경오염', '사회적 불균형'에 대한 문제를 해결하지 않으면 성장은 한계에 봉착할 것이라 하면서 성장에 대한 근본적인 고찰이 필요함을 강조하였다. 이후 지속가능 개발은 UN의 세계환경발전위원회가 1994년에 발간한 브룬트란트 보고서(Brundtland report) '우리 공동의 미래(Our common Future)'에서 '미래 세대가 누릴 수 있는 환경을 훼손하지 않는 한도 내에서 현재 세대의 필요를 충족시키는 개발'로 정의하면서 대중화되어졌다.

지속가능 발전이 중요한 이유는 이 개념이 경제와 생태가 분리된 것이 아닌 상호 관련된 하나의 시스템을 구성하고 있음을 자각하게 하였다는 점에 있다. 즉, 경제는 사회의 일원이며 사회는 환경 속에 속해 있는 하나의 복합체여서 이들을 떼어놓고 논할 수 없다는 것이다.

따라서 경제적 개발 방식 또한 지금까지 보여준 자원 소모적인 생산과 자연의 수용능력을 초월한 쓰레기의 배출 등 투입과 산출에 있어서 자연의 능력을 전혀 고려하지 않는 점에서 벗어나 자연의 수용한계 내에서 조화롭게 이루어져야 한다는 것으로 요약할 수 있다. 이와 함께 기업이 사회적 책임을 부차적으로 취급하는 접근방식 등으로는 인류는 더 이상 성장을 기대하기 어렵다는 사실을 인정하게 되었다는 점이다.

이러한 측면에서 지속가능 발전의 세 기둥은 경제, 사회 및 환경으로써 경제와 사회는 각각 사회와 환경의 충분조건이며 환경은 경제와 사회의 필요조건이라 할 수 있다. 이렇게 지속가능 발전은 경제, 사회 및 환경 또한 생태계라는 시스템의 요소들이며 이들이 서로 연결되어 있다는 시스템적 사고를 그대로 반영하고 있다. 즉, 과거의 시각에서 환원주의적 관점에서 개별적으로 취급하였던 사상과 학문과 영역 등이 하나로 통합되는 전일주의적 관점에 입각하고 있다고 볼 수 있다. 이는 전일주의적 사고는 지속적 성장을 위해 필수적임을 재차 강조하는 대목이기도 하다.

2절 변화와 세계관

1. 변화란?

1) 변화란?

삶과 학문을 관통하는 포괄적 단어를 선택하라면 나는 '변화(change)'를 선택할 것이다. 살아가는 이유도 또 학습하는 이유도 모두 이 변화 때문이다. 변화가 일어나는 이유는 살아있기 때문이며, 생명을 갖고 있기 때문이다.[1] 생명이 있는 모든 것은 변화한다. 죽은 것은 변하지 않는다. 이 생명현상은 관련된 부분들의 상호의존적 관계(interdependent relations)에 기초한다.

그렇다면 그 변화는 어떤 모습인가? 모든 변화는 축적(buildup)과 돌파(breakthrough)라는 비선형의 모습을 갖고 있다. 단지 근대 서양의 주류 학문만이 이를 수학적 편의성을 위해 선형이라고 오도하고 있을 뿐이다. 축적은 변화가 적은 모습이라면, 돌파는 변화가 크게 일어나는 모습이다. 변화는 이렇게 양적 축적을 토대로 충분히 쌓여야 질적 돌파로 나타난다. 그 사이 지점을 임계점(critical point, tipping point)이라고 한다. 임계점을 언제 갖느냐를 결정하는 것이 초기 상태와 지속성이다. 변화가 갖는 초기값의 민감함을 나비효과(butterfly effect)라고 한다. 초기에 미세한 차이가 꼬리에 꼬리를 물면서 지속될 수만 있다면 결국 증폭되어 큰 변화의 모습으로 드러나게 된다. 따라서, 초기에 미세한 차이를 만들어냄을 변화의 필요조건이라면, 이를 지속화시켜 내는 것은 변화의 충분조건이다. 변화는 비선형으로 나타남을 받아들일 때, 필요충분조건이 발현할 토대를 마련한 것이다. 이를 선형으로 이해하면 결국 축적의 시간을 인내하지 못하게 된다. 그래서 조급해진다. 지속가능한 경영은 변화를 비선형으로 이해함에서 시작된다.

'열 번 찍어 안 넘어가는 나무 없다'에는 변화를 대하는 경영의 지혜가 담겨있다. 먼

---

1) 모든 질문의 답을 변화와 연관지어 제시해보면 그럴듯 하지 않는 것이 없다. 살아가는 이유는? 변화가 있기 때문이다. 미리 정해지지 않았기 때문이다. 진리는 무엇인가? 변화의 본질이다. 예술과 철학과 종교와 문화가 필요한 이유는? 변화에 대처하기 위한 인간의 지혜라 할 수도 있다.

저 '나'는 '도끼'를 듦으로써 시스템을 형성하였다. 나와 도끼가 연결되지 않았다면, 나도 도끼도 개별로는 나무를 넘어뜨리지 못했을 것이다. '도끼든 나'라는 시스템은 처음 찍었던 그 한 곳을 일정 강도 이상의 힘으로 집요하게 찍어대는 지렛대 작용을 통해 시너지를 만들어 결국 꿈쩍도 않던 나무를 일순간 넘어지는 '변화'를 경험하게 된다. 나무는 찍을 때마다 기울어지는 것이 아니다. 만약 그랬다면, 포기하는 사람은 없을 것이다. 작심삼일로는 변화를 경험할 수 없다.

그림 1-3 변화의 모습

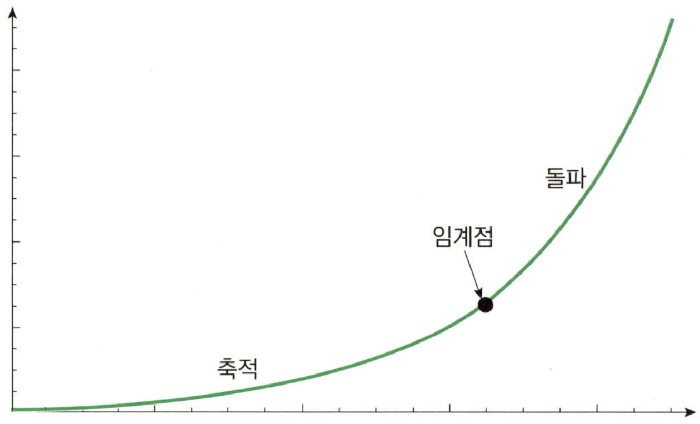

2. 환원주의와 전일주의

과연 **조직은 부분의 합일까? 아니면 그 이상일까?** 전체 최적화는 부분 최적화로 달성할 수 있다는 시각을 환원주의적 시각(reductionism)이라 한다. 이들에게 전체는 부분의 합이다. 따라서 전체를 부분으로 나눌 수 있고, 반대로 합쳐서 전체를 형성할 수도 있다. 부분이 최적이면, 전체도 최적이라는 뜻이다. 선형적 시각이다.

이에 반해 전체 최적화는 부분 최적화로 달성할 수 없다는 시각이 전일주의적 시각(holism)이다. 이들은 전체를 부분의 합 그 이상이라 한다. 따라서 전체를 부분으로 나누면 전체는 사라지므로 부분 최적화로 전체 최적화를 도모할 수 없다는 입장이다.[2] 비선형적 시각이다.[3]

2) 죄수의 딜레마(prisoner's dilema) 게임이 이를 극명하게 보여준다.

1) 환원주의와 이원론

근대 서양의 과학 철학에 근거하여 전체를 이성과 논리로써 철저히 쪼개 들어가 단순한 본질을 찾고자 하는 방법론을 환원주의(reductionism)라 한다. 즉, 요소(element, node)와 관계(relation, link)로 구성된 시스템에서 관계를 잘라 들어가 요소에 집착하여 더 이상 쪼갤 수 없는 요소를 찾아 이를 본질로 보았다. 이 본질로 전체 시스템을 완벽히 설명할 수 있다는 관점으로, '모든 사건은 이전 사건이 원인이 되어 그 결과로서 이루어진다'는 인과적 결정론(causal determinism)을 지지한다. 이는 마치 기계를 이해하기 위해서는 보다 작은 요소들로 분해하여 그 각각의 기능을 탐구함이 가장 바람직하며, 또 간명할수록 좋은 이론임에 입각하고 있다. 이러한 시각은 하나로써 여럿을 보려 한 것으로, 환원주의적 사고에 입각할 경우, 전체는 부분의 합이 된다.

환원주의는 이원론에 근거한다. 이원론(dualism)은 불완전한 '여기(here, 세계 안)'와 완전한 '저기(there, 세계 밖)'로의 분리를 강조한다. 그 대표적인 사상가가 플라톤(Plato)이다. 플라톤은 서로 환원이 불가능한 독립된 두 개의 실체로 일체의 사상을 설명한다. '여기'는 변화하고 불완전하고 상대적이며 주관적인 가상(copy)의 세계이며, '저기'는 영원불변의 절대적이고 객관적 실재로서 본질(original)로 보았다.

이로 인해 '여기'를 넘어 '저기'로 갈 것을 주장한다. 유일신을 강조하는 서양 신앙과 데카르트(R. Descartes)의 물심(body and mind) 이원론 및 천체의 운동을 만유인력과 세 가지 운동법칙으로 정리한 뉴튼(I. Newton)의 자연과학(natural science)이 대표적인 이원론들이다. 이들은 전체를 이성과 논리로써 분석함으로써 소수의 본질을 찾고자 하였으며, 이를 통해 전체를 규명할 수 있다는 입장을 강조한다. 이원론의 물질과 정신의 분리에 입각해 물질이 정신 위에 있다는 경제사조가 자본주의이며, 인간행동을 과학적으로 규명하려 했던 테일러(F. Taylor)도 이원론 위에 기초한다. 테일러의 과학적 관리법(scientific management)은 1908년 최초의 경영대학원인 하버드 경영대학원(Harvard Business School) 설립의 토대를 제공하면서 이원론은 주류 경영학의 사조가 되었다.

3) 요소 중심의 환원주의를 장기 게임에 비유한다면, 관계 중심의 전일주의는 바둑 게임과 유사하다 하겠다. 장기의 돌들은 그 중요성이 각각 다르며, 아무리 많은 돌들이 살아있어도 가장 중요한 요소인 왕을 잃으면 그 순간 경기는 끝난다. 이에 반해 바둑의 돌들은 개별적 중요성이 동일하며, 아무리 많은 돌들을 잃더라도 반집이라도 많으면 이긴 경기가 된다.

2) 전일주의와 일원론

이에 반해 **전일주의(holism)**는 통찰로써 시스템을 있는 그대로 보고자 하는 방법론이다. 본질보다 관계성으로 구성된 실존을 중시 여기며, **구성요소의 상호작용에 초점을 두고 전체를 관망하려는 전체적(holistic) 시각이자 살아있는 유기체를 관찰하는 생태적 시각**이다. **여럿으로써 하나를 보려 한다**고 할 수 있다.

전일주의는 일원론에 근거한다. 본질을 '저기'에서 찾으려 했던 플라톤과 달리 그의 제자 **아리스토텔레스(Aristotle)**는 세계 안인 '여기'에서 찾으려 했다. 이른바 **일원론(monism)**을 주장하였는데, 이는 본질이라는 실체는 사물의 외재에 따로 독립적으로 있는 것이 아니라 그 자체에 내재한다는 관점이다. 본질적 요소가 상호 의존적 관계를 형성할 경우, **전체는 부분의 합 그 이상**의 모습을 갖게 됨을 강조한다. **카프라(F. Capra)**는 정태적으로 분리된 각 부분의 작동이 전체의 기능을 결정하는 것을 기계로 보았으며, 유기체는 동태적 부분들이 상호 의존관계에 있으며 부분은 전체의 필요에 따라 역할하는 종합적이고 통일적인 것으로 이해했다.

대표적인 철학자가 '신은 죽었다'고 하여 '저기'를 제거해버린 **니체(F. Nietzsche)**와 물심을 실체의 표리로 본 스피노자(B. Spinoza) 등이 있으며, **다윈(C. Darwin)**의 진화론이 일원론의 입장에서 전개되었다.

그림 1-4 환원주의와 전일주의 비교

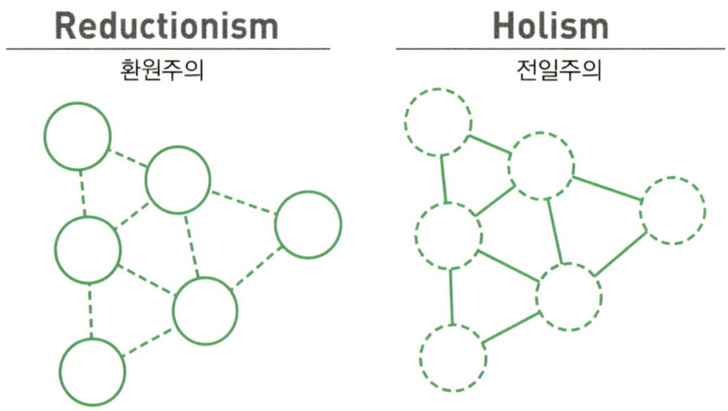

3. 통합적 시각: 지속가능경영의 시각

1) 환원적 사고의 한계

본서의 기본 입장은 '조직은 부분의 합이 아닌 그 이상'이라는 측면에 입각한다. 이는 환원적 시각이 불필요함을 의미하는 것이 아니다. 쪼갬은 다시 이어 붙여 전체를 보겠다는 전제하에서만 의미 있음을 강조하는 것이다. 따라서 환원적이기만 해서는 안 된다는 시각이다. 전일주의적 시각하에만 환원적 접근이 유효하다는 것이다. 이는 두 개의 원리가 존재하나 서로 독립적이지 않다는 비이원론(Nondualism)적 시각[4]이라 할 수 있다.

기계론적이며 분열적 세계관에 입각한 환원주의는 대상의 명확한 이해를 가져와 측정, 관리, 개선을 용이하게 한 점은 과거 생산성 향상에 지대한 공헌을 하였다. 스스로를 도덕감정론(The Theory of Moral Sentiments)의 저자로 알려지길 더 원했던 경제학자이자 윤리학자였던 스미스(A. Smith)도 생면부지의 공장근로자가 생산성 극대화를 위해서는 환원적 관점에 입각할 것을 강조한 것을 보면, 당시 자본주의 세계관 형성에도 지대한 공헌을 하였다 할 수 있을 것이다.

그러나 인간과 조직, 사회 시스템에 있어 환원적 사고의 적용은 다음과 같은 한계를 갖는다.

첫째, 구분은 불평등성 심화 및 비인간화로 이어진다.
둘째, 부분의 조합으로 전체를 보기 어렵다.
셋째, 전체 최적화는 부분 최적화의 합이 아닐 수 있다.

첫째, 쪼갬은 결국 상하의 관계로 수렴할 수밖에 없어 우열, 귀천, 대립 등 불평등성의 심화와 비인간화를 낳아 생태계 지속가능성에 심대한 문제를 일으킨다. 인간은 만물의 영장이라는 시각이 환원주의적 시각이다. 나누었으니 구분할 수밖에 없고 구분하였으니 우열을 논하지 않을 수 없다. 영장이라는 의식은 그래서 파생된다. 이에 반해

4) 동양철학의 음양론이 그 대표적이다. 이는 음양이라는 두 가지 원리는 있지만 이들은 서로 대립하기도 하고 융합하기도 하면서 조화와 균형을 형성하는 하나의 존재라는 시각이다.

자연의 일부라는 시각은 전일주의적 시각이다. 자연 속에서 온전한 승자는 없다. 그저 유기체 간 상호작용이라는 동적 공방이 있을 뿐이다.

그림 1-5 인간은 만물의 영장인가, 자연의 일부인가

둘째, 부분을 아무리 잘 조합해도 전체로의 통합은 결코 쉽지 않다. 아래 그림은 맹인들이 그린 코끼리를 비유적으로 보여주고 있다. 6명의 맹인들은 각자가 찾은 코끼리의 모습을 창, 뱀, 부채, 벽, 나무, 로프라고 단정하였다. 이를 단순 조합만 한 모습의 코끼리로는 실제 코끼리가 옆에 있어도 짐을 옮김에 전혀 활용하지 못할 것이다. 환원적 시각이 자칫 맹인의 모습으로 비춰질 수 있다. 따라서 분석은 통합이라는 전제하에서만 의미 있음을 재차 강조하고자 한다.

그림 1-6 맹인과 코끼리

셋째, 전체 최적화는 부분 최적화의 합이 아닐 수 있다. 그 대표적 사례가 죄수의 딜레마(prisoner's dilemma) 게임이다. 본 게임은 체포된 두 명의 용의자가 서로 다른 취조실에 격리되어 아래 형량 표(앞뒤의 수치는 각각 용의자 1과 2의 형량을 표시)하에 놓여지면, 결국 모두 자백하게 되어 전체적으로 최선의 상황(부인, 부인)에 도달하지 못함을 보여준다. 이는 전체 최적화는 부분 최적화의 합이라고 한 스미스(A. Smith) 주류 경제학의 핵심 전제가 붕괴되는 사례이다.

표 1-3 공범자의 딜레마

		용의자 2	
		부인	자백
용의자 1	부인	0.5, 0.5	10, 0
	자백	0, 10	5, 5

2) 전일주의적 시각의 강점

전일주의적 시각은 **생명현상에 대한 포착**이자, **시스템이 창출하는 시너지를 인정하는 세계관**이다. 경영학을 전일주의에 입각해 전개할 경우, 크게 다음과 같은 새로운 가능성을 열어놓게 된다.

먼저, 개인 및 부서와 같은 부분 간 경쟁에서 벗어나 **협력**을 도모할 수 있어 **인간성의 회복과 지속가능성의 가능성**을 열어 놓을 수 있다. 이로 인해 구분을 강요하는 **경계 위에 서서 그 경계를 확장**시켜 나갈 수 있다. 떠나지 않으면서도 구속되지 않고, 보고 싶은 대로 보는 수준을 넘어 보이는 대로 볼 수 있는 여지를 남겨 놓을 수 있다.5)

다음으로, **경영학을 '상호작용하는 개체 또는 개체군의 총체'를 연구하는 시스템 이론 및 역동적 유기체로 이해하는 시스템 사고로의 확장이 가능**하다. 이는 전통적인 뉴턴적 시각에서 강조하고 있는 안정, 질서, 균등, 평형, 선형 관계 등 닫힌 시스템의 한계를 넘어 다원적 시각으로 확장할 수 있게 한다. 이는 곧 불안정, 무질서, 다양, 비평형, 비선형 관계 등 환경과 정보, 에너지, 물질을 주고받는 피드백이 있는 열린 시스템으로써 경영학과 조직 이해를 확대할 수 있다.

5) 이를 노자는 道常無爲 而無不爲라 하였다.

또한 비선형 관계의 인정은 작은 투입으로 큰 성과를 유발시킬 수 있는 **지렛대효과**를 활용할 수 있게 한다. 시스템이 만들어내는 지렛대효과인 '**시너지**'를 활용할 수 있을 때, 지속가능성을 폭넓게 논할 수 있다. 경영경제 영역에서의 지속가능성 논의는 유기적 관계가 만들어내는 비선형적 특성인 **20:80의 파레토법칙(Pareto's law)**[6]을 이해하는 것과 직결되어 있다. 이른바 시스템 속에 **허브(hub)**를 찾고 활용할 수 있을 때, 지속가능한 경영에 한발 더 다가설 수 있다.

3절 경영 그리고 생명경영

1. 경영은 무엇일까?

1) 경영의 개념

현대 시장자본주의 사회에서 경영은 너무나 흔히 접하는 용어이다. 자기경영에서부터 국가경영과 세계경영에 이르기까지 경영의 대상이 아닌 것이 없고 그 범위 또한 포괄적이라 할 수 있다.

대부분의 사람들이 경영은 돈을 벌기 위한 것이고 경영의 목적은 이윤극대화에 있다고 생각한다. 그러나 이는 반은 맞고 반은 틀리다. 우리에게 익숙한 경영은 기업경영을 말한다. 경영은 기업뿐 아니라 사실상 모든 조직에서 필요하다. 자기, 국가, 세계에 대한 경영뿐 아니라 의료경영, 복지경영, 교육경영 등이 모두 이윤을 극대화할 목적이라면 경영을 좁게 해석하고 오도하고 있음을 쉽게 알 수 있다.

그렇다면 경영은 무엇이기에 세계경영에서부터 자기경영에 이르기까지 다양한 대상에 접목할 수 있는 것인가? **경영(administration, management)은 조직이 의도한 바를 되도록 하는 활동**이다. 그 의도하는 주체가 기업이고 이윤극대화를 의도한다면, 이를 되게 하는 경영을 기업경영(business administration)이라 부르며, 또 그 의도의 주체가 의

6) '전체 결과의 80%가 전체 원인의 20%에서 일어나는 현상'을 주장한 이탈리아 경제학자 파레토(B. Pareto)의 이름에서 따왔다.

료조직으로 환자의 필요를 최우선으로 한다면 이를 되게 하는 경영을 의료경영(healthcare management)이라 한다.

- 경영: 조직이 의도한 바를 되도록 하는 활동

여기서 조직의 의도는 곧 누구의 의도인가? 고객의 의도이다. 드러커(P. Drucker)는 오직 고객만이 의도할 수 있다 하였다. 그래서 이를 '옳은 일을 하는 것'(doing the right things)이라 한다. 이를 측정하는 지표가 효과성(effectiveness)이다. 되게 하였다는 말은 '일을 올바르게 하였다'(doing the things right)는 뜻이며, 이를 효율성(efficiency)으로 측정한다. 조직에 따른 올바르게 일함은 효율적으로만 일하는 것은 아니고 형평적(equitable)으로 일함도 올바르게 하였다고 할 수 있다. 의료경영이 그 대표적인 사례이다. 조직이 지속적으로 존속하기 위해서는 옳은 일을 올바르게 하되, 이를 지속적이고 반복적으로 해야 한다. 따라서, 조직의 지속적 존속을 위한 성과 창출에 필요한 능력은 아래와 같은 능력이 필요하다.

- 첫째, 옳은 일을 하는 능력(doing the right things): 고객이 의도하는 바를 조직의 사명, 비전, 목적 및 목표로 선정하고 추구하는 능력으로 조직의 외부지향성을 의미
- 둘째, 올바르게 일하는 능력(doing things right): 조직이 자원을 최적으로 배분하고 연결하여 시스템을 형성하고 적은 자원과 노력의 투입으로 더 많은 결과를 얻어낼 수 있도록 시스템의 에너지를 극대화하는 능력으로 조직의 내부지향성을 의미

그림 1-7 성과창출을 위해 조직이 갖추어야 할 능력

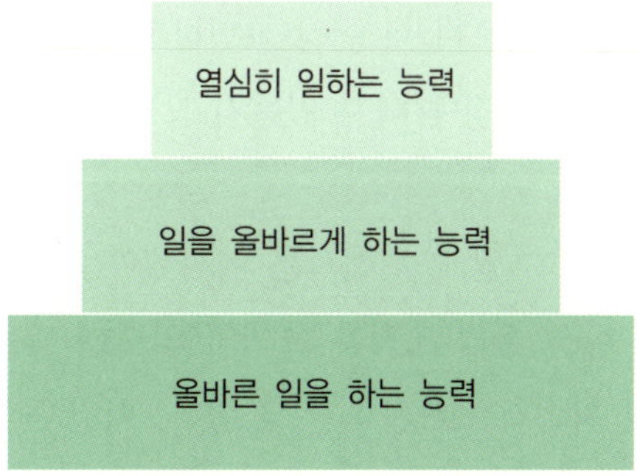

- 셋째, 열심히 일하는 능력(doing the things hard): 지속적이고 반복적으로 올바른 일을 올바르게 하는 능력

2) 경영의 근본적인 질문

조직이 의도하는 바를 되게 하면 항상 조직은 존속한다. 그럼에도 불구하고 조직이 존속하지 못하는 이유는 무엇일까? 이를 경영의 정의와 연관지어 볼 때 크게 두 가지 근본적인 함정에 노출되었기 때문이다. 먼저 '과연 옳은 일을 하고 있는가'이며, 다음으로는 '올바르게 일하고 있는가'이다.

(1) 과연 옳은 일을 하고 있는가?

첫 번째 질문과 관련하여 크게 조직은 다음과 같이 네 가지 상황에 놓인다.

- **상황** 1: 옳은 일을 올바르게 하는 경우
- **상황** 2: 옳은 일을 올바르지 않게 하는 경우
- **상황** 3: 옳지 않은 일을 올바르게 하는 경우
- **상황** 4: 옳지 않은 일을 올바르지 않게 하는 경우

첫 번째와 마지막 상황은 굳이 언급할 필요가 없는 경우이다. 첫 번째 상황은 매우 바람직한 이상적 경우이며, 마지막 상황은 생존하기 어려운 경우이기 때문이다.

그런데 현실은 대부분의 경우 두 번째와 세 번째 상황에 빠져 있다. 즉, 옳은 일을 비효율적으로 행하거나, 옳지 않은 일을 매우 효율적으로 행하는 경우이다. 이 두 경우 중 어느 쪽이 더 큰 문제가 될까? 당연히 세 번째이다. 이는 마치 잘못된 질문에 좋은 답을 찾는 과정과 같다. 답이 맞으니 더 이상 고민하지 않는다. 그런 측면에서 이는 함정이다. 더욱 놀라운 점은 이 함정에 빠져 있는지 모른다는 점이다. 조직 존속에 가장 근본적인 한계점이다.

그렇다면, 이 함정에 빠지지 않기 위해서는 어찌해야 하는가? 조직과 개인이 모두 질문할 줄 알아야 한다. 항상 우리 조직은 고객의 의도한 일을 하고 있는지를 물어야 한다. 질문하는 조직만이 지속적으로 존속할 수 있다. 이런 개인을 만들기 위해서 인간을 관리가 아닌 학습의 대상으로 설정해야 하며, 또 이런 조직을 만들기 위해서 센게(P.

Senge)는 학습조직을 강조하고 있다.

(2) 올바르게 일하고 있는가?

두 번째 질문인 '**올바르게 일하고 있는가**'는 '되게 하는 방법', 즉 성과 창출과 관련된 실제적 문제와 관련된 질문이다. 본서는 그 근본적 해법을 **시스템의 활용 여부**에서 찾고자 한다. 즉, 시스템이 파생시키는 에너지로 의도하는 일을 되게 하는 것이다. 시스템이 파생시키는 **시스템의 에너지**를 **시너지(synergy = system + energy)**라 한다. 시너지는 쉽게 말해 1+1=3의 의미로써 **지렛대 역할을 하는 것**이다. 작은 힘으로 큰 물체를 움직이는 것이며, **효율성을 만드는 원리**이자 **효과성을 달성하는 힘**이다.

이 시너지를 어떻게 활용하느냐에 따라 올바르게 일함의 정도가 나누어진다. 따라서 경영의 대상은 시스템이다. **경영은 시너지 창출을 위해 시스템을 관리하는 활동이자 시너지 극대의 지렛대(leverage)를 마련하는 활동**이다. **이 힘으로 의도하는 바를 되게 하는 것**이다.

조직은 시스템(system)이다. 이는 함목적성을 띤 상호의존적 개별 요소들의 집합이다. 따라서 시스템은 개별 요소와 이들의 관계로 구성되어 있다. 개별 요소란 투입물(input)로 인적, 물적, 재무적, 정보적 자산들을 말하며, 이를 어떻게 관계화시키냐에 따라 시너지의 크기가 다르게 된다. 이제 더 큰 시너지 창출을 위해 **요소에 집중된 경영**에서 벗어나 **관계에 집중**하는 경영에 보다 집중하여야 한다. 개별 요소의 생산성과 요소 간의 경쟁 중심의 경영에서 벗어나 협력과 팀워크, 공유비전, 문화, 프로세스에 집중하는 경영이 요구되고 있다.

시너지는 개별 요소인 인간이 발휘할 수 있는 능력보다 훨씬 강력한 힘을 발휘한다. 인간이 조직과 사회, 공동체를 구성하는 이유가 바로 여기에 있다. 이 힘을 극대화하기 위해서이다.

4) 나에게 있어 경영이란?

나에게 경영을 한마디로 묘사하라 한다면, 정적 묘사와 동적 묘사로 구분하여 설명하고 싶다. 먼저 정적 묘사로는 '**조삼모사**[7]'와 같다 하겠다. 조삼모사란 원숭이에게 도

7) 朝三暮四

토리를 아침에 세 개 주고 저녁에 네 개를 주니 불만족하여 이를 반대로 주니 만족했음을 뜻한다. 흔히 '치졸한 사기'의 의미로 통용되나 경영학적 측면에서 그 이상의 의미를 찾을 수 있다. 즉, '나'라는 조직이 원숭이에게 만족을 주겠다는 '의도한 바'를 도토리의 제공 순서를 바꿈으로 인해 '되도록 하였다'는 것이다. 이것이 경영이다.

여기에는 중요한 몇 가지가 더 내포되어 있다. 경영에는 상책의 경영, 중책의 경영 그리고 하책의 경영이 있다. 상책의 경영은 합이 일곱 개인 도토리의 숫자를 변화시키지 않고 그저 주는 순서 만을 바꾸어 만족을 이끄는 것이다. 즉, 투입은 변화시키지 않으면서도 산출을 늘렸기 때문에 상책이다. 이를 조금 어렵게 이야기하면 프로세스의 변화, 즉 프로세스 혁신이라 한다. 반대로 가장 안 좋은 경영은 아침에도 네 개를 주는 것이다. 이는 도토리의 숫자, 즉 투입을 늘렸기 때문에 하책이다. 인력 감축이 여기에 해당한다. 중책도 있다. 조사모삼보다는 못하지만 합을 변화시키지 않으면서도 만족감을 올리는 방안이 그것이다. 도토리를 크게 만들어서 주면 된다. 제조에서의 제품 혁신이 이에 속한다. 언뜻 보면 상책보다 좋을 것 같지만 도토리를 크게 만드는데 시간이 더 소요되기 때문에 중책이라 할 수 있다.

동적 묘사로는 '**백지장도 맞들면 낫다**'로 설명하고자 한다. 경영은 백지장 양쪽에 두 명을 배치하여 맞들게 함으로써 시스템을 형성하고 '낫다'라는 시스템의 에너지인 시너지를 창출하는 것이다. 경영은 백지장을 함께 들고자 하는 공동의 목적을 설정한 후, 백지장과 사람이라는 개별 요소를 연결하여 '든다'라는 상호작용을 이끌어내서 '나음'이라는 시너지 창출로 공동 목적을 달성하게 하는 것이다. 혼자 들 수 없는 것을 함께 해서 들었을 때 성취의 쾌감을 떠올려보라. 경영의 위대함이 보일 것이다.

앞서의 묘사들에는 또 하나의 중요한 통찰이 숨어 있다. 조삼모사를 조사모삼으로 바꾸고 백지장을 맞들어 나음을 두고 '**답을 찾은 것**'이라 할 수 있는가? 아니면 '**문제를 해결하였다**'고 할 수 있는가?이다. 후자이다. 우리가 경영학을 학습하는 이유가 또한 여기에 있다. **답 찾기가 아닌 문제해결을 위해 경영학을 배운다**. 양자의 차이는 **질문을 할 수 있는가**의 여부에 달려 있다. 질문하지 않는 자는 답 찾기에 빠질 가능성이 크다. 질문을 하려면 **자기 일**로 받아들여져야 한다. 질문의 대상은 바로 자기 일이다. 남의 일에 질문하지 않는다.

지속적으로 성장하는 조직은 **남의 질문에 답 찾아주는 조직**이 아니라 **스스로가 질문하고**

문제를 해결하는 조직이다. 여기에 경영의 시작과 끝이 있다. 조직에서의 일이 내 일이냐 그렇지 않느냐에 따라 무수한 경영기법이 필요하냐 그렇지 않느냐가 결정된다. 그 무수한 경영기법을 녹여버릴 것이냐 아니면 이를 적용하고 적용받느라 피곤함을 달고 살 것이냐를 판단해야 한다. 삶의 질이 중요해진 저성장 시대를 맞아 지속가능한 경영을 이야기해야 하는 이유가 바로 여기에 있다.

생각하기

알고 있던 경영 성공 사례, 과연 실제로도 그랬을까? …

1965년에서 1995년 사이에 포춘 500에 등장한 수많은 기업에서 '좋은 회사에서 위대한 회사로 도약한' 기업 11개를 찾아 분석해보니, 위대한 회사 대부분에서 통념을 깨는 다음과 같은 공통적인 결과가 도출되었다.

첫째, 외부에서 저명한 리더를 영입한 기업이 거의 없더라. 오히려 도약에 부정적인 영향을 미치더라.

둘째, 경영진의 고액 연봉이 위대한 기업의 도약과 관련이 있다는 아무런 증명 자료를 발견하지 못했다.

셋째, 위대한 기업의 도약에 전략 그 자체는 아무런 도움이 되지 못하더라. 또 장기 전략 수립에 더 많은 시간을 들인 증거도 없더라.

넷째, 인수 · 합병은 위대한 기업으로의 도약에 사실상 아무런 역할도 하지 않더라.

다섯째, 조건만 잘 갖추어지면 책임감, 연합, 동기부여, 변화의 문제는 대부분 녹아 없어지더라.

여섯째, 도약한 기업에서 무슨 이름이나 슬로건, 출범식, 프로그램을 거창하게 내걸고 전환을 공표한 경우를 보지 못했다. 혁명을 통해 도약한 것이 아니라 결과적으로 진정 혁명적인 도약을 일구어 낸 것이었다.

일곱째, 기업의 성장은 상황의 함수가 아니라 대개 의식적인 선택의 문제였다.

자료: 짐 콜린스의 '좋은 기업을 넘어 위대한 기업으로'(2011)에서 발췌정리

2. 조직의 목적, 목표 그리고 균형

1) 조직의 목적과 목표

조직의 궁극적인 목적은 무엇일까? 그것은 바로 고객가치의 극대화이다. 고객만이 조직의 존재이유를 설명하고 또한 어떠한 제품과 서비스를 생산해야 하는지 결정한다.

그렇다면 고객의 가치를 극대화하기 위해 조직이 세워야 할 **목표**는 무엇이어야 하는가? 어떠한 목표를 세워야 생존과 지속적 성장을 담보할 수 있는 것인가? 이는 크게 다음의 내용이 포함된 목표가 설정되어야 한다.

- **1차 목표**는 **수익성을 확보**하여야 한다.
- **2차 목표**는 **고객 및 시장을 만족**시켜야 한다.
- **3차 목표**는 **직원을 안정시키고 성장**시켜야 한다.

첫 번째 목표인 수익성의 확보는 생존을 위한 모든 조직의 궁극적인 목적이다. 그러나 생존을 넘어 지속적으로 성장하기 위해서는 두 번째 목표인 고객 및 시장의 만족과 세 번째 목표인 직원의 안정과 성장을 견인하는 조직이 되어야 한다.

그림 1-8 조직의 3대 목표

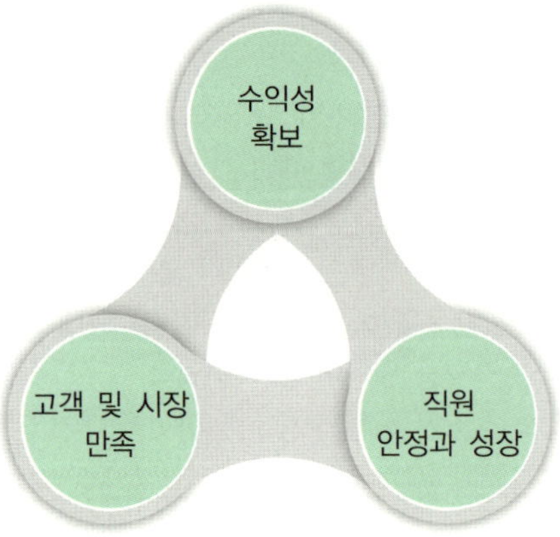

2) 목표 간의 균형

수익성 확보를 위해 고객을 속여 상품을 제공할 수도 있고 고객이 원하지 않는 상품으로 유인하여 공급할 수도 있다. 그러나 오래가지는 못할 것이다. 따라서 안전하고 고품질의 상품을 생산하여 고객과 시장을 만족시켜야 한다.

직원의 안정과 성장은 고객 및 시장에 만족스러운 상품을 제공하여 궁극적으로 수익 향상에 영향을 미치게 된다. 직원들이 조직에서 만족하지 못하고 있는데도 이를 외면

하면서 고객만족을 위한 활동을 요구할 수 있다. 길게는 그렇게 수년을 보낼 수도 있을 것이다. 그러나 이 또한 오래가지 못할 것이다. 능력을 갖춘 직원은 우선 그 조직을 떠날 것이고 남아 있는 직원은 그 불편함을 지속적으로 호소하게 되어 직원 간에 관계도 좋지 않아 궁극적으로 조직문화에 해악을 끼치게 될 것이다.

이렇게 직원을 만족시키고 성장하도록 하는 것은 모든 조직의 궁극적인 목표가 되어야 하며 여타 다른 목표의 토대가 되어야 한다. 고품질의 상품을 생산하여 고객과 시장을 만족시키고 시장의 수요 변동에 능동적으로 대처하기 위해서는 직원을 유연하게 관리하여 직업을 안정시켜야 한다. 이와 더불어 진정한 동기부여는 스스로가 자신의 한계를 극복하고자 할 때 발생하기 때문에 직원들이 자아를 성장하게 할 수 있도록 학습조직으로의 전환과 프로세스 중심의 조직구조가 매우 필요하다.

이상의 세 가지 목표가 동시에 균형적으로 충족되지 않고서는 생존을 넘은 지속적인 성장은 요원하다.

3. 생명경영, 생명존중의 지속가능 경영

새로운 경영학의 모습은 조직과 사회의 지속가능성을 담보할 수 있는가와 밀접한 관련이 있을 것이다. 지속가능성의 가치가 상호 연관된 요소들의 인위적으로 분절에서 벗어나면서부터 시작된다고 보았을 때, 소비를 넘어 인간의 삶과 분리되지 않는 모습, 경제적 가치와 함께 사회적 가치를 조직의 경쟁력으로 활용하는 모습은 이와 직결된 시각이다.

이를 위해서 본서는 유기체적 인간관과 전일주의에 입각한 지속가능 경영학을 소개하고자 한다. 본서는 이러한 환경 변화에 입각한 새로운 경영학을 '**생명존중의 지속가능 경영**'이라 칭하고자 한다. 이는 다음과 같은 4단계 접근을 통해 전개되며, 구체적인 내용은 다음과 같다.

- 인간은 관리의 대상이 아니다.
- 관리의 대상은 시스템이다.
- 인간은 학습의 대상이다.
- 학습은 핵심가치를 업무에 녹여 흐르게 하는 것이다.

1) 인간은 관리의 대상이 아니다

(1) 인간관 비교

인간을 관리의 대상으로 보는 시각은 인적자원관과 동일하다. 인간을 물적, 금융, 정보 등과 같은 종류의 자원으로 취급하는 시각은 과거 공장형 대량생산 시대의 유산으로 1인당 국민소득이 일천했던 시대의 인간관이다. 당시 공장근로자는 신분제 사회에서 하층을 구성하고 있었으며, 인간으로서의 권리가 미약했을 뿐 아니라 생산성 증가를 위한 직접적 수단으로 밖에 간주되지 않았었다. 즉, 이는 기계적 인간관의 반영으로 인간은 기계와 같이 관리되고 통제되어야 할 수동적이고 윤리와 배려가 결여된 몰가치적 대상이었다. 이러한 인간관은 주류 경영경제학의 인간관으로 '전체는 언제나 부분의 합과 같다'는 환원주의에 입각한 요소로써의 인간관이자 효율성 강조의 부분 최적화(local optimum)에 기초한 인간관이라 하겠다.

그러나 오늘날의 인간은 고객으로서 만족을 누릴 권리뿐 아니라 조직 내 생산자로서 만족을 누릴 권리를 보장받고자 하며, 그 여부가 조직 생존과 직결되고 있다. 인간은 더 이상 기계와 같은 존재가 아니라 자율적이며 더불어 일함으로써 내재된 잠재력을 최대한 발휘하고자 하는 자기실현적 유기체이다. 이러한 인간관은 주류 경영경제학의 인간관에 반해 '전체는 부분의 합 그 이상'이라는 전일주의에 입각한 관계로서의 인간관이자 효과성 강조의 전체 최적화(global optimum)에 기초한 인간관이라 하겠다.

콜린스(J. Collins)는 위대한 기업으로 도약한 기업의 성장에는 상황의 함수가 아닌 의식적 선택이 있었다고 하였다. 또 기업을 버스에 비유했을 때 위대한 기업의 리더들은 하나같이 핸들을 잡지 않았다고 했다. 그 대신 조직에 적합한 사람은 태우고 그렇지 않은 사람은 빨리 내리게 했다고 한다. 이를 콜린스는 냉정한 것이 아닌 엄격한 것이라고도 하였다. 비전 있는 개인은 잠시도 가만히 있지 않고 스스로가 운전대를 잡고 내비게이션 역할을 하면서 조직을 자신들의 열망이 가득한 공간으로 이동시켰다고 한다. 위대한 조직에서 인간을 관리하지 않고 있음의 전형적 사례들이다.

(2) 인간이 관리의 대상일 때 문제점

인간을 관리의 대상으로 놓으면 다음과 같은 심각한 오류에 봉착한다.

첫째, 인간은 결코 관리할 수 없다. 관리란 계획-실행-통제의 프로세스를 말하는데 사람을 관리한다고 함은 사람이 해야 할 일을 관리하는 것으로 무엇을 할 것이며 어떻게 할 것이며 얼마나 했는지가 그 대상이 된다. 이때 사람을 가장 효율적이고 효과적으로 관리하기 위해 '기계적 인간관'을 강압할 수 밖에 없어 인간의 개성과 능력 등의 차이를 축소하거나 무시하는 인간성 말살의 결과로 봉착할 수밖에 없다. 이로 인해 조직의 지속가능성에 심각한 문제가 제기된다.

둘째, 동질적 관리가 불가능한 인간을 개별적으로 관리하려 든다면, 인간은 고객과 조직이 아닌 스스로의 방어에 집중하게 된다. 조직의 성과는 개인이나 부서와 같은 부분이 아닌 조직 전체 관점에서 실현된 결과물일 수밖에 없음에도 불구하고 관리의 대상인 인간에게 두면 부분 최적화에 함몰되는 문제를 지속적으로 야기하게 된다.

셋째, 인간의 행위는 구조의 산물인 경우가 대부분이다. 좌우의 높낮이가 다른 길을 걷는 인간은 절뚝일 수밖에 없다. 다른 사람으로 교체해도 동일한 결과가 나타난다. 따라서 경영자는 절뚝거리는 직원을 기대한 것이 아니라면 직원 교체 이전에 좌우 높낮이가 다른 길을 동일하게 닦는 것이 해법임에 주목해야 한다. 행태는 구조의 산물이기 때문이다.

2) 관리의 대상은 시스템이다

자세한 내용은 제2장 1절의 시스템 및 시스템 사고에서 설명하겠다.

3) 인간은 학습의 대상이다

(1) 학습이란?

학습은 '학'이라는 배움과 '습'이라는 익힘으로 구성되어 있다. 그럼에도 불구하고 학습을 배움으로만 이해하는 경우가 많다. 학습에는 익힘도 있다. 이를 구분하여 이해할 때, 학습의 진면목을 보게 된다.

배움은 이성에 기초해 모방과 암기를 통해 남의 것을 복제하는 과정이다. 이에 반해 익힘은 배움으로 받아들인 것을 감성에 기초해 시행착오와 몰입을 통해 자기 것으로 창조하는 과정이다. 쉽게 예를 들면, 배움은 '6 곱하기 8은 48'과 같은 것이다. 모두 48이라고 알고 있으며 49라고 하면 틀렸다고 할 정도로 객관성과 보편성을 갖고 있다. 대개의 경우, 배움의 대상들은 내가 만든 것도 관여하지도 않은 것을 받아들이기만 해야 하는 특성을 갖고 있다. 그래서 지루하고 재미가 없다. 그럼에도 불구하고 배우는 유일한 이유는 익혀서 내 것으로 만들기 위해서이다. 익히는 과정은 온전히 내 몫이다. 그래서 밥의 채움이 배움이라면 소화의 비움이 익힘이며, 듣기가 배움이라면 익힘은 말하기와 같다 할 수 있다. 익혔다고 하는 것은 어제까지 못했던 것을 오늘 하게 된 것과 같다. 자기를 극복하는 과정이고 성장의 과정이다. 이는 본질적으로 기쁘고 재미있다.

배움의 목적은 익히기 위해서이며, 익힘을 통해 완성된다. 학습은 배워 얻는 개별적 지식(text, fact)을 익힘을 통해 연결시켜 융합적 지혜(context, story)로 만드는 활동이다. 구슬이 서말이어도 꿰어야 보배다와 같은 이치다. 배움을 통해 드디어 '우리'가 되었다면, 익힘을 통해 비로소 '내'가 된다. 그러니 공자의 말씀처럼 기쁘지 않을 수 없다.[8)]

표 1-4 배움과 익힘 비교

배움	익힘
남의 것(객관적, 채움)	내 것(주관적, 비움)
요소(fact, text)	관계(story, context)
모방과 암기	시행착오와 몰입
답 찾기	질문하기
듣기, 밥먹기	말하기, 소화하기

피카소(P. Picasso)는 좋은 예술가는 모방하지만 위대한 예술가는 훔친다고 하였다.[9)] 좋은 예술가는 배움에 그쳤지만, 위대한 예술가는 익혔다고도 볼 수 있다. 아래 그림은 그가 그린 그림들이다. 왼쪽은 10대 때 배워 그린 것이고, 오른쪽은 70대 때 익혀 그린 것이다. 그가 위대한 화가로 기억하는 이유는 자신을 찾았기 때문일 것이다.

자주 접하는 이야기 중에 모방과 암기는 창의력의 적이라는 말이 있다. 일견 맞고 또 일견 틀린 이야기다. 모방과 암기는 배움의 토대이다. 배우기만 했다면 창의력은 배양되기 어렵다. 그러나 익힘으로 이어진다면 창의력의 근원이 된다. 과거 문맹의 시대

8) 공자는 논어에서 學而時習之 不亦說乎라 했다.

9) Good artists copy, great artists steal.

가 아닌 오늘날의 창의력은 배움만으로는 발휘되지 않지만, 배움 없이 발휘되지도 않는다. 개인 학습이든 조직 학습이든 학습은 창의적 조직의 토대이다.10)

그림 1-9 피카소(P. Picasso) 그림 비교

(2) 학습하는 인간

인간을 학습의 대상으로 설정할 경우, 조직에서 얻는 이점은 매우 크다. 먼저, 올바른 일을 하게 한다. 성과를 창출하는 능력은 올바른 일을 하는 능력과 올바르게 일하는 능력 모두를 보유하여야 한다고 하였다. 후자가 답을 찾는 능력이라면, 전자는 질문하는 능력이다. 질문은 자신의 일, 좋아하는 일일 때만 한다. 자신과 상관없는 일이거나 관심 없는 일에 질문하지 않는다. 학습은 성과 창출 능력과 직접적 관련이 있는데 인간을 학습의 대상으로 놓았을 때, 질문하기 시작하여 올바르지 않는 일을 하는 오류를 줄일 수 있다.

다음으로, 창의와 혁신의 근원을 확보할 수 있다. 이는 기존에 있는 내용들을 서로

10) 공자는 '배우기만 하고 익히지 않으면 공허하고, 익히기만 하고 배우지 않으면 위태롭다'고 했다. 학과 습의 균형감에 대해 이만한 통찰을 보지 못했다.

연결하여 개별적일 때 나타나지 않던 새로운 현상을 찾아내는 것이다. 이 또한 시너지 창출이다. 시너지 창출의 전제가 되는 시스템을 형성하는 일을 이야기(storyline)를 만든다고 할 수 있다. 경영이라는 광의의 시너지 창출의 토대가 되는 협의의 시너지 창출 활동이라 할 수 있다. 이를 두고 공자는 '타고난 본성과 능력은 비슷하나, 익힘을 통해 차이가 난다'고 설파하고 있다.[11)]

인간의 자존감은 타인과의 비교가 아닌, 자신의 한계 극복이라는 익힘에서 나와야 한다. 인간은 이런 성장에서 본능적으로 즐거워한다. 그 성장의 요체가 학습이다. **학습의 과정은 고유한 '나'를 찾는 과정이자 남이 아닌 '나'로 살아갈 수 있도록 튼튼한 정신세계를 갖는 과정이다.** 조직에서 인간을 관리의 대상이 아닌 학습의 대상으로 바라보면 즐겁게 일할 수 있는 강력한 토대를 개개인의 내부에 마련한 셈이 된다. 따라서 학습하지 않으면, 보다 정확히 말해 익힘을 간과하면, 인간 삶의 균형을 잃은 조직원으로 조직을 구성하게 된다. 어찌 조직이 지속적으로 성장할 수 있겠는가? 되묻지 않을 수 없다.

조직의 지속가능경영의 요체는 학습이다. 개인적 학습이고 이를 토대로 한 조직적 학습이다. 그렇게 한다면, 처음부터 불가능했던 인간관리를 더 이상 강요하지 않아도 된다. 개인과 조직 성장의 지속적인 에너지를 창출하는 유일한 수단을 확보했기 때문이다. 130년의 역사를 가진 세계 최고 의료기관인 메이요 클리닉(Mayo Clinic)은 조직의 성장 방향과 일치하는 개인을 선발하여 그들을 성장시킴으로써 조직의 성장을 도모하고 있음은 시사하는 바가 적지 않다.

4) 학습은 핵심가치를 업무에 녹여 흐르게 하는 것이다

(1) 조직학습이란?

조직은 어떻게 고객의 의도를 실제 고객에게 전달할 수 있을까? 바로 업무를 통해서이다. 업무는 매일같이 전개되는 조직운영 활동이다. 여기에 조직이 의도하는 바에 기초한 기본 원리이자 조직 정신인 핵심가치를 녹이면 된다. 이것이 조직학습이다. 조직이 학습조직을 표방하면 조직의 미션은 그저 좋은 말로 포장된 죽어 있는 문건이 아닌 매일같이 살아 움직여서 조직 전체에 흘러서 고객의 체험 속으로 스며들게 된다. 학습

11) 공자는 〈논어〉에서 性相近也 習相遠也라 하고 있다.

조직은 경영이 살아있는 조직을 만드는 지렛대(레버리지)이다.

(2) 학습조직

센게(P. Senge)는 시스템 사고를 통한 경영혁신 과정을 학습조직(learning organization)의 구축으로 설명하고 있다. 학습조직의 핵심은 기존에 갖고 있던 '관점의 전환'에 있다. 자신을 세상으로부터 분리된 것으로 보는 환원주의 사고에서 벗어나 세상과 씨줄 날줄로 연관되어 있다는 전일주의적 시각의 형성에서 시작된다. 학습조직은 조직에서 개인을 경영관리의 대상에서 벗어나게 하는 해방구로써의 역할을 지향한다.

학습조직을 구축하기 위해 조직은 다음과 같은 다섯 가지 요인을 준비해야 한다.

- 공유비전
- 정신모델
- 팀학습
- 개인적 숙련
- 시스템 사고

첫째는, 공유비전을 구축(building shared vision)하는 것이다. 이는 조직의 미래상을 공유하는 것으로 구성원들로 하여금 장기적 몰입을 증진시키는 역할을 한다. 이는 사회적 경영 실천의 요체로써 공동의 유대감과 목표의식에 대한 자각은 사람들을 하나로 묶는 것을 의미한다. 이를 통해 자율적이고 순수한 몰입과 동참이 발생하게 된다. 메이요 클리닉은 '환자의 필요성을 최우선'이라는 공유비전의 전사적 실천을 통해 100여 년간 최고 의료기관으로써의 명성을 이어오고 있다.

둘째는, 정신모델(mental model)을 살펴보는 것이다. 정신모델은 세상을 이해하고 특정 행동을 취하게 하는 고착된 가정으로 이로 인해 새로운 가능성에 대한 수많은 통찰력을 실행에 옮기지 못하는 근본 이유가 된다. 따라서 자신의 정신모델이 어떤지를 파악해야 세상을 새롭게 인식하는 데 필요한 개방성을 확보할 수 있다. 미라이 공업의 야마다 사장은 이를 사람들이 해보지도 않고 상식에 근거해 안 된다고 하는 것으로 통념을 벗어나고자 노력하고 있으며, 노자는 보고 싶은 대로가 아닌 보이는 대로 봐야 함을 강조하면서 무위의 사고를 통해 이루지 않음이 없음을 설파하였다.

셋째는, 팀학습(team learning)을 실천해야 한다. **조직학습의 기본단위**는 개인이 아닌 팀이어야 한다. 팀 단위로 학습해야 하는 이유는 개인 관점 뒤에 숨겨진 보다 큰 그림을 볼 수 있도록 하여 개인적으로는 얻을 수 없는 통찰력을 발견하게 할 뿐 아니라 팀에 속하지 않았을 때보다 훨씬 넓고 빠르게 성장할 수 있기 때문이다. 팀학습의 원리는 '대화(dialogue)'로써 이는 자신의 입장을 상대에게 이해시키려 하거나 설득하고자 하는 토론(discuss)이 아니라 팀 내에서 의미가 자유롭게 흐르게 함으로써 '함께 생각'하고자 함을 의미한다. 메이요 클리닉은 이를 협력 진료의 모습으로 실천하고 있다. 협력 진료란 한 명의 환자에 대해 관련된 의료인이 공동으로 진료하는 것을 말한다. 따라서 협력 진료는 환자의 입장에서 병원 전체가 자신을 돌보고 있다는 신뢰를 얻게 하고 의사들에게는 다른 의료인과 소통할 수 있기 때문에 다른 의료기관에 근무할 때 보다 빠르게 전문가가 될 수 있음을 알게 한다. 이는 전문가에 있어서 최고의 희열을 의미한다. 따라서 학습을 팀 단위로 하면 의료기관 전체는 환자와 의료인을 잇는 막강한 선순환 구조를 갖게 된다.

넷째는, 개인적 숙련(personal mastery)을 추구하는 것이다.[12] 이는 **학습조직의 주춧돌**로써 개인의 행동들이 세상에 어떤 영향을 미치는가를 지속적으로 학습하게 하는 개인적 동기를 길러내는 것을 목적으로 한다. 이는 개인적 비전을 명확히 하고 이를 지속적으로 심화 확장시켜 조직이 학습에 대해 몰입하고 그것을 받아들이는 능력을 강화하는 훈련법을 말한다. 여기서 영문 mastery는 익힘을 뜻한다. 팀학습의 토대는 익힌 개인이다. 배움은 남이 만들어 놓은 보편적 이론을 오로지 받아들여야만 하기에 즐겁지 않다. 오직 익힘을 위해 필요할 뿐이다. 익힘은 배움을 토대로 자기화하는 자기 한계 극복의 과정이다. 인간은 자신의 한계를 극복할 때 기쁘다.

마지막으로, 시스템 사고(systems thinking)에 입각하는 것이다. 이는 요소와 관계로 구성된 시스템으로써 **전체를 보다 명확히 하고 이를 효과적으로 바꾸기 위해 스스로가 어찌해야 하는지에 대한 지식과 도구이자 개념적 틀**을 말한다. 이를 통해 개인은 자신과 자신이 속한 세상을 인지하는 새로운 방법을 이해할 수 있게 된다. 시스템 사고가 필요한 실제적인 이유는 요소 중심적 부분으로 전체를 이해할 수 없음에 있다. 부분의 합이

12) 영문 learning을 학습으로 번역하는 것에 주의가 필요하다. 대개 학습보다 배움에 더 가깝다. 영문 mastery와 lea ning by doing이 익힘에 가깝다.

전체가 아니기 때문이다. 전체는 부분의 합 그 이상이다. 그래야만 상생이라는 시너지가 설명될 수 있다. 시너지는 곧 부분으로 만든 합이 전체 이상임을 말한다.

배움을 넘어 익히면 질문한다. 관심을 갖게 된다. 그런 사람들로 모인 조직이 지속가능하다. 이를 위해서 기계적 인간관을 벗어나야 한다. 사람을 관리의 대상으로 보는 세계관을 벗어나야 한다. 그 공백을 시스템으로 채우면 된다. 관리는 시스템을 대상으로 하고, 벗어난 인간으로는 학습하자. 이것이 생명경영의 알파이자 오메가이다.

4절 본서의 구성체계

본서는 총 3부의 10개 장으로 구성되어 있다.

제1부는 경영의 기초로 총 2개의 장으로 구성되어 있다.

제1장 지속가능경영의 이해는 경영의 본질을 환경 패러다임의 변화를 통해 살펴보고자 한다. 특히, 주류 경영학의 한계를 극복하기 위한 대안으로써 인간과 생명경영에 대해 이해하고자 한다.

제2장 시스템 사고와 관리에서는 왜 시스템을 이해해야 하며, 시스템을 가시화하는 언어로서 인과 지도의 의미를 살펴볼 것이다. 특히, 일반적으로 모든 시스템이 보이는 특성을 시스템 원형이라는 이름으로 문제와 해법을 정형화하여 쉽게 접근해보고자 한다.

제2부는 생산운영관리의 개념론으로 총 2개의 장으로 구성되어 있다.

제3장은 생산운영관리의 기초이다. 생산운영관리의 주요 개념과 목표, 대상과 기능 및 성과, 가치, 생산성의 개념에 대해 살펴볼 것이다.

제4장은 전략적 성과관리를 이야기한다. 생산운영관리의 전략과 균형성과표(BSC)를 살펴보고자 한다.

제3부는 생산운영관리의 방법론으로 총 6개의 장으로 구성되어 있다.

제5장은 제약이론과 관리이다. 성과 창출의 근본인 제약의 발견과 이의 관리를 소개

한다. 특히, 제약관리의 핵심인 실제 관리 단계를 사고 프로세스의 틀 속에서 구체적으로 살펴볼 것이다.

제6장은 프로세스 사고와 관리로서 생산운영관리의 대상이 되는 프로세스의 개념, 혁신, 사고 및 관리 개념과 유형을 소개하고자 한다. 특히, 실제 프로세스를 가시화하는 모델링 기법을 이해함을 통해 생산운영관리에 한층 가까이 다가설 수 있을 것이다.

제7장은 품질관리이다. 품질관리의 개념과 비용을 살펴보고 전사적 차원에서 품질관리를 전개할 필요성을 느껴보길 바란다. 더불어 실제 프로세스의 품질을 평가하는 방법을 소개하고자 한다.

제8장은 변화관리이다. 모든 프로세스는 종속적이며 여기에 변동성이 더해지면 변화가 촉진된다. 변화를 예측하는 이론에 대해 알아본다.

제9장은 6시그마와 린시스템이다. 두 시스템을 이해하고 이에 의한 품질향상 모형을 살펴볼 것이다.

제10장은 지속적 성과관리시스템이다. 이는 기존에 살펴본 제약이론과 6시그마의 통합을 통해 실제 성과관리를 전개함에 따른 제반 전략적 수단들을 소개할 것이다.

본서의 전체적 구성 맥락은 다음과 같다.

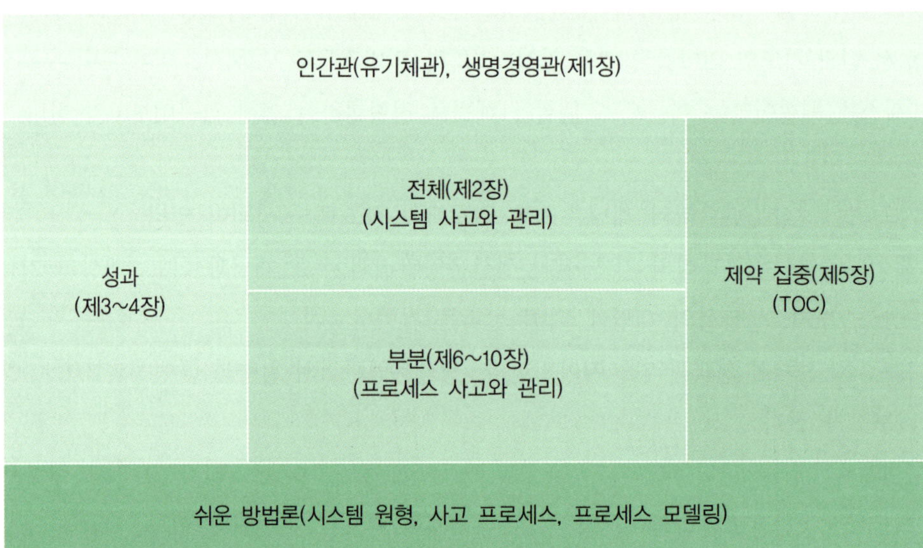

2 시스템 사고와 관리

CHAPTER

초연결 시대의 해법, 시스템 사고

1절 시스템 및 시스템 사고

조직 전체를 이해하기 위한 쉽고 간단한 방법이 있다. 이는 조직이 무슨 일을 하고 있는지를 나타낸 통찰력 있는 구조도를 그려봄으로써 도움을 받을 수 있다. 이를 위해서는 조직을 제조, 인사, 재무회계, 마케팅 등 기능에 기초한 부서의 관점이 아닌 시스템과 프로세스라는 관점에서 사고함이 필요하다.

1. 시스템이란?

1) 시스템 개념

경영관리의 대상은 시스템이다. 즉, 경영은 시스템을 만들어서 그 에너지를 창출하는 것이다. 이를 시너지(synergy)라 한다. 따라서, 경영은 시스템을 어떻게 활용했을 때 시너지를 극대화할 수 있는가를 다루는 활동이라고 할 수 있다. 시너지를 발휘하기 위해서는 시스템을 이해해야 한다. 시스템(system)을 이해하지 못하고 조직을 이해하기는 어렵다. 조직은 그 자체가 하나의 시스템이며 그 안에 수많은 하위시스템을 포함하고 있다. 최종적인 하위시스템은 한 사람의 개인이며 개인 또한 하나의 시스템이다.

시스템은 공통의 목적을 위해 하나 이상의 경영 요소가 상호작용하여 전체를 이루면서 경쟁자보다 더 나은 성과를 창출해 나가는 구조 혹은 체계이다. 즉, 시스템은 함목적성을 갖는 요소와 관계의 집합이다. 시스템의 경쟁력을 높이기 위한 노력이 바로 경영혁신(management innovation)이다.

- 시스템 = 요소 + 관계

시스템은 투입물과 변환 과정, 산출물로 구성되며 투입물을 변환하여 산출물을 생산하는 순환적 상호작용을 경영활동이라 하였다. 투입물과 변환 과정, 산출물의 주요 내용은 다음과 같다.

- 투입물(input): 인적·물적·금융·정보·기술·지식 자원
- 변환과정(transforming process): 투입물을 산출물로 변환하는 과정, 활동의 집합, 일하는 방식
- 산출물(output): 제품, 서비스

그림 2-1 시스템의 기본형태

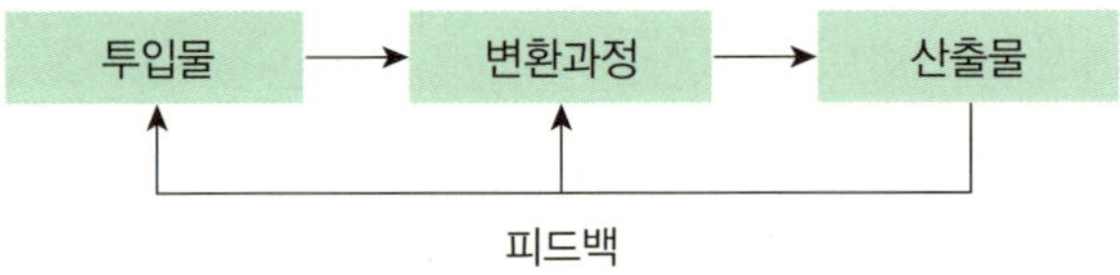

기존의 경영학은 주로 요소 중심적인 시너지 창출 전략에 입각하였다. 따라서 개별 요소의 생산성, 요소 간의 경쟁, 인사/생산/정보/재무 등 투입 요소별 개별적 관리 방식의 전개 등이 특징을 이룬다.

반면에 관계에 집중하는 경영은 협력, 팀워크, 공유비전, 문화, 프로세스 등에 집중하는 모습을 띤다. 요소 중심의 경영에 비해 더 큰 시너지를 발생시킬 수 있다. 쉽게 말해 인간을 개별 요소인으로 취급하여 요소 간 생산성 향상을 명목으로 경쟁시키는 경영보다 협력하고 학습하는 조직 속에 성장을 도모하는 조직시스템의 시너지가 훨씬 강력할 수 있다. 인간이 조직과 사회, 공동체를 구성하는 근본적인 이유가 이 힘을 발휘하기 위해서이다. 앞에서 살펴본 인간은 그 자체로 관리할 수 없을 뿐 아니라 불완전한 관리가 파생시키는 온갖 왜곡에서 벗어남이 지속가능경영의 핵심 요체이자 시작점이다.

2) 시스템 종류

시스템을 전체와 부분으로 구분하였을 때, **마음(mind) 및 선택 능력의 여부**에 따라 다음과 같은 4종류의 시스템으로 구분할 수 있다. 전체와 부분 모두 마음 및 선택 능력이 없으면 시계와 같은 **기계시스템**이며, 둘 다 있으면 조직과 같은 **사회시스템**이다. 마음 및 선택 능력이 전체에만 있으면 **인간시스템**이며, 부분에만 있으면 **자연시스템**이라 한다. 앞에서 살펴본 환원주의적 시각이 효과적으로 적용될 수 있는 시스템은 마음 및 선택 능력이 전체에 없을 때의 경우이며, 이것이 있을 경우 전일주의적 접근이 보다 유효한 분석 수단이라 할 수 있다. 따라서, 시스템을 구분하고 그 특성을 고려한 접근 방법이 필요하다.

그림 2-2 시스템의 4가지 종류

마음 및 선택능력 여부		전체: 없음	전체: 있음
부분	없음	기계시스템 (결정적)	인간시스템 (유기적)
	있음	자연시스템 (생태적)	사회시스템 (사회적)

3) 시스템의 특성

첫째, **시스템은 목적(purpose)을 갖고 있다.** 시스템의 목적은 부분에는 없는 전체로서의 특성이다. 예를 들어, 자동차의 목적은 사람 또는 사물의 이동이다. 이는 바퀴나 엔진 등 기타 부분들은 나타내지 않는 오직 전체로서의 자동차에만 부여되어 있는 목적이다.

둘째, **시스템이 목적을 최적으로 수행하기 위해서는 모든 부분이 있어야 한다.** 어떤 하나의 부분이 제거되었음에도 시스템의 특성에 변화가 없다면 이는 시스템이 아니다. 예를 들어, 도구상자에서 한 도구를 제거했는데도 도구상자라면 이는 시스템이 아니라 그

냥 모음일 뿐이다.

셋째, **부분이 정렬되는 순서는 시스템 성능에 영향을 준다.** 도구상자에서 도구의 위치가 위에 있든 아래에 있든 문제가 없다. 시스템이 아니기 때문이다. 자동차의 부품이 무작위로 배치되었는데도 자동차가 움직이는가? 시스템이기 때문에 움직이지 않는다.

넷째, **시스템은 피드백을 통해 안정성을 유지하려 한다.** 모든 시스템에는 피드백으로 구성되어 있다. 피드백의 주요 역할은 시스템이 원하는 상태에 있을 수 있도록 정보를 전송하고 반환한다. 예를 들어, 운동을 해서 체온이 올라가면 땀을 흘려 정상온도로 회복하는 기능을 인체라는 시스템이 갖고 있다. 조직의 관리 통제가 대표적인 시스템의 피드백이다.

아래 그림은 전구, 건전지, 스위치라는 개별 요소(투입물)가 상호 연결(변환과정)되어 빛(산출물)을 밝히는 전등시스템을 나타내고 있다. 개별 요소만으로는 결코 빛을 발할 수 없지만, 상호 연결되어 빛이라는 상승효과를 창출하고 있다.

그림 2-3 시스템 예시

2. 시스템 사고란?

1) 시스템 사고의 개념과 특징

(1) 시스템 사고의 개념

시스템 사고(systems thinking)는 시스템의 작동 메커니즘을 직관적이고 포괄적으로 이해하고 이를 효과적으로 변화시킬 수 있는 전략을 발견하기 위한 전일성에 기초한 사고방식

으로 1950년대 MIT대학의 포레스트(J. Forrester) 교수의 시스템 동역학(system dynamics)에 뿌리를 두고 있다.

이는 크게 시스템에 대한 사고와 시스템적으로 사고함을 아우르고 있다. 먼저 시스템에 대한 사고는 시스템을 구성하고 있는 요소와 그들 간의 관계를 파악하고자 하는 것으로 이를 통해 나타난 전체적 구조를 이해하기 위한 사고이다. 이와 함께 시스템적으로 사고함이란 시스템 관점에 입각하여 사고하는 것으로 시스템의 문제해결의 차원을 일부 요소와 일부 관계로 파생된 어떠한 사건(event)과 이들이 연속적으로 나타내는 패턴(pattern of behavior) 중심에서 벗어나 보다 전체적인 구조(structure)를 통해 문제를 해결하고자 하는 시도라 할 수 있다. 바로 이러한 이유로 인해 시스템 사고는 조직 관리 사고이다. 관리의 대상이 시스템인 이유는 크게 다음과 같다.

첫째, 조직이 의도하는 바를 되게 하는 활동은 시스템의 에너지인 지렛대효과의 창출을 통해 가능하기 때문이다.

둘째, 인간 행위는 구조인 시스템에서 비롯되기 때문에, 행위의 패턴을 보고 구조를 찾은 다음 구조인 시스템 관리를 통해 인간 행위의 변화를 유도한다.

셋째, 구조의 변화는 정신에서 나온다. 공유비전, 짧을 생을 의미 있게 살고 싶은 욕망, 자기보다 더 큰 신념의 지향 등 조직 내 개인들의 열망 결집의 필요성도 시스템 사고를 통해 강렬해진다.

구조는 요소 간에 인과관계로 형성되는데 이 과정에서 피드백 순환(feedback loop)이 일어나고 인과관계가 지연(delay)되어 나타나게 됨을 관찰할 수 있다. 피드백 순환은 시스템으로 하여금 다이내믹스를 형성하게 하며, 인과관계의 시간 지연은 수많은 부작용을 간과하게 하고 대중적 임시 처방을 해결책으로 오판하게 하여 시스템의 존폐에 결정적 영향을 미치게 된다. 시스템 사고는 일시적이거나 부작용을 고려하지 않은 해법의 한계를 극복함에 도움을 준다. 이는 시스템을 자신이 원하는 방향으로 변화시킬 수 있는 가장 효과적 지점을 발견하여 대처하는 것으로 이 자체가 곧 전략의 형성이자 실행이기도 하다. 센게(P. Senge)는 다음과 같은 주요 현상을 통해 시스템 사고의 중요성을 강조하고 있다.[1)]

1) P. Senge, 학습하는 조직(2014), pp. 96~109 참조

- 코끼리를 반으로 쪼갠다고 작은 코끼리 두 마리가 되지는 않는다.
- 살이 있는 시스템, 즉 생명체는 부분이 아닌 전체로서 완전해진다.
- 전체를 이해한다는 것은 핵심부분 간의 상호작용을 이해함을 말한다.
- 시스템 사고는 순간만 보게 하는 정적 사고를 극복하게 하여 딜레마(양자택일)를 해결할 수 있는 레버리지를 찾게 한다.
- 어제의 '해결책'이 오늘의 문제를 야기한다.
- 세게 밀수록 튕겨내는 반동도 크다.
- 쉬운 해결책은 대개 원점으로 돌아오게 한다.
- 치료제가 질병보다 안 좋을 수도 있다.
- 나와 분리된 '외부요인'이란 없다. 모두가 단일 시스템의 일부일 뿐이다.

이러한 측면에서 시스템 사고는 시스템의 경계를 살펴 피드백 순환 관계를 이해하고 시간 지연을 포착하는 사고라 할 수 있다.

■ 시스템 사고의 핵심

- **시스템 경계(system boundary)**
- **피드백 순환(feedback loop)**
- **시간 지연(time delay)**

이들의 이해는 작은 힘으로도 큰 물체를 움직일 수 있는 지렛대(레버리지)를 찾을 수 있고 이를 어떻게(지점) 또 언제(시점) 활용할 것인가에 따라 지속적 개선 효과를 창출할 수 있다. 이것이 각종 딜레마(dilemma)를 해결함의 초석이다. 딜레마라는 '갈등'은 상호 충돌을 야기시키는 근본 가정을 완화 또는 해소함을 통해 해결할 수 있는데, 이를 수행하는 방법론이 바로 시스템 경계하에 피드백 순환과 시간 지연을 이해하는 것이다.

(2) 시스템 사고의 특징

시스템적 사고는 조직 차원에서 시스템이 갖는 다음과 같은 특징을 이해하는 것이다.

첫째, 조직의 시스템은 반드시 달성하고자 하는 목적이 있다. 특정 목적에 대한 추구가 없는 사람들의 모임은 단순한 무리일 뿐이며 시스템이라 말할 수 없다.

둘째, 조직의 시스템은 여러 경영요소로 구성된 투입물과 산출물이 있다. 경영요소로는 인적, 물적 등의 자원일 수도 있고 인사, 회계, 마케팅 등과 같은 기능일 수도 있으며 유통망이나 시설 장비 등과 같은 인프라일 수도 있다. 투입과 산출이 일어나지 않는 시스템은 정지된 시스템으로 조직에서는 의미가 없는 존재이다.

셋째, 조직의 시스템은 성과를 창출하기 위해 존재한다. 이는 구성요소와 이들 간의 상호작용이라는 두 가지 요소가 결합된 것이다. 보통 시스템을 도입하였다고 하는 것은 이들 중 구성요소를 도입하였다는 뜻이다. 이들 간의 상호작용을 도입하는 것은 실로 어려운 일이다. 이는 보이지도 않을 뿐 아니라 이해하기도, 배우기도 어렵기 때문이다. 따라서 조직이 시스템화되었다는 것은 조직 내 구성요소들 간에 상호작용이 원활하게 이루어지고 있음을 의미한다. 시스템적 사고는 바로 시스템의 구성요소들 간 상호작용을 이해하고 이를 통해 성과를 창출하는 메커니즘을 이해하는 사고를 말한다.

넷째, 조직의 시스템은 경쟁자가 있다. 자연의 시스템은 타 시스템과 경쟁하지는 않는다.

(3) 시스템과 생산운영

조직활동이 시스템의 목적 달성에 적합할 경우 이를 효과성이라 한다. 또 이런 목적 달성을 위해 시스템 요소들이 잘 구성되어 상호작용하고 있는 것을 효율성이라 한다. 따라서 시스템의 모든 활동은 효과성이 전제되어야만 하고 다음으로 효율성이 높아야 한다. 이 중 효과성과 관련된 개념이 프로세스이다. 즉, 프로세스는 고객을 만족시켜 성과가 나도록 하는 것이다. 따라서 효과성은 조직의 성과가 창출되는 방향이자 고객의 방향이기도 하다.

다음으로 효율성과 관련된 개념이 운영이다. 이는 총무, 원무, 인사, 구매 등과 같이 조직시스템 내의 프로세스상에서 특정 역할을 수행하는 조직이나 기능의 활동이다. 따라서 이는 유사 기능 통합의 방향이자 업무 분장의 방향이기도 한데 이를 통해 효율성을 높일 수 있다. 이러한 효율성 제고에 반드시 프로세스와 효과성이 전제가 되어야 한다. 그렇지 않을 경우 단위 부서의 활동은 효율이 높아지지만 조직 전체의 목적 달성에는 오히려 해악을 끼치게 된다.

2) 사건, 패턴 그리고 구조

(1) 점, 선 그리고 면

이제 변화를 어떻게 아는가에 대해 생각해보자. 이는 점선면, 또는 점선면 입체의 관계로 이해할 수 있다. 변화는 행위 또는 행동(behavior)을 보고 알게 된다. 이를 **사건(event)**이라고 한다. 어떤 현상이 벌어진 것으로 하나의 **점(dot)**이 찍혔다고 할 수 있다. 그 다음에는 어떻게 변화가 전개될 것인가에 관심이 주어진다. 이를 **행위의 패턴(pattern of behavior)**을 찾는다고 할 수 있다. 한 점으로는 어떤 변화가 전개될지 알 수 없다. 따라서 다음 점이 어디에 찍히는지를 보려 한다. 이렇게 찍힌 점들을 연결하려는 것을 패턴을 찾는다고 이야기하며, 이를 **선(line)** 잇기라고 할 수 있다.

그런데 행위의 패턴인 선을 찾는 방법에는 크게 두 가지 접근이 있다. 그 첫 번째가 앞에서 이야기한 점을 이어서 찾는 방법이고, 또 하나는 **면(face)**을 끊어서 찾는 방법이다. 전자는 환원주의적 접근이고, 후자는 전일주의적 접근이다. 즉, 환원주의에서 선은 점의 집합이기 때문에 선은 점으로 환원될 수 있다는 것이고, 전일주의는 선은 점의 집합이 아니기 때문에 면을 찾아야 비로소 선을 이해할 수 있다는 시각이다.

아래 그림은 점, 선, 면의 관계를 나타내고 있다. 점을 어떻게 이어가느냐에 따라 다른 선(z와 z')으로 나타날 수 있으나 그 선들도 같은 면에서 파생된 것임을 볼 수 있다. 이는 면 중심 사고가 갖는 강점을 대변하고 있다.

그림 2-4 점, 선, 면

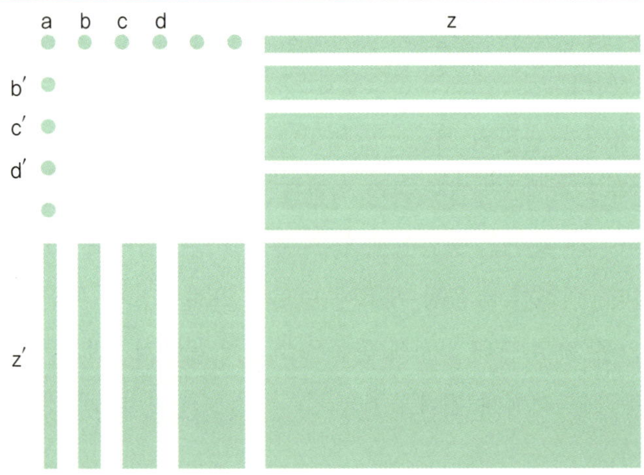

(2) 행태주의와 구조주의

점을 중시하는 환원주의는 계속 어떤 점이 찍히는가를 주시한다는 측면에서 행태주의적 접근(behaviorism)이라 하며, 면을 중시하는 전일주의는 면이 어떻게 구성되었는가를 주시한다는 측면에서 구조주의적 접근(structuralism)이라 한다.

행태주의는 점 잇기의 패턴 찾기가 주된 관심사여서 예측을 주로 전개함에 반해, 면 찾기의 구조주의는 행태가 구조에서 비롯된다는 믿음하에 구조 변화로 사건 발생 자체까지도 예방할 수 있다고 본다. 이는 수동적 예측 활동보다 진일보한 접근으로 예측은 불가능한 경우가 대부분이지만, 구조 이해는 상당 부분 가능할 수도 있다는 측면에서 시너지라는 지렛대효과를 극대화할 수 있는 지속가능경영의 요체라 할 수 있다. 따라서, 구조인 면이 곧 시스템이므로, 시스템의 이해가 지속가능경영의 시작이다. 한편, 시스템은 하나의 면으로만 구성되는 것이 아니고 실제로는 여러 면이 붙어 있는 입체(space)의 모습을 갖고 있다. 이는 전체 조직시스템은 여러 하위시스템의 합으로 구성된 것과 같다. 이들 시스템은 서로 연결되어 있어 함께 움직인다.

그래서 공진화(coevolution)가 일어나고 이로 인해 복잡(complex)해져, 하위부분만으로는 전혀 알 수 없는 전체의 모습이 '나비효과(butterfly effect)[2]'와 '창발(emergence)[3]'이라는 이름으로 나타나게 된다. 문화도 진화도 생태계의 지속가능성도 모두 이런 현상들이다.

- 환원주의적 시각: 선은 점의 집합, 행태주의적 접근(패턴 예측)
- 전일주의적 시각: 선은 면의 일부, 구조주의적 접근(구조 예방)

아래 iceberg 모형은 눈으로 확인할 수 있는 사건(점) 이면에는 이를 발생시킨 행위의 패턴인 행태가 있고, 이 패턴은 구조에서 비롯됨을 설명하고 있다. 또한 구조는 정신의 산물로 본 모형이 시사하는 바는 사건보다 행태가, 행태보다 구조와 정신을 활용할수록 지렛대효과가 크다는 것이다. 여기서 정신모델(mental model)이란 문화, 가치, 믿음, 신뢰, 환경, 패러다임 등을 의미한다.

---

2) 초기값의 미세한 차이에 의해 결과가 완전히 달라지는 현상을 뜻한다(위키백과).

3) 하위계층(구성요소)에는 없는 특성이나 행동이 상위계층(전체구조)에서 자발적으로 돌연히 출현하는 현상이다(위키백과).

그림 2-5 iceberg 모형

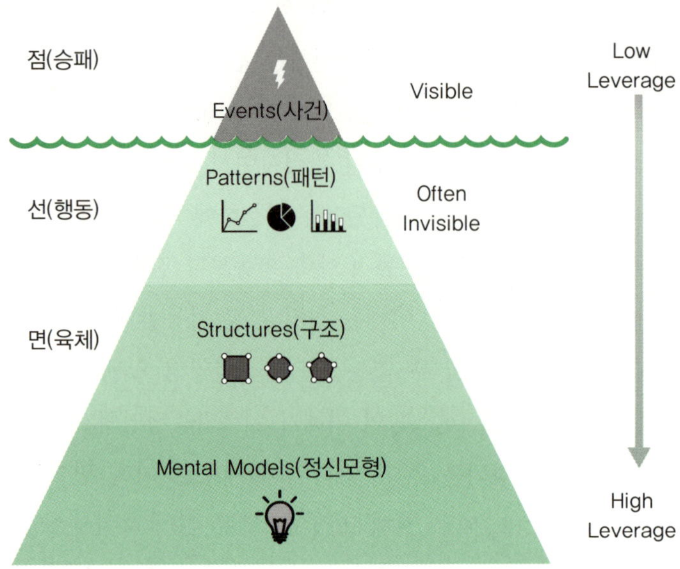

3) 시스템 행위의 기본 패턴

대부분의 시스템에서는 다음과 같은 4가지의 공통 형태들이 기본적으로 나타난다. 시간의 흐름에 따른 시스템 형태의 변화를 보여주는 그래프를 **행위 변화도(behavior over time diagram, BOT diagram)**라 한다. 이는 가로축에 시간, 세로축은 관심 변수의 값을 표시한다.

위 iceberg 모형에서 보듯 시스템의 형태를 이해하는 것은 매우 중요하다. 왜냐하면 형태를 통해 시스템의 구조를 파악할 수 있기 때문이다.

생산운영관리는 곧 시스템의 이해를 바탕으로 전개되어야 하는 바, **시스템의 행태를 통해 구조를 찾고 구조의 변화를 통해 행태 변화를 유도**할 수 있다. 본 행태에 따른 시스템 구조에 대한 내용은 다음 절 시스템 인과지도(CLD)와 시스템 원형에서 자세히 설명하겠다.

- **지수적 성장형(exponential growth)**: 시간이 지남에 따라 기하급수적으로 증가하는 행태
- **목표 추구형(goal-seeking)**: 시간이 지남에 따라 특정 값(목표치)에 수렴하는 행태

- S자 곡선형(S-shaped): 시간이 지남에 따라 성장하다가 정체하는 행태
- 진동형(oscillation): 시간이 지남에 따라 성장과 하락을 반복하는 행태

그림 2-6 시스템 행위의 4가지 기본 패턴, BOT

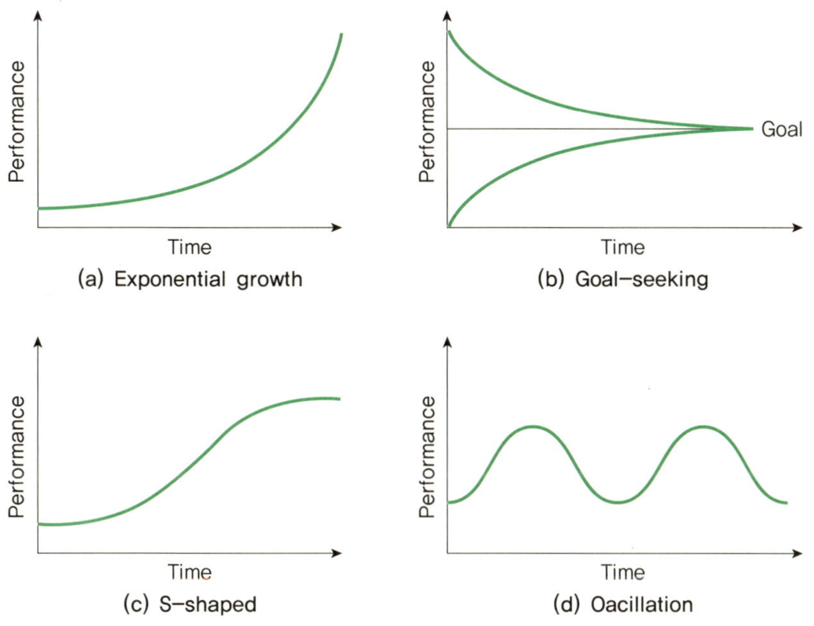

2절 시스템 인과 지도

1. 인과 지도의 개념과 구성

1) 인과 지도란?

인과 지도(causal loop diagram: CLD)는 **시스템 구조에 대한 이해를 도식적으로 나타낸 것**이다. 이는 시스템이 어떻게 **구축**되고 **작동**하는지에 대한 **생각**을 밝히기 때문에 중요하다. 특히, 각자의 CLD는 다른 사람과 공유됨으로써 시스템 작동에 대한 상호 이해를 확장할 수 있다는 측면에서 더욱 요긴하다.

2) 인과 지도의 구성

CLD는 강화(reinforcing: R) 또는 균형(balancing: B) 프로세스라는 하나 이상의 피드백 루프로 구성되어 있다. 각 루프는 시간이 지남에 따라 변화하는 시스템의 구성요소(변수) 사이의 인과 관계 및 지연(아래 그림 참조)을 나타내는 변수 이름이 포함되어 있다.

그림 2-7 간단한 인과루프 다이어그램

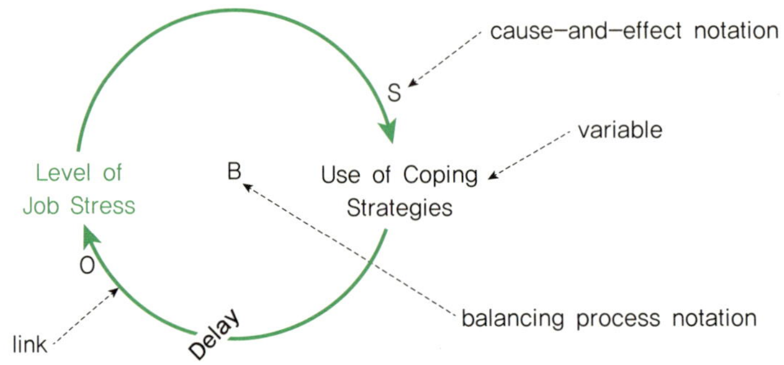

위 그림의 시스템은 하나의 피드백 루프로 형성되어 있다. 이 시스템은 2개의 변수 '직무 스트레스의 수준'과 '대응 전략 사용'으로 구성되어 있다. 'S'와 'O'는 각 변수가 어떻게 다른 변수에 영향을 미치는지를 나타내는 것으로 'S'는 같은 방향(same way)으로의 변화를, 'O'는 반대 방향(opposite way)을 의미한다. 따라서, 이 그림은 "직무 스트레스 수준이 높아짐에 따라 대응 전략의 사용도 커지고, 대응 전략의 사용이 커짐에 따라 지연 후 업무 스트레스 수준이 다소 감소한다"를 나타내고 있다. 대응 전략의 사용이 감소하면, 결국 직장 스트레스가 다시 상승할 가능성도 있음을 알 수 있다.

(1) 균형 프로세스: 위대한 안정제

강화 프로세스와 균형 프로세스는 우리 주위에 보이는 모든 시스템의 구축 블록이다. 위 그림 중앙의 'B'는 이 특정 피드백 루프가 균형 프로세스를 나타내고 있음을 보여준다. 균형 프로세스는 시스템의 행동을 원하는 상태로 유지하는 안정제 역할을 하는 것으로 온도조절계가 집안의 온도를 제어하는 것과 같은 것이다.

위 그림에서 일 스트레스 수준은 시간이 지남에 따라 상승하거나 하강할 수 있지만, 장기적으로는 암시적 또는 명시적 목표의 주위에 거의 동일하게 유지된다([그림 2-8] 참조). 한편, 균형 프로세스가 시간 지연을 만나면 왔다 갔다 하는 진동으로 이어질 가능성이 있다.

(2) 강화 프로세스: 성장과 붕괴의 엔진

강화 프로세스는 지향적인 성장과 붕괴를 일으키는 방향으로 새로운 변화를 따라 한 방향으로 변화한다([그림 2-9 (a)] 참조). [그림 2-9 (a)]를 보면, "일의 불안이 증가하면 실수가 늘어나고 다시 실수가 늘어나면 일의 불안이 더욱 증가할 것"이라고 말할 수 있다. 이를 악순환(vicious cycle)이라고 한다. 반대로 "일의 불안이 감소하면 실수가 줄어들고 이로 인해 일의 불안은 더욱 완화될 것"이라고도 볼 수 있다 이를 선순환(virtuous cycle)이라고 한다. 균형 과정과 마찬가지로, 강화 프로세스도 시간이 지남에 따라 자신의 행동 패턴을 보인다([그림 2-9 (b)] 참조). 이 패턴은 서서히 변하다가 일정시점 후 급격하게 증가 또는 감소하는 것을 특징으로 하는데 급증을 악순환으로, 급감을 선순환으로 볼 수 있다. 이러한 의미에서 경영을 조직이라는 시스템을 선순환으로 작동하게 하는 것으로 이해할 수 있다. 누차 강조하지만 이를 시너지(synergy)라고 하기에 경영자는 곧 조직의 시너지를 창출하는 사람이라고 정의할 수 있다.

그림 2-8 BOT

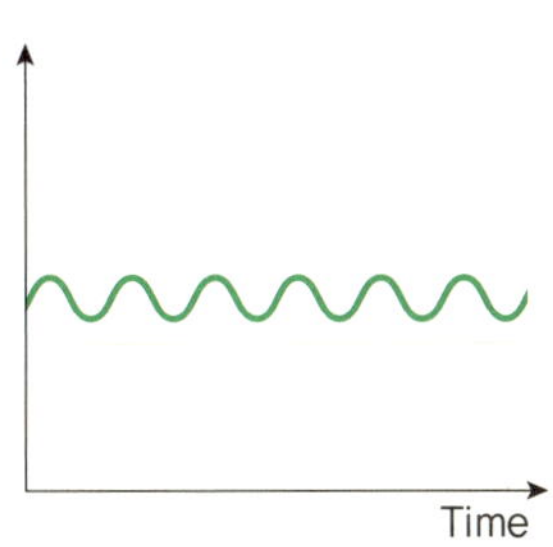

그림 2-9 강화 프로세스와 시간 진행에 따른 강화 프로세스

(a) 강화 프로세스 (b) 시간 진행에 따른 강화 프로세스

2. 인과 지도 표현 규칙과 예

1) 인과 지도 표현 규칙

① 연구 대상을 모델링하지 말고, 대상이 지닌 문제를 모델링하라.

예 메이요 클리닉의 의료시스템이 아니라, 이 조직이 100년을 이어올 수 있었던 이유

② 변수는 수치값을 가진 명사/명사구를 사용하며, 화살표로 동사를 표현

예 '비용'으로 하면, 증가(성장)/감소(쇠퇴)라는 수치 값을 갖는다.

예 '증가하는 비용'이 아닌 '비용', '증가하는'은 화살표로

③ 변수는 가능한 긍정적으로 표현하고 그 측정 단위를 밝혀라.

예 '침체'보다는 '성장'

예 심리 변수의 경우, 작성자가 '스트레스 단위'나 '압력 단위'와 같이 새로운 단위를 창안해낼 수도 있다.

④ 연결고리에 대해서 부차적인 설명을 해야 한다면, 그 연결고리를 두 개로 쪼개보아라.

예 '생산 압력 → s 생산량'보다는 '생산 압력 → s 스트레스'와 '생산 압력 → o 품질'로 분리

⑤ 변수 간 인과 관계(극성)

표현 극성: 같은 방향: S(+), 반대 방향: O(−)

⑥ 루프의 특성과 의사소통을 위하여 루프별로 적정한 이름을 부여
- 루프 특성: O 수가 홀수이면 B, 그렇지 않으면 R
- 루프 이름: '강화 루프 (R1)', '균형 루프 (B2)' 등

⑦ 개방된 연결 관계가 아닌 피드백 루프(원형)로 작성한다.
- 시스템의 구성부분만이 존재하고 그 자체로서 모든 것이 충족된다고 가정
- 환경의 영향은 무시되거나 그 영향이 고려된다고 해도 거의 중요성을 갖지 않는 것으로 간주

⑧ 모델 안에 중요 지연(||로 표현)을 표시하라.
지연은 시스템의 성질을 설명하기 위한 중요 정보로 정책 포인트/지렛대가 작용될 중요 병목일 가능성이 높다.

⑨ 음의 피드백 루프를 설계할 경우, 목표를 명확히 제시
왜냐하면, 음의 피드백 루프는 목표값 수렴 구조니까 목표가 명확히 표현될 때 모델의 구조가 보다 명확해지고 설명도 쉬워진다.

⑩ 수정 또 수정하라.
- 최초로 작성된 인과 지도는 분명 많은 부분이 간과되어졌을 가능성이 높아 반복적인 개선 작업이 필요
- 지나친 단순화나 복잡한 모델은 설득력을 떨어뜨려
- 적정한 수준의 상세함을 지닌 모델 개발이 중요

2) 인과 지도의 예

① **점**: 사건 중심적 시각(**사건적 사고**)

예 방문 환자수가 줄고 있어 고민이다.

방문 환자수

② **선**: 행태 중심적 시각(**직선적, 일방적, 정태적, 환원적 사고**)

예 그 원인을 살펴보니 의료서비스 품질이 큰 영향을 미친다는 것을 알았다. 그래서 의료서비스 품질수준을 높이기로 하였다.

③ **면**: 구조 중심적 시각(**비선형적, 순환적, 동태적, 전일적 사고**)

예 이상의 조치로 인해 방문 환자수는 늘어났으나 생각만큼 지속적이지 않았다. 그 원인은 의료서비스 품질 향상이 가져온 방문 환자수 증가로 인해 의료서비스 품질이 다시 떨어졌기 때문이다.

- 의료서비스 품질은 방문 환자수에 일방적으로 영향을 미치기만 하는 것이 아니라 영향을 받기도 하였다(원인변수이자 결과변수이다).

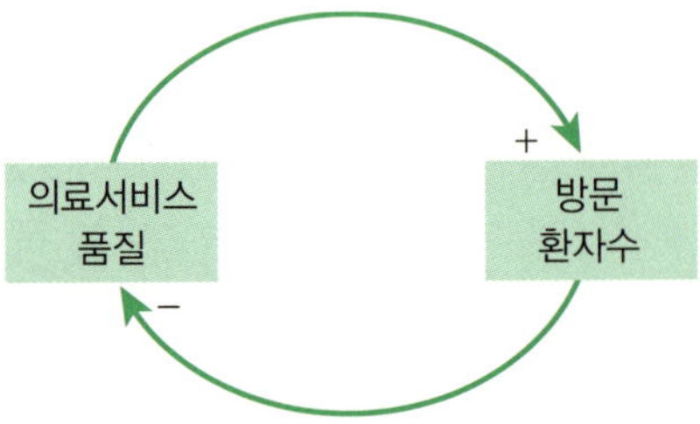

④ **입체**: 구조 중심적 시각의 확장(**시스템 경계**의 확장, **subsystem** 연계), 복잡적응시스템(complex adaptive system: CAS),[4] 공진화, 창발, 복잡계

예 의료서비스의 품질 향상을 위해서는 양질의 의료서비스 제공을 1차 목표로 두는 '의료부서'와 의료비용 효율화를 1차 목표로 두는 '경영관리부서'와 입장 충돌이 있다(**갈등 상황**).

- 관리부서가 투자 결정은 쉽게 못하게 하는 주요 이유는 투자 필요성 인식과 시설 장비 투자까지의 (1차) 시간 지연 및 시설 장비 투자가 실제 의료서비스 만족도 개선으로 이어질 때까지의(2차) 시간 지연이 있기 때문
- 항상 '시간 지연'으로 인해 투자 실패 가능성이 있음('**성장과 저투자**' 원형).

4) 복잡적응시스템(또는 복잡적응계)은 개별시스템들이 서로 면으로 연결된 입체와 같은 시스템으로 서로 영향을 주고 받는 특징을 갖는다. 이런 특징으로 인해 공진화(coevolution)와 창발이 발생한다.

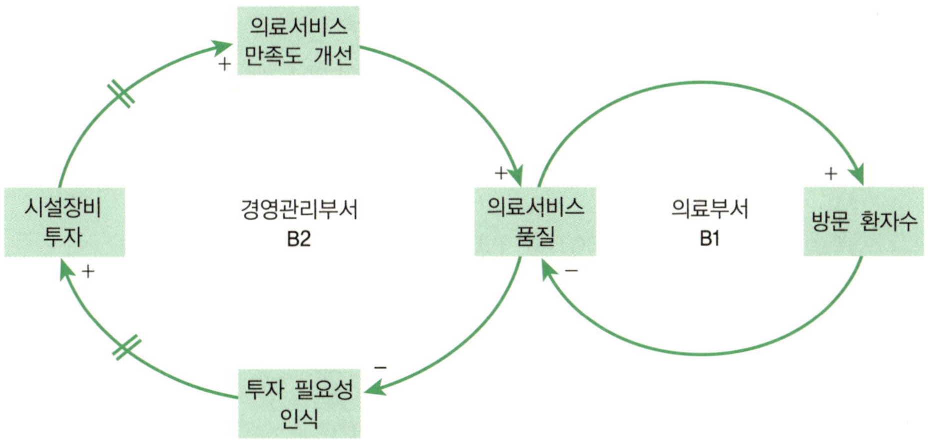

3. 시스템 행태와 구조

행태는 구조에서 비롯된다. 따라서 시스템이 보이는 행태를 통해 그 이면에 있는 구조의 개략적 모습을 알 수 있다. 예를 들어, 지수적 성장을 보이는 시스템은 피드백 루프 내 변수들의 변화 방향이 모두 한 방향임을 알 수 있어 이런 모습으로 시스템의 구조를 설계하면 된다. 시스템 행태와 구조의 관계는 다음과 같다.

- 지수적 성장형(exponential growth): 강화 피드백 루프(R)

그림 2-10 지수적 성장형 행태(BOT)와 구조(CLD)

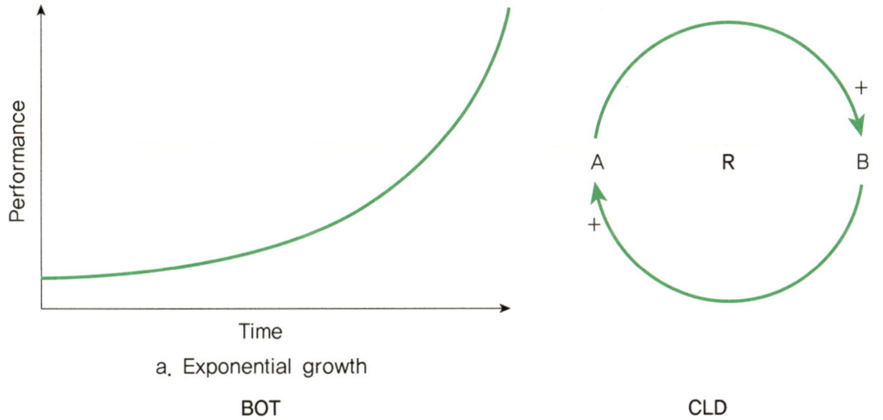

- 목표 추구형(goal-seeking): 균형 피드백 루프(B)
- S자 곡선형(S-shaped): 강화 피드백 루프와 균형 피드백 루프가 결합(R+B)
- 진동형(oscillation): 지연이 있는 균형 피드백 루프(B with delay)

그림 2-11 목표 추구형 행태(BOT)와 구조(CLD)

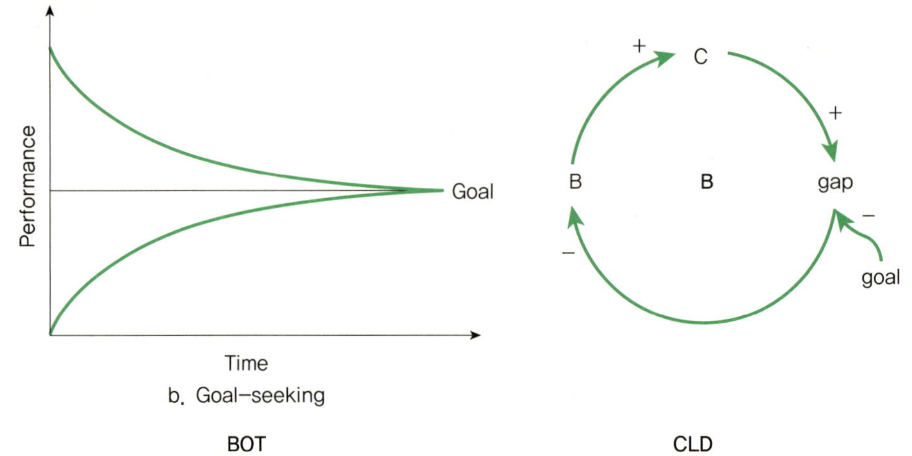

그림 2-12 S자 곡선형 행태(BOT)와 구조(CLD)

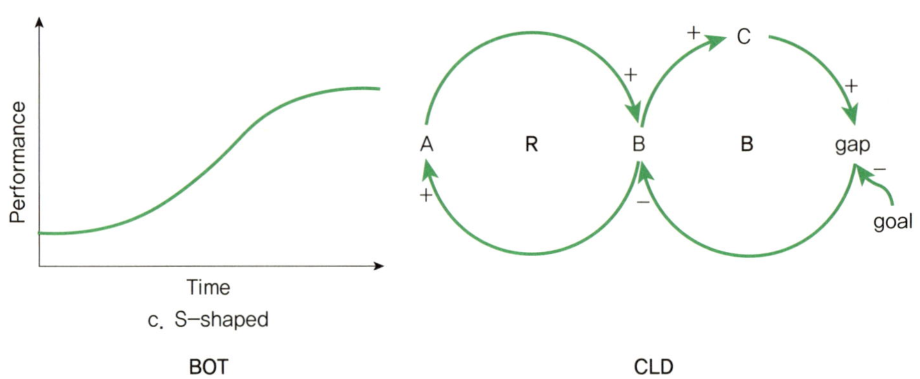

그림 2-13 진동형 행태(BOT)와 구조(CLD)

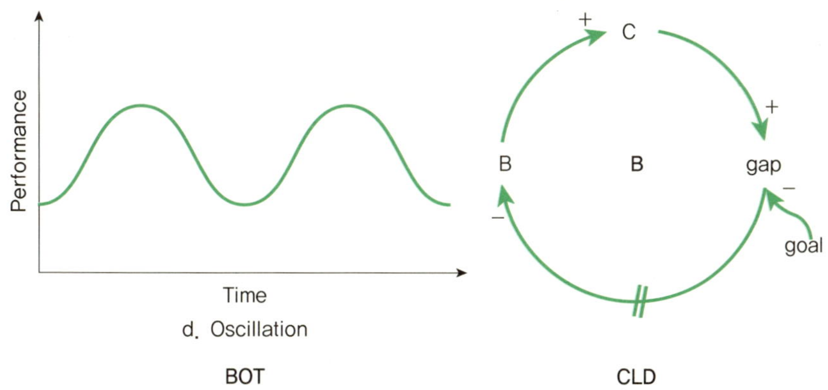

아래 그림은 생산시스템의 CLD이다. 생산량의 결정은 왼쪽의 자재 부분과 오른쪽의 고객 부분이 상호 의존적 관계로 연결되어 있음을 볼 수 있다. 이렇게 전체 생산 시스템의 CLD는 4개의 강화 피드백 루프와 7개의 균형 피드백 루프로 총 11개의 피드백 루프로 구성되어 있다. 이 중 **지배적 루프(dominant loop)**가 무엇인가에 따라 생산량의 변화가 발생한다.

그림 2-14 생산시스템 CLD 예시

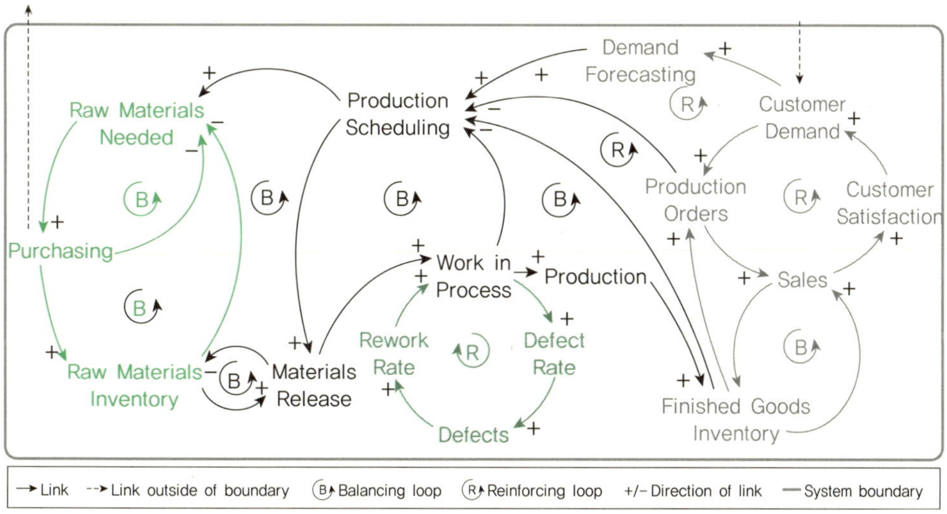

시스템 사고가 갖고 있는 장점은 생산시스템의 전체 모습을 개략적으로 이해함과 동시에 어떤 하나의 의사결정을 위해서 어떤 부분까지 고려해야 하는지에 도움을 주고 있다. 본서에서는 논의하지 않겠지만 시스템 다이내믹스(system dynamics) 분야는 아래 각 링크별 관계식을 산출하여 시뮬레이션(simulation)을 통해 전체 시스템의 동적 변화를 정량적으로 분석하고 있다.

4. 인과 지도 작성시 주요 고려사항

① 모든 균형 루프는 목표 달성 프로세스이다. 따라서 루프 구성에 목표를 명확히 표현하여야 한다.

예 (B1) '품질'을 올리면 '품질을 향상하기 위한 행동이 감소한다'함은 명확한 관계가 아님

(B2) '(실제)품질'과 '기대품질' 간의 '차이'가 커지면 '품질을 향상하기 위한 행동을 증가시킨다'라고 표현함이 바람직

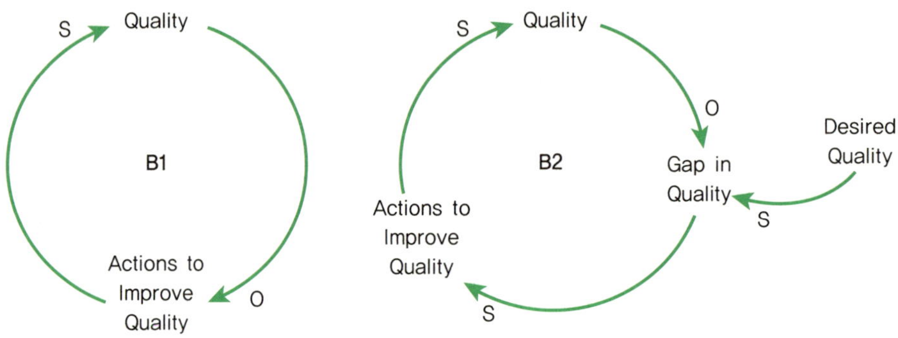

② 인지(perceived) 상태와 실제(actual) 상태의 구별은 중요하다.
대개 인지는 실제보다 더 늦게 변하는 경향을 갖기 때문에 인지된 상황을 현실로 오인하면, 결과를 잘못 도출하거나 바람직하지 않은 결과를 만들 수 있다.

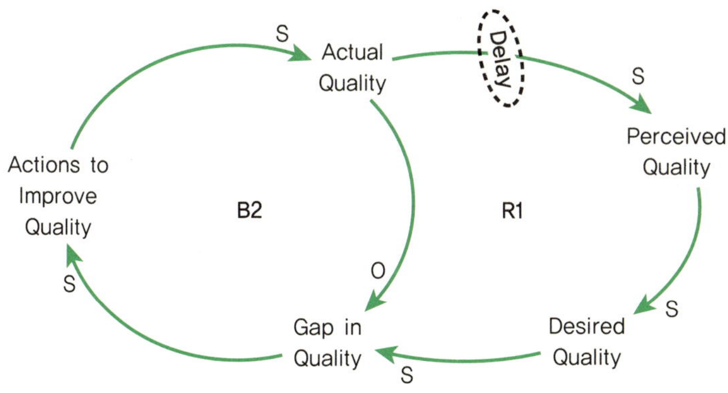

③ 하나의 행동은 거의 대부분 장기적, 단기적 결과를 모두 갖고 있다.
따라서 단기적에서부터 장기적에 이르기까지 진행에 따라 루프를 점차 크게 그려간다.

예 B1: 단기적, R2: 장기적

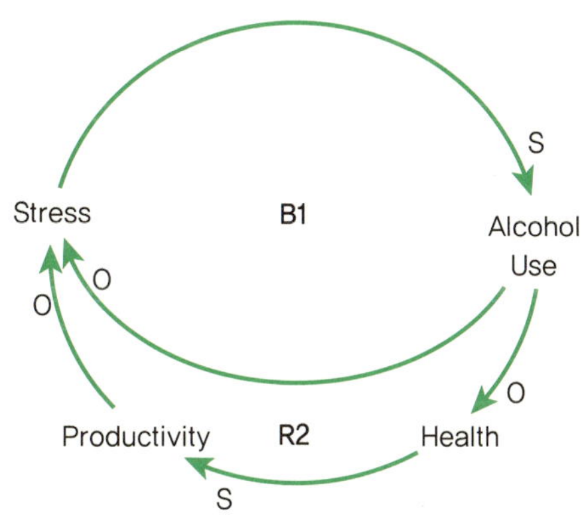

④ 추가 예제

■ **Case 1: 인구(R과 B 결합)**

• 인구와 출생자와의 관계

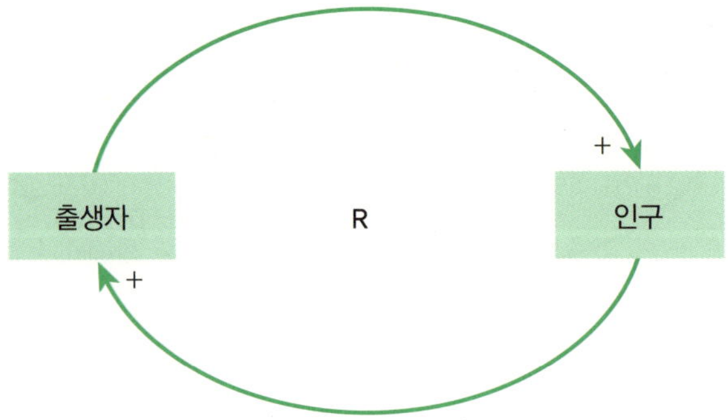

• 인구는 사망자와도 관계있다.

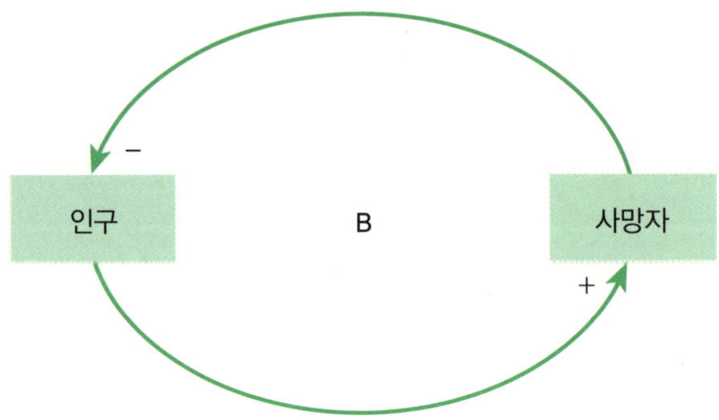

• 전체 인구문제는 이 둘을 함께 고려해야 한다.

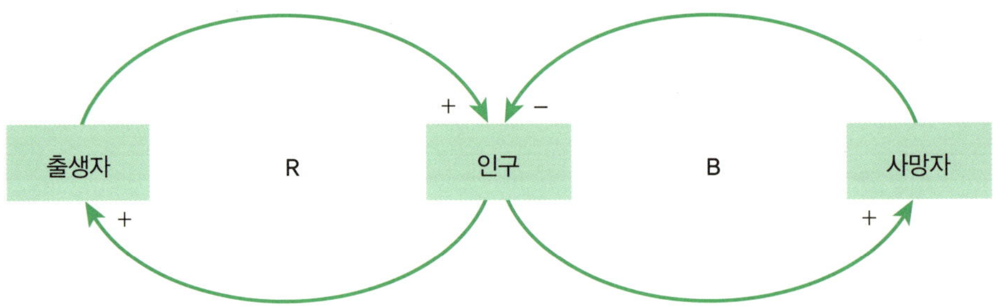

• 외생변수도 함께 표기하면 명확해진다.

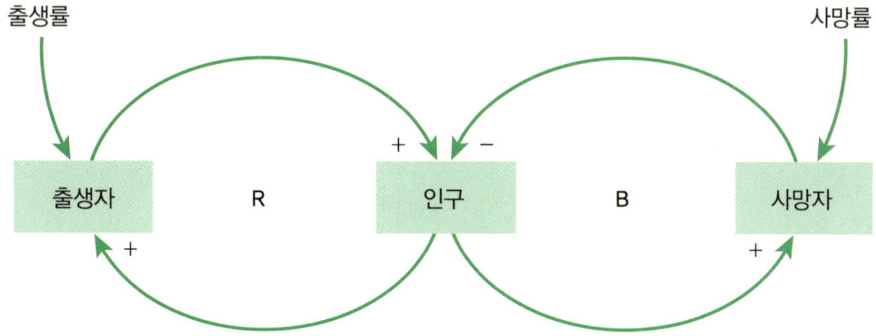

■ Case 2: GPA(gap 활용)

• 공부시간이 늘어나면 GPA는 높아진다(참), GPA가 높아질수록 공부시간을 늘리는가?(불명확)

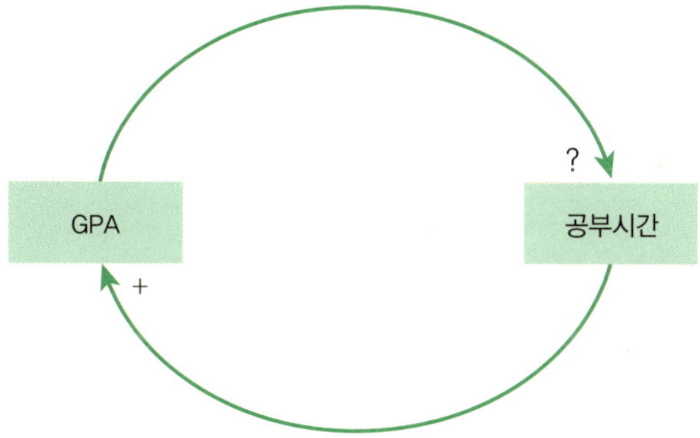

- 이러한 경우, gap(기대값과 실제값의 차이)을 활용하라.

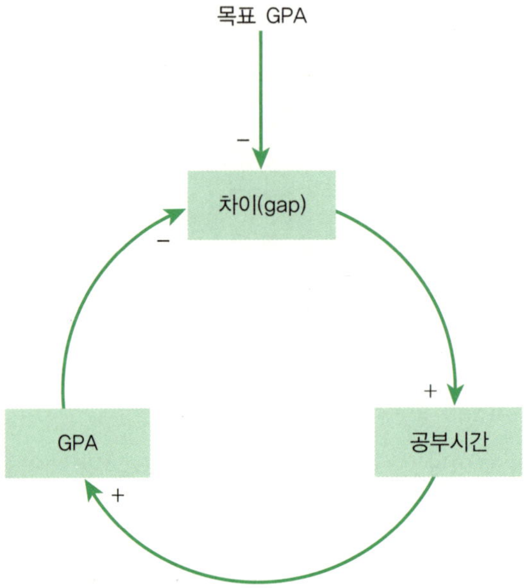

■ Case 3: 영양과 치타(delay 활용)

- 영양이 많아지면 치타가 많아진다(참), 치타가 많아지면 영양이 적어진다(참).
- 영양이 많다고 치타가 바로 많아지는 것은 아니다(참). 시간 지연이 있다.

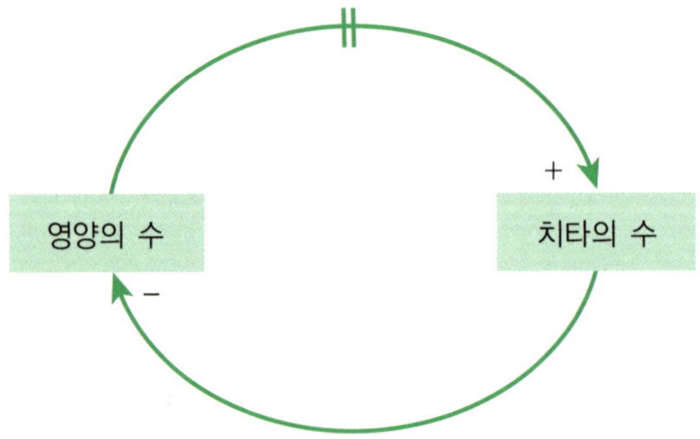

- 영양과 치타의 수는 시간이 지남에 따라 어떻게 변화될 것 같은가? 왜 그럴까?

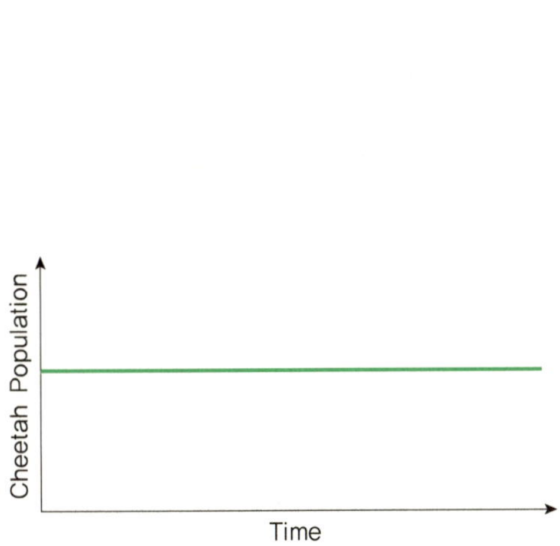

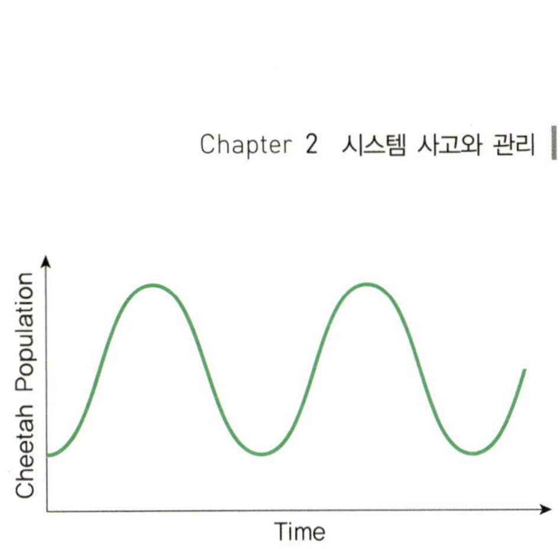

권장합니다

매일 하루에 2~3개씩 꾸준히 일상생활 또는 뉴스에 나오는 간단한 내용의 CLD를 한 학기 동안 꾸준히 그려봅니다. 가능하면 친구들과 같은 주제로 그려보며 결과를 비교해봅니다. 정답인 CLD가 없다는 것과 생각하기가 이처럼 어렵다는 것을 곧 알게 될 것입니다. 그럼에도 부정할 수 없는 것은 CLD를 그리지 못하고서 안다고 할 수 있는가 입니다. 시스템 사고는 강력하게 전문가로 만들어줄 실제적인 지름길 역할을 할 것입니다. 믿고 1차적으로 100개의 CLD를 스스로의 힘으로 그려보십시오. 반드시 친구와 비교해보고 교수에게 자문을 받아보길 권합니다. 사고력과 전문성이 강화된 자신을 발견할 것입니다. 이것이 익힘입니다. 세상이 바뀔 것입니다.

3절 시스템 원형

1. 시스템 원형의 개념 및 유래

1) 시스템 원형이란?

시스템 원형(system archetype)이란 많은 **조직에서 흔하게 발견되는 공통적이고 일반적인 시스템 구조**를 말하는 것으로, 원형을 통해 조직의 문제를 이해하고 탐구하며 그 해법을 보다 용이하게 찾을 수 있는 막강한 장점이 있다. 무엇보다 조직 내 구성원들이 서로 얼굴을 맞대고 의사소통을 촉진하는 강력한 매개체 역할을 수행할 수 있다. 결국 조직 문제의 대부분은 조직 내부의 구성원이 가장 잘 알고 있으므로 그 해법 또한 상호 신뢰와 소통을 통해 찾는 것이 가장 이상적이다. 그럼으로써 찾은 해법을 실제 적용해

나감에 따른 저항도 줄일 수 있다는 부산물도 얻을 수 있다.

시스템 원형은 시스템 사고의 도구로써 각 **원형**에는 특유의 **주제(theme)**와 **패턴(pattern)** 및 **구조(structure)**가 있다. 시스템 원형을 찾아가는 과정은 다음과 같다.

첫째, **이야기 흐름(storyline)**을 통해 '**주제**'와 주제를 구성하는 핵심변수를 찾는다.

둘째, 그 핵심변수의 **시간 경과에 따른 행동(behavior over time: BOT)** 그래프를 통해 '**패턴**'을 찾는다. 마지막으로 핵심변수들의 **인과 루프 다이어그램(causal loop diagram: CLD)**으로 시스템 '**구조**'를 묘사한다.

시스템 원형은 이상의 주제와 패턴 및 구조 찾기에 대한 가이드라인과 템플릿 및 관리 방안을 사전에 정해 놓은 것으로 시스템의 구조 찾기와 해법 제시를 보다 용이하게 도와준다.

다음은 원형을 구성하는 핵심요소이다.

- **주제 – Storyline**
- **패턴 – BOT 그래프**
- **구조 – CLD**

원형의 가치는 특정 이야기, 문제 또는 조직 상황에 함몰되지 않고 연구할 수 있으며, 일상생활의 여러 상황에도 적용할 수 있는 장점이 있다.

2) 원형의 유래는?

1960년대부터 1970년대에 걸쳐 MIT대학의 포레스터(J. Forrester)와 메도우즈(D. Meadows) 등 시스템 사고의 선구자들에 의해 시스템의 공통적인 구조와 행태를 정리한 것을 센게(P. Senge)가 '학습하는 조직(The Fifth Discipline)'을 집필하면서 시스템의 원형이라 명명하면서 세계적인 관심을 끌게 되었다.

2. 시스템 원형의 장점과 구조

1) 시스템 원형의 장점

각각의 원형은 자신의 스토리라인(또는 인과이론), 시간 경과에 따른 변수의 행동(BOT) 패턴 및 템플릿으로써 CLD로 묘사된 시스템 구조를 갖기 때문에 이들을 학습의 시작점으로 적용할 수 있다. 스토리라인 조사, 핵심변수 식별, CLD 스케치 등을 통해 문제를 해결하려고 할 때, 이와 관련된 하나 이상의 원형 유형의 발견은 문제의 일부 또는 전부를 풀 수 있는 새로운 열쇠를 제공해준다. 또한 다른 사람이 그린 CLD를 보고 특정 원형의 핵심구조를 떠올리게 하는 특정 루프 조합을 확인하고 예기치 않은 질문을 생성할 수도 있다. 이렇게 원형은 질문하는 능력 향상에 도움을 준다.

우선 이야기 주제, 구조-행동 쌍 또는 일반적인 CLD라는 원형의 세 가지 측면 모두를 사용하여 시스템 문제에 대한 관점을 넓히고, 추가적인 또는 예상치 못한 질문을 생성함을 통해 현재의 행동 및 사건에 대한 미래의 결과를 예측할 수 있다.

2) 시스템 원형의 구조

시스템 원형은 다음과 같은 다섯 가지 요인들로 구성되어 있다.[5)]

첫째, 원형은 조직의 '한 부분'에 의한 '의도된 결과 피드백 루프(intended consequence feedback loop)'가 있다.

둘째, 원형은 조직의 '다른 부분이나 외부의 반응'에 의한 '의도치 않은 결과 피드백 루프'(unintended consequence feedback loop)'가 있다.

셋째, 의도치 않은 결과가 스스로 드러낼 때까지 '지연(delay)'이 있다.

넷째, 의도된 결과와 의도치 않은 결과 사이에는 감춰진 '조직 경계(organizational boundary)'가 있다.

다섯째, 모든 문제 원형(problem archetype)에는 '해법 원형(solution archetype)'이 있다.

---

5) 초기값의 미세한 차이에 의해 결과가 완전히 달라지는 현상을 뜻한다(위키백과).

그림 2-15 시스템 원형의 기본구조

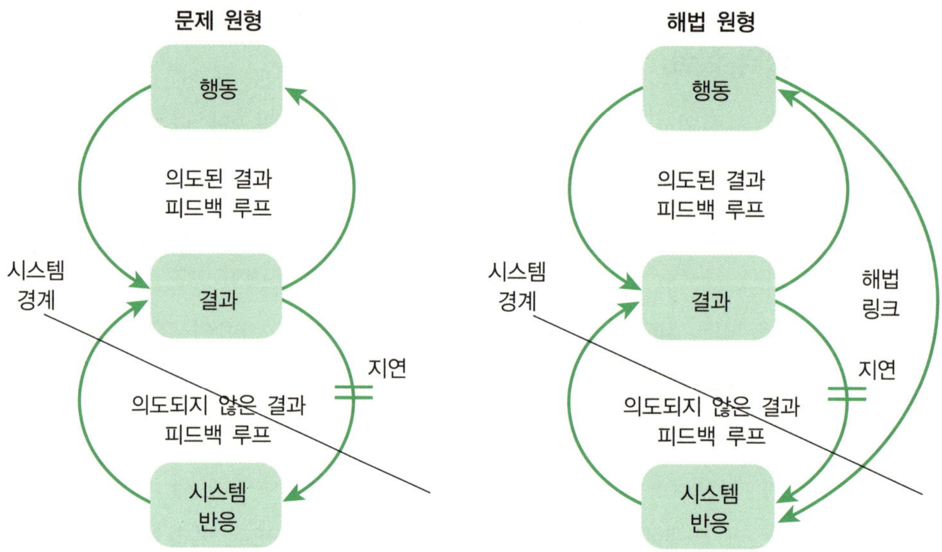

자료: Wolstenholme, E.F., Towards the definition and use of a core set of archetypal structures in system dynamics, *System Dynamics Review*, 19, 2003.

3. 시스템 원형의 종류

본서에서는 주변에서 가장 많이 접할 수 있는 다섯 가지 시스템 원형을 소개한다.

먼저 '내'가 강화를 의도했는데, '상대'의 조절 및 강화를 만나 뜻을 이루지 못한 '성장의 한계' 및 '부익부 빈익빈' 원형을 만나보자. 다음으로 '내'가 조절을 의도했는데, '상대'의 조절 및 강화를 만나 뜻을 이루지 못한 '목표 낮추기' 및 '잘못된 처방'과 이와 유사한 '짐 떠넘기기'를 살펴보기로 하자.

- 강화(R)를 의도한 경우
  - 성장 한계형: 성장의 한계(Limits to Success)
  - 불균형 심화형: 부익부 빈익빈(Success to the Successful)
- 조절/균형(B)을 의도한 경우
  - 조절 실패형: 잘못된 처방(Fixes That Fail)

- 조절 실패형: 짐 떠넘기기(Shifting the Burden)
- 원상 복구형: 목표 낮추기(Drifting Goals)

'잘못된 처방'은 우리가 자주 접하는 문제해결의 활동을 포함하기 때문에 우리가 탐구할 첫 번째 원형이다. 이어서 이의 사촌쯤 되는 '짐 떠넘기기' 원형이 뒤따를 것이며, 이를 통해 근본 원인보다는 증상에 초점을 맞추는 빠른 수정을 적용하려는 우리의 경향에 대해 더 깊이 탐구하게 된다.

우리가 검토할 세 번째 유형은 '성장의 한계'이다. 이는 많은 조직이 성장을 위한 성장에 집착하는 나머지 직면할 수 있는 어떠한 제약도 고려하지 않아 한계에 봉착함을 볼 수 있다. 이 원형은 피할 수 없는 한계를 선택, 예상 및 준비하도록 함으로써 보다 현실적인 성장 압력을 관리하는 데 도움을 준다.

나머지 원형 중 일부는 첫 3개 중 하나 이상과 관련되어 있으며, 이는 더 정교하거나 발전을 의미한다. 예를 들어, '성장과 저투자'는 '성장의 한계'와 '목표 낮추기'를 결합한 것이다. '공유지의 비극'과 '군비경쟁'과 같은 다른 원형은 개인 내 또는 대인 관계보다는 그룹 또는 조직 수준에서 적용되는 경향이 있다.

이 간단한 개요를 염두에 두고 이제 첫 번째 원형을 탐구해보자.

1) 강화(R)를 의도한 경우

(1) 성장의 한계(Limits to Success)

'성장의 한계' 원형은 성장(또는 확장)을 가속화하려는 강화 프로세스(R)가 의도치 않게 해당 시스템을 제약(또는 한계)하는 균형 프로세스(B)를 만나 더 이상 성장할 수 없는 성장 한계 현상을 나타낸다. 이는 모든 조직이나 개인이 부딪치는 매우 흔한 현실로 성장의 한계를 피하기 위해서는 제약조건을 통제할 수 있어야 한다.

본 원형이 시사하는 바는 모든 시스템의 성장에는 반드시 의도하지 않은 결과도 생성된다는 점이다.[6)]

---

6) 물리학에서는 이를 '열역학 제2법칙'이라 하는데 에너지가 유용한 형태로 전환될 때 쓸모 없는 에너지(entropy)도 생산됨을 이른다. 아인슈타인은 이를 두고 유일한 물리법칙이라고도 하였다.

그림 2-16 성장의 한계 원형의 문제와 해법 예시

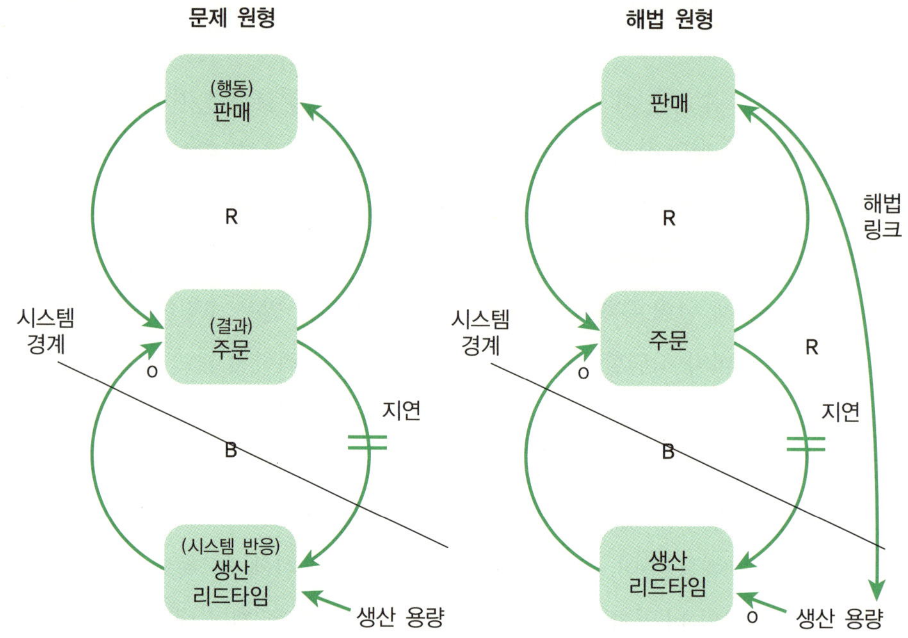

(2) 부익부 빈익빈(Success to the Successful)

'부익부 빈익빈' 원형은 성장(또는 확장)을 가속화하려는 강화 프로세스(R)가 의도치 않게 다른 강화 프로세스(R)를 만나 한쪽의 성장만 가속화되는 불균형 심화 현상을 말한다. 즉, 본 원형은 A가 이와 동등한 능력을 가진 B보다 상대적으로 많은 자원이 주어질 경우, A의 성공 가능성을 높여 점차 더 많은 자원 투입을 정당화해 결국 양자 간의 성과 격차가 더욱 확대됨을 나타낸다. 대표적인 예가 양극화 현상이고 독점 현상의 출현이다. 이 경우 해법으로는 가속화의 규제를 가하는 것일 수 있다.

본 원형이 시사하는 바는 동일조건 하의 시스템의 성장은 뜻밖에도 초기 조건에 의해 결정될 수도 있다는 점이다.

그림 2-17 부익부 빈익빈 원형의 문제와 해법 예시

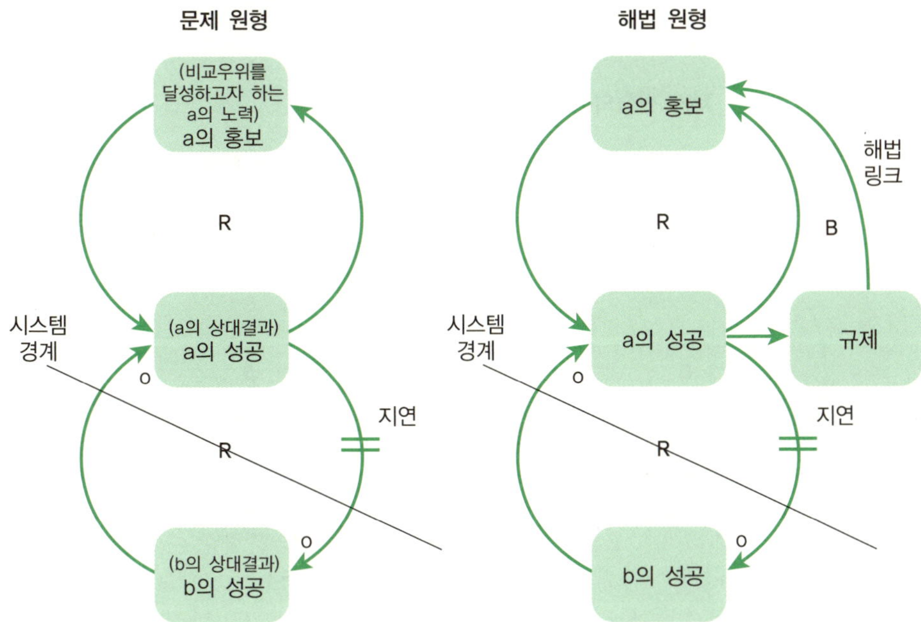

2) 조절/균형(B)을 의도한 경우

(1) 잘못된 처방(Fixes That Fail)

'잘못된 처방' 원형은 조절(또는 통제, 균형)하려는 균형 프로세스(B)가 의도치 않게 다른 강화 프로세스(R)를 만나 새로운 문제가 발생해 **조절이 실패**하는 현상을 말한다. 즉, 본 원형은 빠른 수정이 오히려 의도하지 않았던 새로운 문제를 발생시킬 수 있음을 나타낸다. 이는 빠른 수정이 일시적으로 문제를 해결하는 것처럼 보여 새로운 문제의 생성을 간과하게 되는 현상에서 비롯된다. 이 경우 해법은 새롭게 제기될 문제를 사전에 파악해야 하는 것과 관련되어 있다. 시스템이 경계를 확장하여 부작용이 없도록 하는 세심함이 필요하다.

본 원형이 시사하는 바는 시스템의 경계를 확장하고자 하는 노력이 없으면 매번 새로운 문제를 뒤치다꺼리고 만다는 점이다. 부작용(side effects)이란 말은 경계를 좁게 했을 때만 통용되는 말일 뿐, 경계를 확장할 수 있는 사고력이 있다면 이는 그저 작용일 뿐임을 명심하자. 능력의 여하는 결국 시스템의 경계를 어디까지 볼 수 있느냐의 문제이다.

그림 2-18 잘못된 처방 원형의 문제와 해법 예시

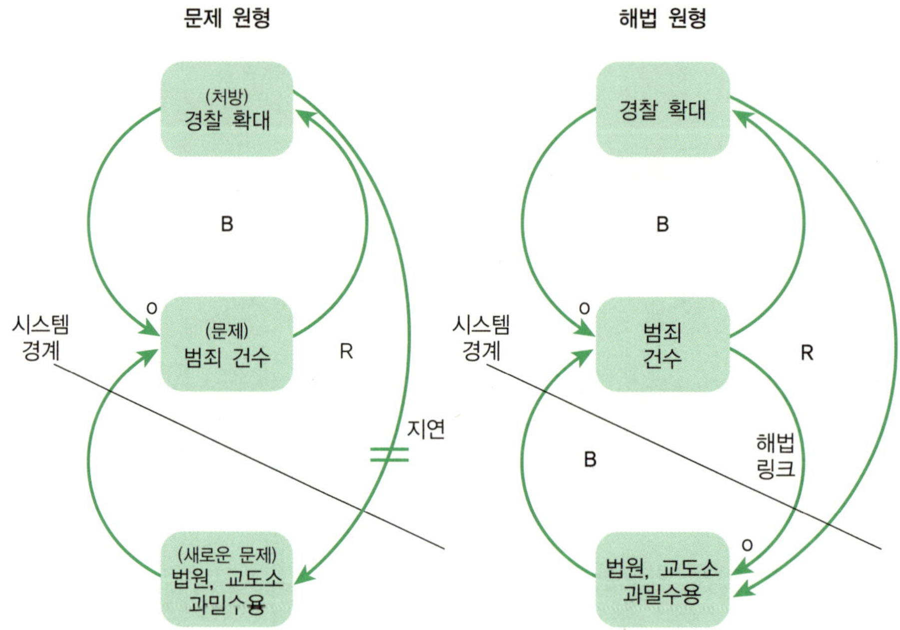

(2) 짐 떠넘기기(Shifting the Burden)

'짐 떠넘기기' 원형은 조절(또는 통제, 균형)하려는 균형 프로세스(B)가 의도치 않게 또 다른 강화 프로세스(R)를 만나 문제를 계속 안고 가는 **조절 실패** 현상을 말한다. 이는 '잘못된 처방' 원형과 유사하나 차이점은 근본적인 해법을 알고 있음에도 불구하고 일시적 개선에 취해 근본 해법의 시행을 회피함에 있다. 따라서 해법은 근본적 해법을 활용하는 능력을 키워야 한다.

본 원형이 시사하는 바는 근본적인 해법임을 주지하고 있으나, 이를 실천하기에 시간과 노력이 많이 든다는 등의 이유로 결국 돌이킬 수 없는 지경에 이르게 된다는 점이다.

그림 2-19 짐 떠넘기기 원형의 문제와 해법 예시

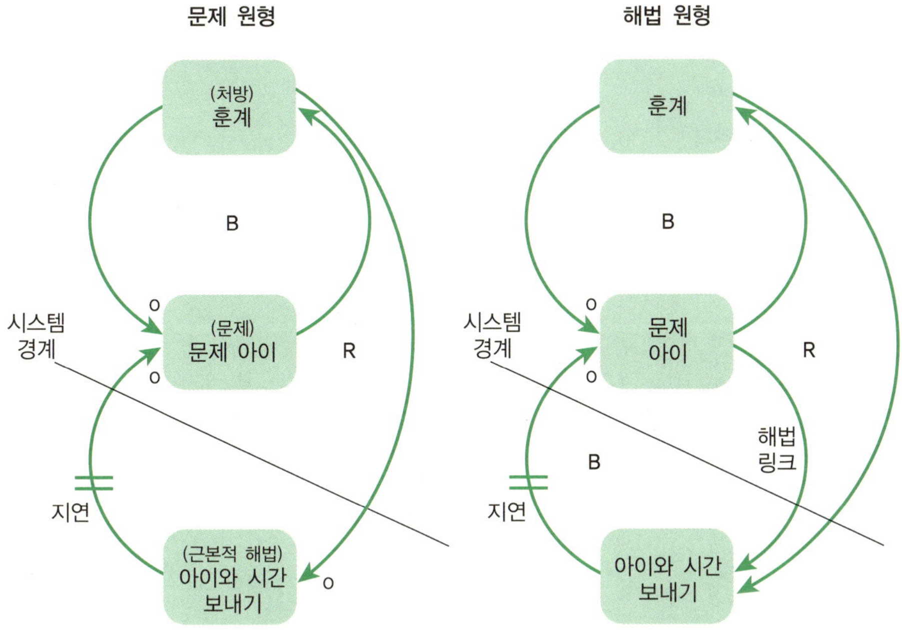

(3) 목표 낮추기(Drifting Goals)

'목표 낮추기' 원형은 조절(또는 통제, 균형)하려는 균형 프로세스(B)가 의도치 않게 또 다른 균형 프로세스(B)를 만나 문제를 해결하지 못하고 **원상 복구**되는 현상을 말한다. 일반적으로 목표와 실제와의 차이가 발생했을 때 문제를 해결하는 경우는 크게 목표를 달성하기 위해 시정 조치를 취하는 경우와 목표치를 낮추는 경우로 구별된다. 본 원형은 후자에 해당하는 것으로 문제를 해결한 것처럼 보이나 지속적으로 목표를 낮출 경우 성능 저하에 처해질 수밖에 없을 것이다. 따라서 해법으로는 절대적인 목표 설정 및 이를 준수하려는 의도성을 강화하는 것이다.

본 원형이 시사하는 바는 왜 초심으로 돌아가야 하는지에 대한 일깨움에 있다.

그림 2-20 **목표 낮추기 원형의 문제와 해법 예시**

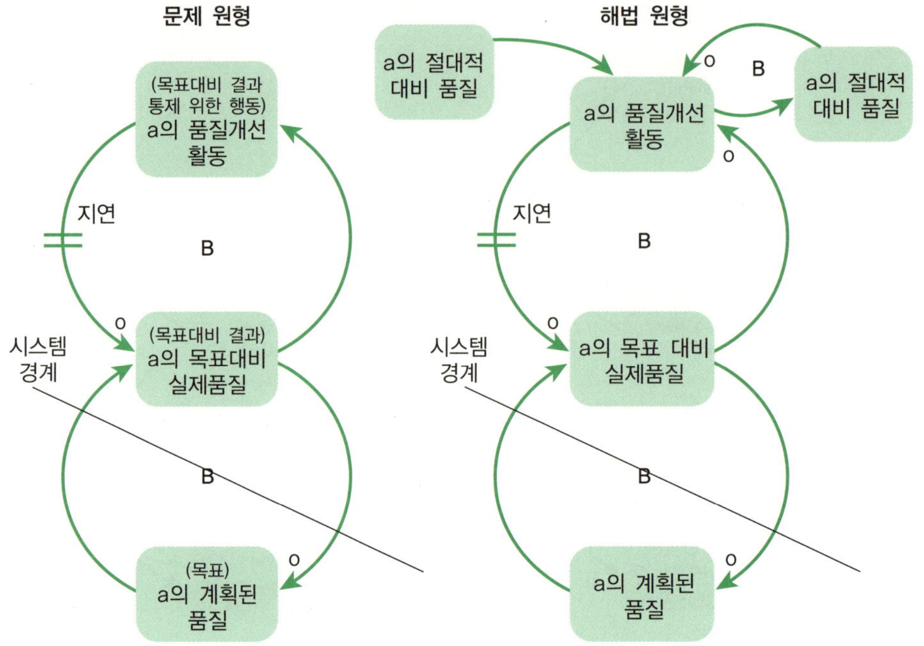

Part • 2

생산운영관리의 개념론

3 생산운영관리의 기초

CHAPTER

운영관리의 대상은 시스템의 흐름이다

1절 생산운영관리의 주요 개념

1. 생산운영관리의 개념 및 생산 운영의 비교

1) 생산운영관리의 개념

생산운영관리 분야는 경영활동의 시작과 함께 전개되어 경영학의 가장 오래된 연구주제이다. 어떠한 형태가 되었든 제품(goods)과 서비스(services)의 생산운영 활동이 없는 조직은 상상할 수 없을 정도로 조직의 본질적 활동이자 협의의 경영활동, 그 자체이다.

생산운영관리의 명칭은 제조업에서 시작하여 서비스업의 성장에 따라 다양한 명칭으로 발전되어 오늘에 이르고 있다. 초기 공장 중심의 제조업에서 시작하여 공장관리(plant management)라는 명칭으로 출발하였다. 이후 제조업이 대량생산체제로 확대되는 과정에서 제조관리(manufacturing management) 및 생산관리(production management)로 지칭되다가 서비스 부분의 성장에 따른 서비스운영관리(operations management: OM)와 합쳐져 생산운영관리(production and operations management: POM)로 포괄적으로 통칭되고 있다.

생산운영관리(production and operations management: POM)는 학자에 따라 다양하게 정의되고 있다. 스티븐슨(W. Stevenson)은 생산운영관리를 '제품을 생산하거나 서비스를 산출하는 시스템이나 프로세스를 효율적으로 관리'로, 또 비저스(J. Vissers)와 비치(R. Beech)는 '고객에게 서비스를 제공하는데 필요한 모든 단계에 대한 분석, 설계, 계획 및 통제'라고 정의하였다. 한편, 맥로린(D. McLaughlin)과 헤이즈(J. Hays)는 '최고의 효율성을 결정하고자 하는 관리의 과학적 원칙과 상품의 전달을 지원하고자 하는 최적화 기법을 결합하는 노력 또는 방법'으로 정의하였으며, 란가비어(J. Langabeer)는 '자원 또는 투입물을 서비스 또는 산출물로 변환하는 비즈니스 체계와 프로세스를 지원하는 계량적인 관리'로 보는 등 최근 들어 계량적이고 과학적 분석의 중요성이 강조되고 있는 추세이다.

이상의 정의들에서 보듯, 생산운영 과정을 다룬다는 말은 생산운영 과정이 소비자가 원하는 서비스와 재화라는 상품을 생산하도록 관리하는 것이며, 이것이 곧 고객가치라는 성과를 창출하게 하는 것이다. 고객가치를 창출하도록 생산 과정을 계획하고 통제하는 것이 곧 경쟁우위를 확보하는 과정이다. 따라서 생산운영관리는 경쟁우위의 확보를 통한 조직 성과 창출을 위해 '투입물을 산출물로 변환시키는 프로세스 및 이의 합인 시스템에 대한 계획과 통제'를 말한다. 간략히 서비스나 재화를 생산하는 과정, 즉 프로세스를 다루는 분야이다. 이상의 정의에서 공통적으로 포함된 내용을 토대로 본서에서는 생산운영관리를 다음과 같이 정의한다.

- 생산운영관리: 고객에게 제품 생산 및 서비스 산출하는 시스템 및 프로세스의 체계적 관리 활동

생산운영관리는 조직 자원을 상품으로 변환하는 활동으로 고객에게 최상의 상품을 제공하기 위해 조직 내부 프로세스를 관리하는 활동이다. 이는 곧 고객 가치를 창출하기 위한 조직 내부의 활동을 포괄하게 된다. 조직은 고객에게 가치를 창출해야만 생존할 수 있다. 이러한 의미에서 생산운영관리는 조직의 심장에 해당하는 관리 활동이다.

2) 생산 및 운영관리 비교

(1) 제품과 서비스의 차이

일반적으로 서비스업에서의 운영 관리를 제조업에서는 생산관리라고 한다. 크게 제품과 서비스는 유형과 무형이라는 형태의 근본적인 차이에 따라 재고, 품질, 측정, 대량

생산 등 여러 측면에서 다음과 같은 차이점이 있다.

표 3-1 제품과 서비스의 차이점

특징	제품	서비스
고객접촉도	낮음	높음
투입물의 균질성	높음	낮음
노동집약도	낮음	높음
산출물의 균질성	높음	낮음
산출물	유형	무형
생산성 측정	쉬움	어려움
품질 문제점을 고객 전달 이전에 바로잡을 수 있는 기회	높음	낮음
재고	많음	적음
산출물에 대한 평가	보다 쉬움	보다 어려움
특허등록 가능성	높음	낮음

(2) 제조업의 서비스화

최근 들어 **경제의 서비스화**는 더욱 진전되고 있다. OECD 국가에서 서비스업의 생산액 및 고용 평균 비중이 모두 GDP의 70%를 넘고 있고, 제조업의 서비스화 및 디지털

그림 3-1 미국 제조, 서비스 고용 비중(1840~2010)

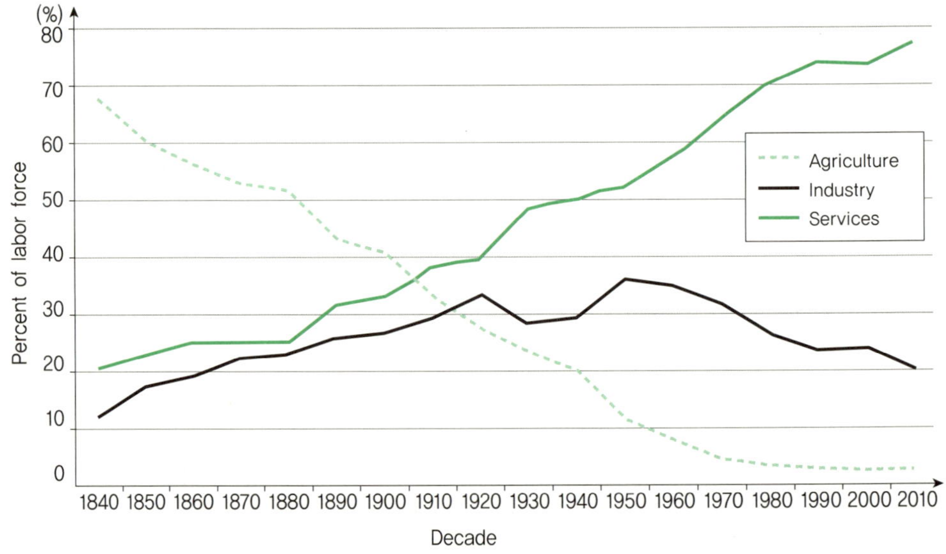

전환(The Digital Transformation)에 따른 융합화의 진전으로 서비스의 운영관리 비중 역시 막대하다 하겠다. 이와 함께 아래와 같은 이유 등으로 제조업의 특성이 강한 부분을 설명할 때를 제외하고 생산운영관리를 운영관리 중심으로 설명하고자 한다.

첫째, 제조업 생산을 위해 서비스업이 중간재로 투입되는 비중이 더욱 확대되고 있다.

둘째, 제조업의 유형 상품과 서비스의 무형 상품이 융합한 솔루션 제품의 제공이 확대되고 있으며, 판매 후에도 서비스 이용을 통한 지속적인 수익창출형 비즈니스 모델로 변모하고 있다.

셋째, 제품 기반의 데이터를 활용한 새로운 서비스 사업의 창출이 급증하고 있다.

(3) 생산관리와 운영관리 비교

제조업은 다음과 같은 측면에서 서비스업과 유사하거나 다른 특징을 갖고 있다.

먼저, 생산관리는 자재의 흐름을 주된 대상으로 하고 있음에 반해, 운영관리는 고객의 흐름에 집중한다. 자재의 흐름은 부차적이다.

둘째, 의료 분야에서는 가격과 성과에 대한 상호작용이 제조업 분야에 비해 다소 약한 편이다.

셋째, 제조업에서는 최종 제품과 전달에 대한 요구가 완벽하고 명시적인 사양을 전제로 하고 있음에 반해, 의료에 있어서는 서비스 명시가 종종 주관적이고 애매하다.

넷째, 의료조직은 제조업과 달리 간단한 명령체계를 갖고 있지 못하며 여러 전문가 집단 간에 미묘한 권력 균형을 유지하고 있음을 특징으로 하고 있다.

다섯째, 의료조직 핵심 프로세스에서 제일 중요한 운영자는 처방을 내리고 서비스의 전달에도 참여하는 고도의 전문성을 지닌 의사이다.

여섯째, 제조업은 일정에 차질이 없도록 완충장치를 재고 또는 소요시간에 두어야 함에 비해, 의료 분야는 소요시간과 함께 대기시간의 관리에 두어야 한다.

일곱째, 제조업의 재무적 목표는 이익창출임에 반해, 의료조직의 경우 비용통제가 우선시 되고 있다.

마지막으로, 제조업에 비해 의료조직의 시장 경쟁이 상대적으로 제한되어 있다.

표 3-2 생산관리와 운영관리 비교

특성	생산관리	운영관리
대상	자재흐름	고객흐름
최종제품요구 명세	완벽하고 명시적	주관적이며 불명확
생산수단	장비와 직원	장비와 직원
버퍼	재고 또는 리드타임	대기와 소요시간

2. 운영 관련 제 개념

1) 주요 개념

이제 운영관리를 보다 명확히 이해하기 위하여 운영에 대해 좀 더 살펴보고자 한다. **운영(operations)**이란 **업무(operation)의 집합**이다. 좀 더 정확히 말하면 같은 자원을 사용하는 업무의 집합이다. 업무란 투입물을 산출물로 변형시키는 활동 또는 활동의 집합으로 작업이라고도 한다. 따라서 자원은 산출물로 변환하기 위해 사용되는 업무에 대한 투입물이다.

또한 업무란 간략히 **가치를 부가시키는 활동**이라 할 수 있다. 이를 다르게 말하면 **가치를 부가시키지 않는 활동은 업무가 아니다**. 예를 들어, 외과의 수술 행위는 하나의 업무이다. 이는 명확히 환자에게 가치를 창출시키는 활동이기 때문이다.

- **운영**(operations): 같은 자원을 사용하는 업무의 집합
- **업무**(operation): 투입물을 산출물로 변형시키는 활동 또는 활동의 집합으로 가치를 부가시키는 활동
- **자원**(resource): 산출물로 변환하기 위해 사용되어지는 업무에 대한 투입물
- **과업**(task): 세분화된 업무 중에서 유사한 것끼리 묶은 것
- **프로세스**(process): 서비스(또는 상품)를 생산하기 위해 수행하는 일련의 과업으로 업무는 프로세스 안에서 수행되는 각 독립적인 과업
- **활동**(activity): 더 이상 분석이 필요 없는 가장 작은 프로세스

2) 과업과 직무 그리고 운영관리

과업은 그 일의 목적과 관련해 방향성과 비전을 갖기 때문에 자신의 일에 대해 스스로 정의하고 부여하게 한다. 따라서 잘 구성된 과업은 자신이 일의 주체가 되어 조직의 목적, 사명과 같은 방향성을 가지게 되어 경영자와 동일한 관점에서 직무를 수행한다.

한편 직무는 그 일의 특성 및 행위와 관련된 것으로 자신이 속한 조직이나 타인에 의해 주어지는 것이다. 따라서 직무는 일의 구조화와 분업체계, 작업명세 등이 우선하게 되어 수행하는 사람이 주어진 일의 한 부분이 되는 문제가 있다.

예를 들어보자. 병원에 근무하는 수납창고 직원에게 무엇을 하고 있느냐고 물었을 때 돈을 받고 있다고 하면 이는 자신의 **행위**를 설명한 것이고, 진료를 받기 위해 등록을 하고 있다고 하면 이는 자신의 **직무**를 설명한 것이고, 환자가 건강을 되찾을 수 있도록 돕고 있다고 한다면 이는 자신의 **과업**을 이해하고 있는 것이다. 따라서 과업을 정의하지 않고 주어진 직무에만 충실한 사람은 항상 다른 사람의 지시와 방침에 의존하고 주변 상황에 영향을 받는 종속적 존재를 면하기 어렵다.

일이 직무를 설명하는 것이라면 **일하는 방법은 과업을 나타내는 것**이다. 일은 어려운 것이 아니다. 다만 일하는 방법이 어려운 것이다. 일하는 방법을 다른 말로 표현하면 **성과를 내는 방법**으로 과업은 성과를 내도록 하는 것이다.

일은 혼자서 하는 것이지만 일하는 방법은 조직의 일원으로서 팀워크를 발휘하여 조직의 힘으로 하는 것이다. 조직의 자원과 다른 사람의 역량을 활용하여 자기 혼자의 힘으로 달성할 수 있는 성과보다 훨씬 큰 성과를 달성하는 것이다.

일은 전임자나 윗사람이 시키는 대로 하면 되지만, 일하는 방법을 이해하려면 조직에서 성과가 창출되는 원리와 원칙, 기본을 이해해야 한다. 따라서 운영관리는 전통적인 **직무를 과업으로 개편하는 것**이라고도 할 수 있다. 바람직한 운영관리는 과거의 일을 가르치고 배우게 하는 **직무 중심적** 운영 방식을 벗어나 방법을 가르치고 배우도록 하는 **과업 중심적** 운영 방식으로의 변화가 그 핵심이 되어야 한다. **직무가 아닌 과업이 중심이 되면** 직원들은 시간이 흐를수록 역량이 향상되며 성과 창출의 원리를 깨닫게 될 것이다. 이것이 사람을 관리할 수 없는 이유이자 학습조직을 구축하고자 하는 이유이기도 하다. 직무는 배우게 하도록 관리하면 되지만, 과업은 스스로 익히고자 하는 노력을 수반한다.

2절 생산운영관리의 대상 및 기능

1. 생산운영관리의 대상 및 목표

1) 생산운영관리의 대상

생산운영관리의 영역은 조직의 목표를 달성하기 위한 성과에 있다. 즉, 시스템과 프로세스 관리를 토대로 조직의 생산운영 성과를 향상하고자 하는 부분이다. 따라서 생산운영관리는 가치 있는 프로세스를 창출하기 위한 노력이 가장 우선시된다.

일반적으로 직원의 안정과 성장은 인사관리자의 주요 관리대상이며, 고객과 시장의 만족은 마케팅담당자의, 또 수익성의 확보는 재무관리자의 핵심 관리 영역이 된다. 생산운영관리자는 직원의 안정과 성장이라는 조직 에너지를 바탕으로 고객과 시장을 만족시키기 위해 가치 있는 프로세스라는 조직 자산을 만들어가는 것이 핵심 역할이라 할 수 있다. 이를 통해 수익성을 확보하여 조직의 지속가능한 성장을 견인하는 것이라 하겠다.

다음 절에서 자세히 살펴보겠지만 성과란 조직의 목표를 달성하게 하는 것을 말한다. 앞에서 본 바와 같이 조직의 목표는 수익성을 확보하고 고객과 시장을 만족시키며 직

그림 3-2 생산운영관리의 대상

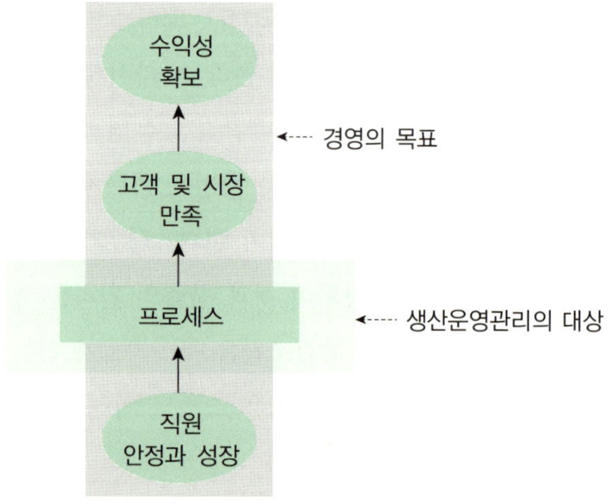

원의 안정과 성장을 돕는 것이다. 성과 또한 조직의 개별 목표와 일 대 일로 부합되어 책정되어야 한다. 따라서 성과란 수익성을 확보하게 하는 것, 즉 재무적 성과와 고객과 시장의 만족, 즉 외부고객만족 성과 및 직원의 안정과 성장, 즉 내부고객만족 성과의 함수로 구성된다.

성과 = f(재무적 성과, 외부고객만족 성과, 내부고객만족 성과)

이 과정에서 가장 중요한 점은 '무엇이 직원으로 하여금 고객에게 만족스러운 상품을 제공하게 하는가'이다. 그것이 바로 **프로세스(process)이며, 프로세스의 합인 시스템**이다. 프로세스란 **투입 요소를 받아서 고객에게 가치 있는 성과를 창출하기 위해 정의된 구조화되고 측정가능한 활동의 집합**을 말한다. 이를 관리하는 것이 **생산운영관리의 핵심**이다. 따라서 생산운영관리란 **프로세스를 설계하고 운영하여 지속가능한 경쟁우위를 확보하도록 하는 것**이다.

2) 생산운영관리의 목표

생산운영관리는 조직의 성과를 창출하는 **프로세스를 좋게 하는 것**이다. 그 **'좋게'의 기준**이 되는 것이 생산운영관리의 관리 목표가 된다.

그림 3-3 생산운영관리의 목표

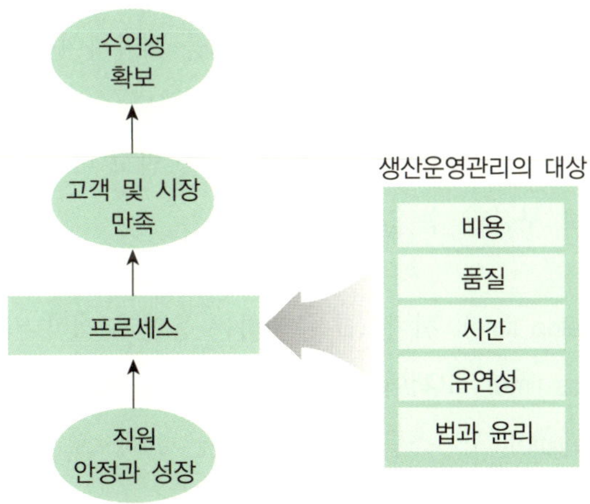

- 낮은 수준의 비용
- 일관성 있고 결함이 적은 품질
- 빠른 처리시간 및 납기준수
- 고객의 요구에 따른 유연성의 확보
- 법과 윤리의 준수

(1) 비용

비용 측면에서는 저비용으로 운영되는 프로세스일수록 좋은 프로세스이다. 저비용이란 부가가치를 창출하지 못하는 모든 낭비를 제거함을 의미한다. 이는 효율성을 측정하는 주요 항목이 된다.

(2) 품질

품질 측면에서는 품질수준의 평균이 높은 최고 품질을 생산하면서도 품질의 변동이 적은 일관성과 지속성을 유지하는 프로세스가 가치 있는 프로세스이다.

최고 품질은 효과성을 측정의 주요 항목인 동시에 고객의 수용 정도를 나타내는 기준이 되기도 한다. 품질 일관성은 동일 품질의 상품을 지속적으로 생산하여 전달하는 것으로 이는 곧 불량, 사고 및 오류가 없는 상품을 의미한다.

(3) 시간

시간 측면에서는 생산에서 소비까지 서비스의 전달시간을 짧게 하고, 고객이 원하는 시점에 정시에 전달(납기)하며, 또 새로운 서비스를 개발하여 공급할 때까지의 신상품 개발 속도가 빠른 프로세스를 좋은 프로세스라고 한다.

서비스의 경우, 고객이 조직에 들어와서 서비스를 받고 나갈 때까지의 총 시간은 다음과 같은 네 단계로 구분할 수 있다.

- 작업준비시간(setup time): 서비스를 준비하는 동안 고객이 기다리는 시간
- 가공시간(process time): 고객이 실제 서비스를 받는데 소비되는 시간
- 대기시간(queue time): 서비스를 받고 있는 다른 고객으로 인해 대기하고 있는 시간

- 유휴시간(wait time): 대기시간과 달리 고객이 서비스 결과를 기다리는데 소비하는 시간

그림 3-4 생산운영관리 목표들 간의 상호 관계

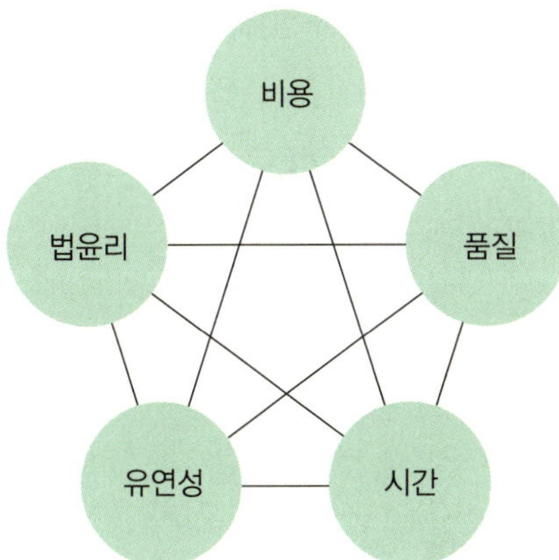

(4) 유연성

유연성이란 외부고객에게 보다 다양한 제품과 서비스를 제공하는 능력과 내부고객인 종업원이 다양한 업무를 볼 수 있도록 하는 것을 말한다. 이는 곧 시장 수요변화에 즉각적으로 대응하여 상품의 생산량을 신속하게 조절할 수 있는 능력을 말하는 것으로 고객화와 다양화 및 수량 유연성이 높은 프로세스가 좋은 프로세스이다.

여기서 고객화란 개별 고객의 독특한 요구를 충족시키는 고객 중심성을 말하며, 다양화란 여러 고객의 요구를 효율적으로 처리하는 능력으로 적절성 또는 포괄성을 의미한다. 이는 고객마다 다를 필요가 없으며 반복 수요가 있다는 점에서 고객화와 차이가 있다. 한편, 수량 유연성이란 수요의 변동에 유연하게 대응하는 능력을 말한다.

(5) 법과 윤리

아무리 훌륭한 제품과 서비스를 빠르고, 좋고, 값싸게 생산하였다 하더라도 법과 윤리에 저촉된다면 아무런 의미를 갖지 못할 것이다. 고객이 요구한다고 해서 마약과 미성년 성매매 등을 제공할 수는 없다.

이상의 목표들은 상호 독립적으로 떨어져 있는 것이 아니라 서로 긴밀하게 연계되어 있다. 예를 들어, 소요시간이 오래 걸릴수록 비용이 증가할 수 있으며 품질수준이 낮으면 추가적인 비용 부담이 발생한다. 또한 대기시간이 길어질수록 서비스의 품질은 떨어지게 되며 유연성이 높을수록 추가비용이 발생할 수 있으나 대기시간은 짧아져서 품질은 개선될 수 있다. 법과 윤리의 준수 또한 조직의 이미지에 영향을 줘서 좋은 이미지를 갖는 조직에서 생산한 상품의 품질은 높을 것이라는 기대를 갖게 한다.

따라서 생산운영관리의 최종 목표는 개별 목표들이 긴밀하게 연계되고 조율되어 서로에게 상생되도록 설정되어야 할 것이다.

2. 전략적 생산운영관리

1) 전략적 생산운영관리의 개념

이상의 핵심 역할을 수행함에 있어 전제가 되는 것이 **조직의 비전과 목표 및 이를 달성하기 위한 전략과 정렬된 운영관리 활동을 전개하여야 한다**는 것이다. 전략계획은 조직의 상층부에서 수립되어 중하층부로 전달되고 생산운영관리 활동은 조직의 중하층부에서 수행되는 관계로 상하 간의 전략과 관리 및 생산 운영과 관련된 기본적 의사소통이 원활하게 전개되지 않는 경우가 대부분의 조직에서 나타나고 있다. 따라서 생산운영관리자는 반드시 이들 간의 접점을 확인하여 전략적 생산운영관리 활동을 수행하도록 조율하여야 한다.

조직의 비효율과 비부가가치 활동의 대부분은 바로 조직이 나아가고자 하는 방향과 부합되지 않은 생산운영 활동을 맹목적으로 열심히 추진해 나가는 것에서 비롯됨을 명심하여야 한다. 조직의 전략 방향과 무관하게, 또는 이를 인식하지 못한 채로 그저 자신에게 주어진 업무의 성과를 개선하기 위하여 밤낮으로 노력하고 있다면 이를 즉시 중단해야 할 것이며, 제일 먼저 해야 할 일이 조직의 전략 방향을 확인하는 일일 것이다. 그 다음으로 자신의 부서가 또는 업무가 조직의 병목에 해당되지는 않는지를 파악하는 일이다. 따라서 조직의 생산운영관리자는 직원들의 생산운영 활동들이 기본적으로 이 두 가지 사항에 부합되고 있는지를 엄격히 확인하여야 한다.

이렇게 되었을 때 비로소 조직의 생산운영 활동이 조직의 성과 개선에 일조하게 됨을 인식하게 될 것이다. 하위부서의 개별적인 최적화 노력의 합이 전체 조직의 최적화 노력과 비례하지 않음을 다시 한 번 강조하고자 한다.

조직의 비효율은 어디에서 오는가?

첫째, 조직의 전략 방향과 부합되지 않음에서 온다.

둘째, 조직의 비명목 자원을 개선하고자 함에서 온다.

2) 전략적 생산운영관리의 세 가지 관점

생산운영관리가 경쟁의 무기로써 고객에게 최대의 가치를 전달하기 위해 과업이 중심이 되어 일하는 방법을 변화시키고자 하는 노력이 필요하다. 본서에서는 다음과 같은 세 가지 관점을 강조한 전략적 생산운영관리(strategic production and operations management: SPOM)를 강조한다.

첫째, 부분 최적화가 아닌 전체 최적화를 지향한다. 이를 위해 전일적 관점(holistic view)과 시스템 사고(systems thinking)를 강조한다. 성과는 개인이나 부서의 성과가 아닌 조직 전체의 성과를 말하기 때문이다(Global system view).

둘째, 성과 창출에 장애가 되는 제약요인에 생산운영관리를 집중한다. 모든 문제를 관리할 수 없다. 제약관리(theory of constraints)를 통해 핵심적인 근본 문제에 집중하며 지속가능성을 제고한다(Constraints focused).

셋째, 쉽고 간단한 문제 해법의 방법론을 소개한다. 정량적 방법보다 정성적 방법의 활용으로 실용적이며 내부의 의사소통을 촉진하고자 한다. 결국 조직 내부의 문제는 내부인이 가장 잘 알기 때문이다. 그 대표적인 방법론이 시스템 원형과 제약이론의 사고 프로세스이다(Simple tools).

3. 생산운영관리자의 역할 및 관련분야

1) 생산운영관리자의 역할

생산운영관리자는 무엇을 해야 하는가? 란가비어(J. Langabeer)는 다음과 같은 다섯 가지 활동을 생산운영관리자의 핵심적인 기능이자 역할로 보았다.

첫째, 비용을 줄여야 한다. 생산운영관리자의 가장 큰 역할은 비용을 줄이는 것이다. 낭비를 찾고 자원의 활용도를 높이고 서비스 전달을 위한 전반적인 비용을 줄이고 안정화시켜야 한다. 따라서 비용을 확인하고 불필요한 낭비와 활동을 제거하는 것이 최우선의 역할이다.

그림 3-5 생산운영관리자의 역할

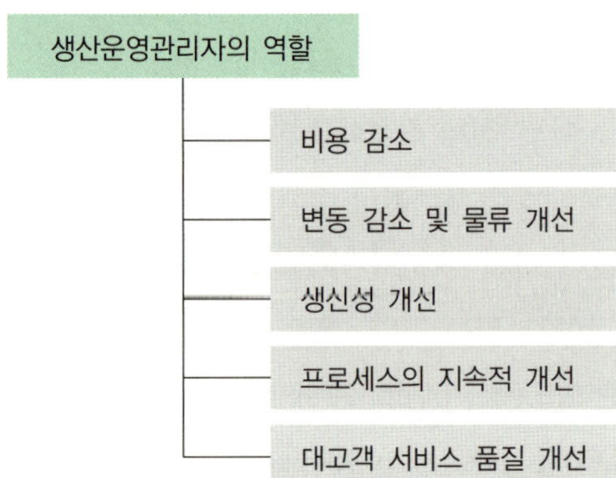

둘째, 변동을 줄이고 흐름을 개선하여야 한다. 생산운영관리자는 물자 또는 정보의 흐름과 같은 자원의 이동에 대해 가장 효율적이고 최적인 경로를 탐색해야 한다. 이와 함께 투입물과 산출물의 불일치 또는 분산을 의미하는 변동을 줄이기 위해 지속적인 관리가 필요하다. 변동은 너무 많거나 또는 적은 자원의 활용이라는 불확실성을 야기하여 프로세스의 안정성을 위협하며 그 결과 조직의 혼란과 비효율을 발생시킨다. 흐름을 개선한다는 것은 같은 자원의 투입으로도 더 많은 산출량 또는 처리량을 추구함을 의미한다. 여기서 처리량(throughput)이란 서비스의 수행 속도를 말하는 것으로 한 시간에 4명의 환자를 보는 병원에서 6명을 보았다면 처리량이 50% 개선되었다고 볼 수 있다. 물류란 환자, 직원, 여타 자원 등 모든 운영의 흐름에 대한 효율적 조정과 통제를 의미한다. 따라서 생산운영관리자의 역할은 용량과 업무의 흐름, 처리량을 증가하기 위해 프로세스와 시설의 설계를 이용하여 물류와 처리량의 개선을 촉진하는 것이다.

셋째, 생산성을 개선하여야 한다. 생산성은 투입 대비 산출의 비율로 생산성 향상에 대한 관심은 같은 자원으로 더 많은 산출을 이끌게 한다.

넷째, 고객서비스의 품질을 개선하여야 한다. 품질의 개선은 비용이 증가하는 활동이 아니다. 낮은 품질에 따른 비용은 재작업, 반품 등에만 발생하는 것이 아니라 조직 이미지의 훼손, 법정 비용, 불매운동 등 조직 생존에 치명적인 영향을 미친다. 따라서 고품질의 상품 생산은 필수적인 요소가 된다.

다섯째, 프로세스를 지속적으로 개선하여야 한다. 구조화된 조직일수록 비즈니스 프로세스는 개별부서 중심으로 작동하게 되어 기능 간 또는 통합적인 형태를 보이지 않게 된다. 이는 최상의 업무체계를 도입하고자 하는 노력이나 프로세스의 표준, 자동화 등이 쉽게 조직에 뿌리를 내리지 못하게 하는 원인이 되기도 한다. 부서 간의 협력이 줄어들수록 다양한 비효율의 문제는 야기될 수밖에 없음을 명심하자.

따라서 생산운영관리자는 프로세스의 효율성과 효과성을 개선하는 방안을 찾는데 최선을 다하여야 한다.

2) 생산운영의 탁월성

생산운영관리자가 앞에서 논의한 다섯 종류의 역할에 대한 개개의 목표를 성공적으로 수행하였다면 생산운영의 효과성이 개선되었다고 할 수 있다.

생산운영의 효과성(production and operations effectiveness)은 조직이 얼마나 잘 운영되고 있는지에 대한 측정단위로 원하는 목표와 성과 달성에 대한 자원의 투입과 활용에서의 효율성과 관리의 효과성을 동시에 고려한 개념이다. 따라서 생산운영에 효과적인 조직은 경쟁우위를 확보할 수 있어 수익성 확보는 물론 성장의 발판을 마련하였다고 할 수 있다. 이렇게 생산운영관리는 성과를 창출하는 가장 중요한 조직 내 역량이다. 생산운영의 효과성을 극대화하는 데 초점을 둔 사업전략을 운영의 탁월성(operational excellence) 전략이라 한다.

3) 생산운영관리와 관련분야

생산운영관리는 조직의 핵심 프로세스에 집중하는 다른 관리활동 및 영역들과 밀접하게 연관되어 있다. 그 대표적인 관리활동들은 다음과 같다.

첫째는 품질관리이다. 품질관리는 프로세스에 의해 전달되는 상품의 품질을 유지하고 개선하는 것을 목표로 하는 관리활동이다.

둘째는 성과관리이다. 성과관리는 프로세스의 결과물로 조직의 성과를 측정하고 모니터링하는 것을 주된 업무로 하는 관리활동이다.

셋째는 정보관리이다. 정보관리는 프로세스에 대한 정보를 제공하고 취급하는 방법론의 개발을 중심으로 하는 관리활동이다.

넷째는 운영과학이다. 운영과학은 프로세스를 분석하고 개선하기 위한 분석기법과 접근법 등을 제공하는 분야이다.

이렇게 운영관리는 프로세스라는 접점을 통해 조직의 다른 관리활동 및 영역들과 서로 연관되어 있어 그 경계점이 명확하게 구분되지는 않는다. 그러나 프로세스에 대한 정의, 측정, 분석, 개선 및 통제 등의 전반적인 관리를 위해 서로 폭넓게 융합하면서 발전하여야 할 것이다.

3절 성과, 가치 그리고 생산성

1. 성과의 이해

1) 성과의 개념 및 특징

(1) 성과의 개념

경영에서 성과를 내야 한다는 말을 무척 많이 들어보았을 것이다. 성과는 조직존속에 가장 중요한 변수로써 **존속의 유일한 독립변수**이면서 또한 성과는 경쟁의 결과로 창출되기 때문에 **경쟁의 함수**관계로 표현되기도 한다.

그렇다면 조직이 존속하기 위해서 창출해야 할 성과는 무엇일까? 결론부터 이야기하자면 **성과(performance)란 조직이 추구하는 목적을 달성하게 하는 것**이다. 대부분의 조직이 **고객가치창출**이 목적이기 때문에 성과는 고객의 가치를 창출하는 그 모든 것이 성과이다. 고객가치창출은 곧 고객만족을 의미하기 때문에 조직의 목적은 곧 고객만족 극대화이기도 하다.

성과와 유사한 용어로 산출(output)과 결과(outcome, result) 등이 있다. 산출과 결과는 어떤 시스템에서 투입이나 원인이 변환되어 얻어지는 것을 말함에 반해, 성과는 기존의 시스템이나 프로세스, 방법을 발전시킨 결과로 얻는 것으로 개인 또는 조직의 혁신이나 개선에 의해 향상된 결과를 의미한다.

(2) 성과의 특징

고객가치의 극대화를 위하여 조직은 세 가지 목표를 달성해야 한다고 앞에서 언급하였다. 그 첫째가 수익성의 확보이며, 둘째로 고객만족이며, 마지막으로 종업원의 안정과 성장을 도모해야 하는 것이 그것이다. 성과 또한 조직의 목표 달성에 그대로 부합하여야 한다.

따라서 성과는 다음과 같은 특징을 갖는다.

첫째, **성과 있는 일은 반드시 고객의 가치를 증대시키거나 최소한 유지해야 한다.** 이는 고객만족이라는 조직의 목표 달성과 관련된 것이다. 품질을 유지하면서 원가경쟁력을 확보하여 더 저렴한 가격에 공급하거나 동일한 가격을 유지하면서 더 나은 품질과 서비스를 제공하는 것은 모두가 고객의 가치를 증대시키거나 훼손시키지 않으면서 개선되는 것이어서 성과이다. 그러나 품질을 일부 희생하여 원가를 절감하겠다는 것은 고객가치를 희생시켜 단기 이익을 취하려는 것으로 이는 성과가 아니다.

둘째, **성과 있는 일은 반드시 조직에 재무적인 기여를 해야 한다.** 이는 수익성의 확보라는 조직의 목표 달성과 관련된 것이다. 고객의 가치를 아무리 창출하여도 조직 내부로 들어오는 **장·단기적인 금전적 수익**이 발생하지 않는다면 이는 성과라 할 수 없다. 그러나 비영리조직의 경우 성과는 비영리성의 추구가 목적이므로 반드시 재무적 기여로 나타나지 않아도 된다.

셋째, **성과 있는 일은 반드시 조직과 개인의 학습과 성장을 수반해야 한다.** 이는 종업원의 안정과 성장이라는 조직의 목표 달성과 관련된 것이다. 성과 향상은 기존 시스템이나 프로세스, 방법을 혁신하거나 개선한 결과이므로 이 과정에서 많은 시행착오와 성공 경험이 축적된다. 이것이 조직과 개인의 역량 향상으로 이어져야 성과이다.

마지막으로, **성과 있는 일은 반드시 우리가 속한 사회와 조직의 보편타당한 가치체계에 부합되어야 한다.** 이에는 도덕, 윤리규범, 법률체계, 공유된 가치체계에서부터 **사회적 책임**에 이르기까지 다양하다. 어떤 상품을 가장 효율적인 방법으로 가장 경쟁력 있는 가격과 품질로 제공하여 고객을 만족시켰다 하더라도 그 제품이 사회에 해악을 끼치는 것이라면 이는 성과가 될 수 없다. 따라서 공유된 가치에 위배되는 것은 아무리 많은 재무적 기여를 한다 하여도 이는 성과가 아니다.

2) 서비스 수익모형

아래 그림은 서비스 조직의 수익모형을 나타내고 있다. 카플란(R. Kaplan)과 노튼(D. Norton)은 서비스 조직의 수익은 내부마케팅에서 시작된다고 보았다. 따라서 경영자는 직원의 만족을 이끌어내기 위하여 내부서비스의 품질을 높이도록 경영하여야 한다. 내부서비스란 근무환경과 작업장, 업무, 직원의 선발과 개발, 보상과 이에 대한 인식, 고객에게 제공할 서비스 도구 등이 포함되며 이들이 어떻게 설계되고 관리되느냐에 따라 내부서비스 품질이 결정된다고 보았다.

이는 직원의 만족에 영향을 주어 직원이 계속 조직에 남아 있도록 동기부여를 하며 생산성을 향상시키게 되어 외부고객에게 제공할 서비스의 가치를 향상시키게 된다. 결국 내부고객의 만족이 지속적인 외부고객의 만족으로 이어짐을 강조하고 있다.

만족한 외부고객은 조직의 상품 소비를 선호하게 되며 그 결과 조직의 수익 성장과 수익성에 긍정적인 영향을 미치게 된다. 이는 다시 내부서비스 품질의 향상을 위한 기반이 되어 서비스 조직의 지속적 수익 향상이라는 선순환적 구조를 형성하게 된다고 보았다.[1] 여기서 내부서비스의 품질을 향상시키기 위해 프로세스를 관리하고 이를 통해 업무의 생산성을 개선하기 위한 관리활동이 운영관리이다.

아래 모형은 운영관리의 전략이 외부서비스의 가치를 증진시켜 고객만족을 이끌어

1) Kaplan, R.S. and D.P. Norton, *The Strategy-Focused Organization*, MA: Harvard Business School Press, 2001 참조

내며 이를 통해 수익성을 확보하고 성장시키는 재무적 성과와 연계되어 설정되어야 함을 잘 보여주고 있다. 여기서 수익성이란 비용을 상쇄하고 이익을 낼 수 있는 능력을 말하는 것으로 이를 확보하는 것은 모든 경영 조직체의 근본적인 목표가 된다. 다만 비영리 조직과 영리 조직의 가장 큰 차이점은 **비영리조직**의 경우 수익성을 추구하는 것이 아니라 **수익성을 확보**하는 것이 다른 점이다.

그림 3-6 서비스 수익모형

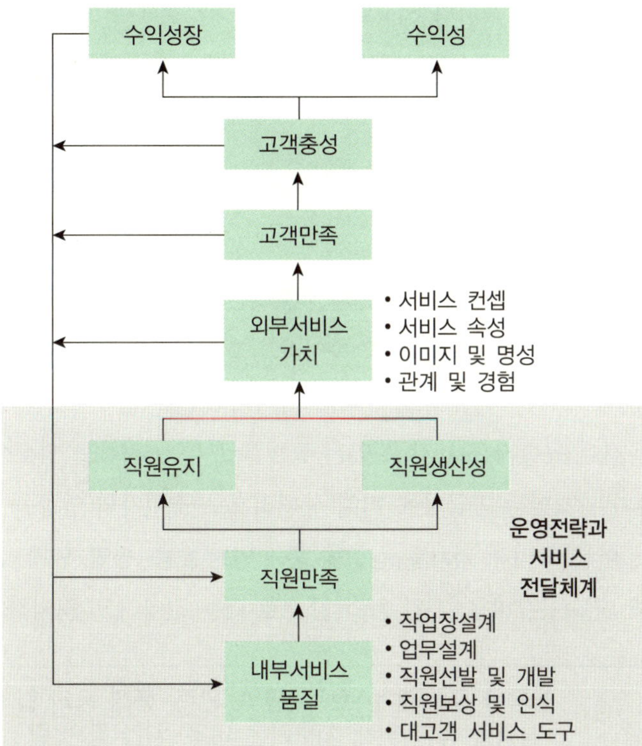

자료: Hewett, J.L. et al., "Putting the Service-Profit Chain to Work", *Harvard Business Reeiew*, March–April, 1994.

2. 가치의 이해

1) 가치의 개념과 구성요소

(1) 가치의 개념

가치(value)는 무엇일까? 이에 대한 단일 개념은 아직 통용되고 있지는 않다. 다만 공급자 관점과 소비자 관점에서 그 특성을 살펴볼 수 있다.

공급자 관점에서 가치는 생산한 **상품의 품질 대비 가격**으로 정의된다. 따라서 매우 좋은 품질의 상품도 그 가격이 너무 비싸면 가치가 떨어진다고 받아들인다.

$$\text{가치} = \frac{\text{품질}}{\text{가격}}$$

이와 함께 **소비자 관점**에서 가치는 '**돈을 지불하면서까지 얻고자 하는 그 무엇**'을 말하며 보통 '그 무엇'을 소비효용, 편익, 만족이라고 한다. 따라서 가치를 소비자가 제품 및 서비스를 얻기 위해 기꺼이 지불하려는 가격이라고도 한다.

이상의 두 관점이 공통적으로 갖고 있는 특성은 모두 소비자를 염두에 두고 있다는 것이다. 즉, 가치란 개념은 공급자에 비해 상대적으로 소비자의 입장을 반영한 개념이라 할 수 있다. 이를 고려해 **가치를 '상품을 통해 얻는 효용, 편익, 만족, 품질 등의 합'을 '이를 얻기 위해 지불하는 비용, 시간 등의 합'으로 나눈 값**이라고 정의하고자 한다.

$$\text{가치} = \frac{\text{상품을 통해 얻는 효용, 편익, 만족, 품질 등의 합}}{\text{상품을 얻기 위해 지불하는 비용, 시간 등의 합}}$$

(2) 가치의 구성요소

고객이 느끼는 **가치는 상품의 속성과 조직과 상품에 대한 고객의 이미지, 명성, 브랜드 및 조직과 직원들과의 관계와 경험을 통해 형성**하게 된다. 의료서비스의 경우, 서비스의 속성은 의료서비스가 갖고 있는 기술로써의 고유의 기능성과 함께 서비스의 품질, 가격 및 시간 등이 공통적으로 영향을 미치게 된다. 즉, 안전하고 신뢰할만한 서비스를 정시에 사고 없이 낮은 가격에 제공될수록 고객의 가치는 증가하게 된다. 여기에 최고 의료기관으로의 명성과 깨끗하고 친절하다는 이미지, 의료진의 적시에 이루어지는 충분한 설명까지 부가된다면 고객의 가치는 더욱 증가할 것이다.

그림 3-7 가치의 구성요소

가치 = 서비스속성 + 이미지/명성 + 관계

- 기능성
- 품질
- 가격
- 시간

자료: Kaplan, R.S. and D.P. Norton, *The Balanced Scorecard*, MA: Harvard Business School Press, 1996.

2) 부가가치와 가치사슬

(1) 부가가치의 개념

일반적으로 시장과 조직체는 원가, 시가, 가치라는 3대 가격구조에 의해 작동되며 존재, 성장하게 된다.

어떤 조직이 원가 이상의 제품 및 서비스를 만들어 시장에서 이윤을 남기고 판매하였다면 그만큼의 새로운 가치를 창출한 것이 된다. 이때 시가와 원가의 차이를 '공급자의 공급능력'에 기초하는 '공급자의 부가가치' 또는 마진(margin)이라고 한다. 이는 수익성 확보라는 조직목표의 달성과 직결된다. 또한 가치와 시가의 차이를 '수요자의 필요'에 기초하는 '수요자의 부가가치'라 하며 이는 고객만족이라는 조직목표의 달성과 결부된다.

공급자의 부가가치와 수요자의 부가가치를 합하여 총부가가치(total added-value)라고 하며 이의 지속적인 극대화를 위해서는 직원의 안정과 성장이라는 제3의 조직목표가 추가되어야 한다.

한편 수요자의 부가가치는 공급자의 부가가치를 기반으로 창출되기 때문에 수요자의 부가가치를 그냥 부가가치라고도 하며 간략히 가치라고도 한다. 또 가치는 상품이나 서비스를 파는 사람들이 아니라 그것을 사는 고객이나 소비자의 입장에서 정의되고 있다. 이러한 측면에서 가치를 창출한다는 말은 곧 수요자의 부가가치를 창출한다는 말로 받아들여질 수 있다.

- **공급자의 부가가치 = 시가 ~ 원가**
- **수요자의 부가가치 = 가치 ~ 시가**
- **총부가가치 = 공급자의 부가가치 + 수요자의 부가가치**
  = 가치 ~ 원가

조직이 시장에서 생존하고 지속적으로 성장하기 위해서는 원가를 절감하기 위한 노력과 함께 구매자가 자사의 상품을 기꺼이 구매하도록 상품의 가치를 높이는 노력이 병행되어야 한다. 이와 함께 시장의 선두주자이거나 새로운 상품의 소개 등을 통해 시가를 높이고자 하는 노력이 함께 수반되어야 한다.

그림 3-8 가격구조와 조직목표

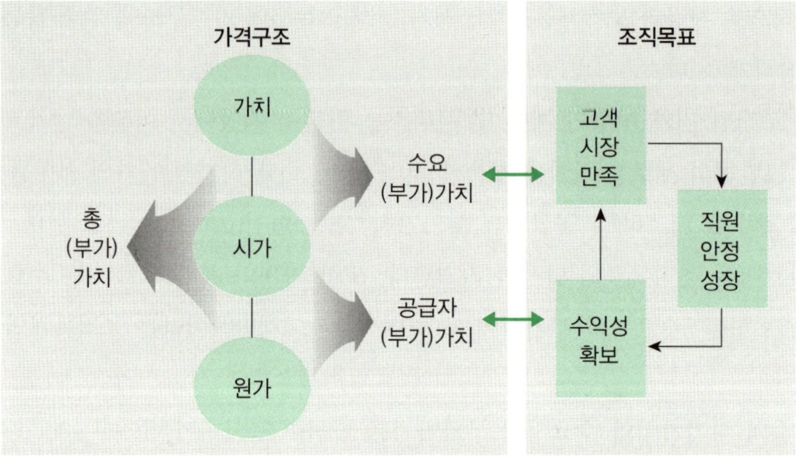

일반적으로 완전경쟁하에서 조직은 시가를 제외한 원가, 가치를 수단으로 하여 이를 통해 생존과 성장에 필요한 원천, 이른바 위험보상을 획득하게 된다.

(2) 가치사슬

생산운영관리의 핵심은 프로세스가 고객가치를 증진시키도록 관리해야 한다는 것이다. 조직 내 프로세스들의 일을 축적한 것을 가치사슬(value chain)이라고 하는데 이는 상품생산과 관련된 프로세스의 모임이라 할 수 있다.

의료조직의 경우도 환자와 다른 이해관계자를 위해 많은 가치창출의 기회를 갖고 있다. 친절한 의료진, 예의 바른 사무직원, 깨끗한 병원시설, 진료효율을 높이는 의료기기, 통합된 정보시스템, 짧은 대기기간, 편리한 수납절차, 효율적인 예약시스템, 넓은 주차장 등이 전부 가치창출의 원천들이다.

서비스조직의 가치사슬분석 또한 상품의 생산 및 전달을 통해 외부고객에게 가치를 전달하는 본원적 활동과 이에 자원 등의 투입물을 제공하여 효율적이고 효과적인 서비스 전달을 지원하는 지원활동으로 나누고 각각의 업무활동에서 비용 및 부가가치가 얼마나 소요되고 창출되는지를 분석함을 목적으로 둔다.

- **본원적 활동**: 서비스에 대한 접근, 서비스의 제공 및 서비스에 대한 사후조치를 확실하게 보장하는 것과 직접적으로 연관된 활동
- **지원 활동**: 서비스의 효율적이고 효과적인 전달을 돕는 활동

본원적 활동은 다시 환자가 병원에 도착하기 전에 사전서비스(pre-service) 활동, 서비스시점(point-of-service) 활동, 사후서비스(after-service) 활동으로 구분될 수 있으며 주로 서비스 운영과정과 마케팅 활동 등으로 구성된다.

- **사전서비스 활동**: 서비스의 실제 전달 이전의 활동으로 주요 가치창출 영역은 시장조사 및 마케팅 연구, 표적시장, 포지셔닝과 서비스 상품과 브랜딩, 가격결정, 촉진, 유통 등의 마케팅 믹스를 포괄하는 마케팅전략 수립 등이 포함
- **서비스시점 활동**: 서비스가 전달된 시점에서의 활동으로 주요 가치창출 영역은 품질과 프로세스 혁신을 통한 서비스 운영과 고객만족을 위한 마케팅활동 등이 포함
- **사후서비스 활동**: 서비스를 전달받은 이후의 활동으로 주요 가치창출 활동은 마케팅 측면에서의 사후관리 및 추적관리 등이 포함

지원 활동은 본원적 활동인 서비스 전달 과정에서 발생하는 가치창출을 크게 확대할 수 있도록 하는데 주로 조직문화, 조직구조, 전략적 자원 등으로 구성된다.

- 조직문화: 조직구성원들에게 공유된 가정이자 가치이며 행동규범
- 조직구조: 명령전달 체계이자 의사소통 경로로 라인조직, 사업부조직 및 매트릭스 조직 등으로 분류
- 조직자원: 일반적으로 인적, 물적, 금융, 정보 및 기술자원 등으로 분류

그림 3-9 조직과 가치사슬(의료조직 예시)

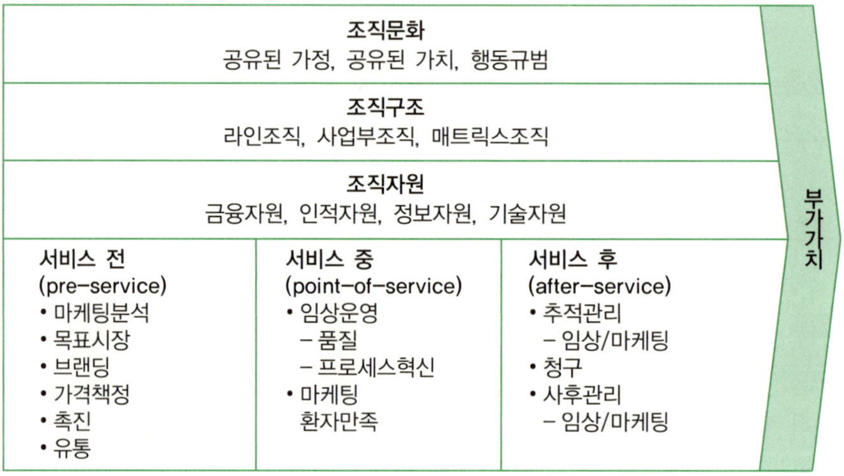

자료: Swayne L., W. Duncan and P. Ginter, *Strategic Management of Health Care Organizations*, Blackwell, 2006.

3. 생산성의 이해

1) 생산성의 개념

생산운영관리란 기본적으로 투입물을 산출물로 효율적으로 변환하기 위한 관리활동을 말한다. 여기서 효율성이란 최소한의 낭비와 자원 소비를 통해 과업을 수행하는 것으로 상품을 효율적으로 전달하였다고 하는 것은 같은 수준의 품질에서 보다 적은 투입물로 동일한 또는 그 이상 수준의 산출물을 생산한 것을 말한다. 예를 들어, 의료의

경우 작년에 2명의 간호사가 40명의 환자를 돌보았는데 올해 3명의 간호사가 하루에 70명의 환자를 돌보았다고 하면 약 17% 효율성이 개선되었다고 할 수 있다.

이렇게 **역량(capacity)과 산출물 사이의 관계**를 **생산성관리(productivity management)**라고 한다. 제품의 생산성을 나타내는 일반적인 생산성의 개념은 **투입에 대한 산출의 비율**로 정의된다. 투입이란 산출을 얻기 위해 투입되는 노동, 자본, 원재료, 비용, 시간 등의 자원을 말한다. 산출이란 운영관리의 결과로 얻어지는 제품과 서비스와 같은 생산물을 말한다.

$$생산성 = \frac{산출}{투입}$$

- **투입**: 산출을 얻기 위해 투입되는 노동, 자본, 원재료, 비용, 시간 등의 자원
- **산출**: 운영관리의 결과로 얻어지는 제품과 서비스와 같은 생산물

그러나 실제 상황에서 생산성을 계산하는 것은 간단하지는 않다. 왜냐하면 투입에 포함되는 요소들이 매우 다양할 뿐 아니라 정확하게 측정하기도 쉽지 않다. 뿐만 아니라 투입과 산출을 정확히 대응시키는 데도 문제가 있다.

따라서 생산성은 양적 개념이 아니라 **질적 개념**으로 이해해야 한다. 즉, 얼마나 많이 생산하였는지가 아닌 얼마나 잘 생산하였는가에 대한 개념으로 다음의 의미를 모두 포괄하고 있다.

(1) 수율

수율(yield)은 다음의 네 가지의 의미 중 하나로 사용된다.

첫째, 총투입 대비 총산출의 비율로 생산성 그 자체와 동의어이다.

둘째, 투입 원자재가 손실 없이 만들어낼 수 있는 이상적 산출량과 실제 산출량의 비율을 의미한다. 100%가 되지 못한 것을 로스(loss)라 한다. 예를 들어, 동일 투입에 100개가 생산되어야 하는데 실제 95개가 생산되었다면 수율은 95%이다. 따라서 5개가 로스다.

셋째, 최종 산출물 중 검사기준을 통과한 양품의 개수 비율을 의미하는 것으로 가장

일반적으로 사용하는 개념이다. 예를 들어, 100개 중 95개가 최종 품질검사를 통과하였다면 수율은 95%다.

넷째, 결함이 발생하지 않고 생산활동이 진행될 확률로 6시그마에서 사용하는 개념이다.

(2) 사이클타임

사이클타임(cycle time)은 **한 단위의 정상적 산출물을 만들어내는데 걸리는 시간**이다. 하나의 공정이라면 투입이 그 공정에서 정상적으로 처리되어 다음 공정으로 넘어갈 때까지의 시간이며, 전체 생산 프로세스의 경우라면 원자재 투입에서 최종 판매가 가능한 상태로 만들어내는 데까지 걸리는 시간을 말한다. 사이클타임이 짧을수록 생산성은 높아진다.

(3) 가동률

수율이 아무리 높아도, 사이클타임이 아무리 짧아도 성과창출시스템이 자주 멈춘다면 아무 소용이 없다. 따라서 성과창출시스템의 가동률(operating ratio)이 높을수록 생산성이 높아진다.

따라서 **생산성은 투입한 자원을 얼마나 적게 잃어버리면서(수율), 보유능력 내 최대 성능을 발휘할 수 있으며(사이클타임), 그 상태를 언제든지 발휘할 수 있도록 항상 유지하는가(가동률)의 개념**이라 할 수 있다.

생산성 = f(수율, 사이클타임, 가동률)

2) 서비스 생산성 모형

'고객의 취향이 너무 복잡하고 관리할 변수가 너무 많다', '다른 병원도 모두 그렇게 하고 있다'는 등등의 이유로 조직관리의 방향을 잡지 못한다면 그러한 조직과 관리자는 반드시 실패한다.

운영부서 관리자가 해야 할 일은 전형적인 비용 통제뿐 아니라 비용과 수입을 포괄하는 생산성 관리가 되어야 한다. 그렇지 못할 경우 수익성이 없는 사업에 비용 감축을 위해 온 힘을 다 써버리는 일이 일상적으로 일어날 수 있다. 이는 일을 제대로 하였다고 볼 수 없을 것이다.

서비스 생산성은 앞에서 살펴본 제품에 비해 서비스가 갖는 차별적 성격 등으로 인해 측정이 쉽지 않으며 제품과는 상이한 서비스의 특징을 반영하는 전략적 접근이 필요하다. 서비스 생산성은 앞에서 정의한 일반적인 생산성에 관한 개념 외에도 다양하게 정의되고 있다. 버만(E. Berman)은 모든 자원의 투입에 대한 서비스의 질적 측면이 포함된 산출의 비율로 정의하였고, 무르딕(R. Murdick)은 일반적 개념인 투입 대비 산출의 비율보다 산출에 품질수준이 반영된 아래와 같이 정의되는 것이 보다 합리적이라고 하였다. 이때 품질수준은 0에서 1까지 변한다고 보았기 때문에 품질수준이 0.5일 경우 소비자에게 절반 수준의 생산성으로 평가받는 것으로 이해할 수 있다.

생산성=(단위당 산출물×품질수준)÷단위당 투입물−1

또 그룬루스(C. Grönroos)와 오자살로(K. Ojasalo)는 서비스 생산성은 내부효율과 외부효율 및 능력효율에 의해서 창출된다고 하면서 다음과 같은 모형을 제시하였다.

서비스 생산성=f(내부효율, 외부효율, 능력효율)

투입과 산출변수에 관한 기본개념을 제시하기 위해 투입변수를 내부효율로 정의하고 산출변수를 외부효율로 정의해 분류하였다. 인력, 기술, 시스템, 정보, 시간 등의 서비스 제공자의 투입물과 고객 및 동료고객의 참여 등 고객의 투입물로 구성된 투입은 서비스 공급자 및 고객에 의해 서비스로 변환되어 산출량과 산출품질 및 고객이 인지한 품질이라는 산출로 나타나게 된다.

이때 서비스의 생산성은 투입비용과 관련된 내부효율과 수익과 관련된 외부효율 및 수요에 대처하는 산출량을 생산하는 능력과 관련된 능력효율에 의해 결정됨을 설명하고 있다.

그림 3-10 서비스 생산성 모형

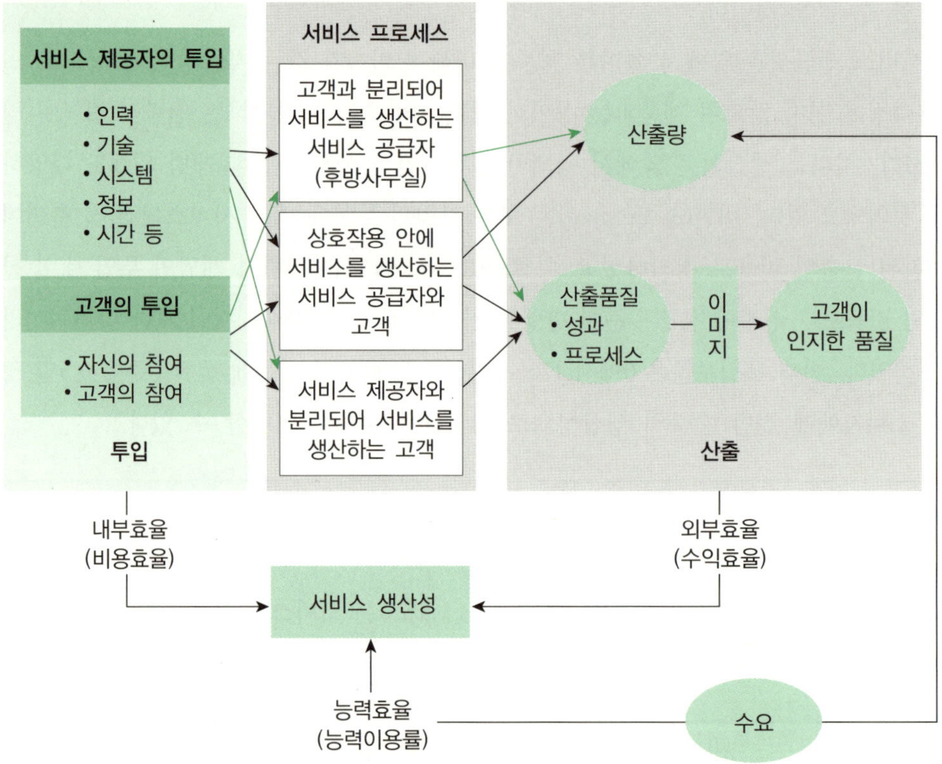

자료: Grönroos, C. and K. Ojasalo, "Serviced productivity: Towards a Conceptualization of the Transformation of Inputs into Economic Results in Services", *Joumal of Business Research* 57, 2004.

4 전략적 성과관리

CHAPTER

조직의 유일한 성과는 고객만족이다

1절 생산운영전략

1. 전략의 개념과 중요성

1) 개념

전략(strategy)은 원래 군사용어로 '군대(stratos)를 이끈다(ag)'라는 그리스어 'strategos'에서 유래되었다. 이는 적군을 격퇴하기 위해 자신의 부대를 조직하고 훈련하는 장군의 계획을 의미하였다. 오늘날에는 국가, 기업, 병원 등의 조직이 경쟁우위를 갖기 위해 방향과 목적을 수립하고 이를 달성하기 위해 자원을 배분하는 전반적인 계획을 말한다. 즉, 전략은 조직의 생존과 지속적 성장을 위해 환경변화에 적응하기 위한 목표를 정하고 자원배분의 우선순위(what do to vs. what not to do)를 정하는 것이다.

따라서 성공적인 전략은 외부환경이 주는 기회와 위협요인을 파악하여 내부환경인 자신의 강점과 약점을 이에 적합시키는 것에서부터 비롯된다. 한편 전략은 특정 기능 분야나 시장에서 성과를 높이는 계획인 전술(tactic)의 상위 개념으로 흔히 전쟁을 전략에, 전투를 전술에 비유하기도 한다.

2) 중요성

비전은 근본적으로 조직이 한 번도 가보지 않은 곳을 가고자 하는 속성을 갖고 있기 때문에 전략 또한 과거에 시도해본 경험이 적은 것이 일반적이다. 따라서 전략수립에는 위험을 동반할 수밖에 없기 때문에 얼마나 유익한 전략을 수립하였고 이를 달성할 수 있는가는 곧 조직의 생존과 지속적 성장에 절대적인 영향을 미치게 된다.

2. 생산운영의 전략적 계획 과정

조직의 지향전략이 미션과 비전에 입각하여 조직이 확장, 유지, 축소에 대한 전사적 전략을 수립하였다면 이를 실행할 경쟁전략을 마련하여야 한다. 경쟁전략의 핵심은 전체 시장을 대상으로 경쟁할 것인지 아니면 특정 시장에서 경쟁할 것인지에 따라 원가우위, 차별화 및 집중화전략 중 어떠한 입장을 중심으로 경쟁할 것인지를 결정한다.

경쟁전략이 구축되었다면 이에 따른 전략이 지향하는 목적과 목표를 수립한다. 일반적으로 전략의 목적 및 목표는 다음을 기초로 작성한다.

- **목적**(objective): 3~5년 동안 노력을 기울여 달성하고자 하는 최종 상태나 결과를 나타내는 것으로 미션과 비전 달성을 위해 더 명확하고 구체적인 방향을 제공하는 역할을 한다.
- **목표**(goal): 목적에 대해 통상 1~2년의 단기간 계획을 수립하는 것으로 이는 측정 가능하며 현실적이어야 하며 실행가능하게 설정되어야 한다.

지향전략에서 시작되어 이를 실현하기 위해 수립된 경쟁전략의 목적과 목표를 달성하기 위해 각 기능별로 실행전략을 수립하여야 하는데 운영전략은 그 실행전략의 일환이다.

구체적으로 **생산운영전략은 조직의 운영을 통해 직접적으로는 경쟁전략의 목적과 목표를 달성하기 위한 것**으로 이를 통해 **궁극적으로 비전을 실현해 나가는 것**이다. 따라서 생산운영전략은 구체적으로는 경쟁전략의 목표를 달성하기 위해 조직 내 활동의 집합인 **프로세스를 경쟁전략에 부합되도록 정렬시키는 것**이다.

- **활동**(action): 경쟁전략의 목표를 달성하기 위한 구체적인 과업을 의미한다. 활동의 우선순위를 결정하고 그에 따른 자원의 배분, 책임과 의무 및 시간을 명확히 책정

하여야 한다. 운영전략은 또한 운영시스템의 목적과 목표 및 활동계획을 수립하는 단계로 구체화된다.

- **생산운영목적**: 경쟁전략의 달성을 위해 3~5년간 생산운영시스템이 성취해야 할 명확하고 구체적인 지향점
- **생산운영목표**: 생산운영목적에 입각하여 1~2년의 단기간에 달성하고자 구체적인 성과치

생산운영목적은 원가의 절감, 최고 품질의 서비스 생산 및 일관된 품질의 제공, 상품전달 시간의 단축 및 정시 전달(납기준수), 고객의 독특한 요구의 충족, 수요변동에 유연한 대응 등이 그 대상들이 된다. 또 생산운영목표는 위 목적들에 따른 구체적인 성과계획으로 측정가능하고 현실적이며 실행가능하게 설정되도록 한다.

마지막으로 이러한 목표를 달성하기 위한 구체적인 활동계획을 수립해야 한다.

- **활동계획**: 활동의 우선순위를 결정하고 이에 따른 자원의 배분, 책임과 의무 및 시간을 명확히 제시

그림 4-1 생산운영의 전략적 계획 과정

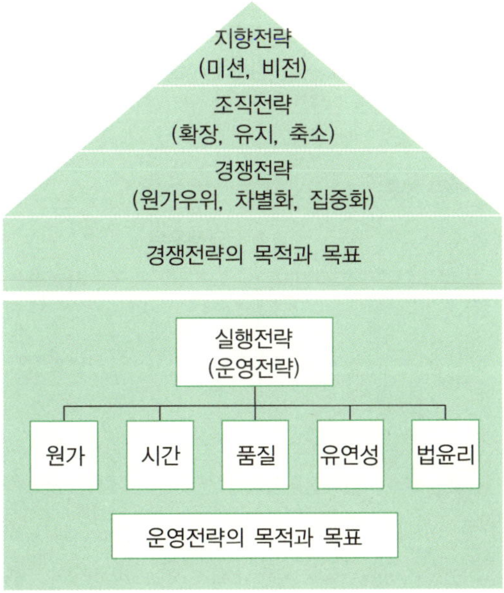

이렇게 지향전략에서 시작되어 경쟁전략으로 구체화된 조직의 상위전략을 생산운영과 관련된 하위전략의 목적, 목표 및 활동계획으로 구체화하는 일련의 전략 과정을 생산운영의 전략적 계획(strategic planning) 과정이라고 한다.

3. 경쟁전략 및 경쟁요소

1) 경쟁(사업)전략

경쟁전략(competitive strategy)은 시장 내에서 다른 조직과 비교하여 조직이 어떻게 경쟁하느냐를 결정하는 것으로 사업전략(business strategy)이라고도 한다. 경쟁전략을 수립하기 위해서는 경쟁우위요소와 경쟁범위를 결정하여야 한다. 경쟁우위요소는 크게 **원가 요소와 차별화 요소**가 있으며 경쟁범위로는 전체 시장을 상대로 경쟁을 할지, 좁은 특정 시장을 상대로 경쟁을 할지를 포함한다.

일반적으로, 첫째 전체 시장을 상대로 낮은 원가를 무기로 박리다매를 취한 **원가우위(cost leadership)전략**과, 둘째 독특성에 입각한 **차별화(differentiation)전략**이 있으며, 셋째 특정 시장을 상대로 한 집중화(focus)전략이 있다. 포터(M. Porter)는 이 세 가지를 **본원적 전략(generic strategies)**이라 하였다. 이렇게 원가우위나 차별화에 서도록 하는 모든 것을 혁신(innovation)이라고도 한다.

포터는 시장점유율이 높을수록 투자수익률이 높을 것이라는 기존의 통념이 실제와

그림 4-2 경쟁전략 매트릭스

		경쟁우위	
		저원가	차별화
경쟁범위	넓은 시장	원가우위전략	차별화전략
	좁은 시장	원가집중전략	차별집중전략

자료: Porter, M., *The Competitive Advantage of Nations*, NY: Free Press, 1990.

차이가 있음을 분석하면서 시장점유율이 높지 않아도 차별화에 의해 투자수익률이 높을 수 있음을 밝혀내었다. 이와 함께 원가우위와 차별화에도 입각하지 않은 어정쩡한 기업의 투자수익률이 가장 낮았음을 지적하면서 이상의 전략에 입각함이 산업 내에서 평균 이상의 성과를 올릴 수 있다고 강조하였다.

2) 생산운영의 경쟁요소

생산운영의 경쟁요소는 생산운영관리의 목표와 부합된다. 앞에서 살펴본 바와 같이 생산운영관리의 목표로는 원가, 품질, 시간, 유연성 및 법적·윤리적 측면이 있으며 이들을 충족할수록 생산운영전략은 경쟁우위를 확보하게 한다. 자세한 내용은 앞장을 참고하기 바란다.

그림 4-3 생산운영전략의 경쟁요소

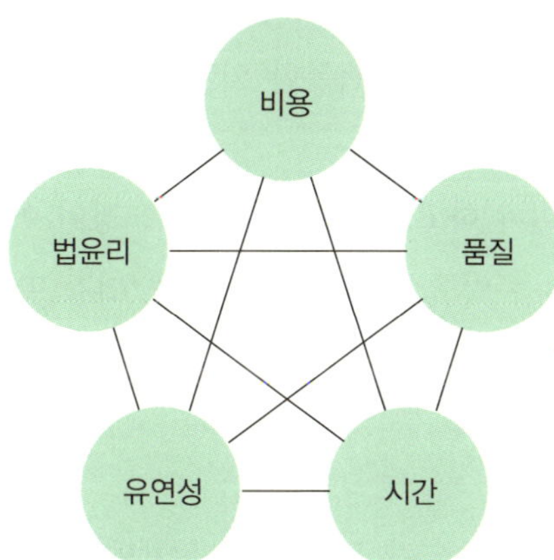

4. 경쟁우위 선정 단계

생산운영전략의 경쟁요소를 통해 경쟁우위를 확보하기 위해서는 먼저 자신의 강점과 약점을 확인하여야 한다. 이를 토대로 경쟁요소 중 경쟁우위요소와 경쟁열위요소를 파악하기 위한 경쟁적 적합성(competitive relevance)을 평가하여 경쟁우위요소에 집중하여야 한다.

그 과정은 다음과 같다.

첫 번째 단계는 조직의 가치체인에서 각 활동별로 자신의 강점과 약점을 파악하는 단계이다. 즉, 서비스전달과 관련하여, 조직의 문화와 관련하여, 조직의 구조와 관련하여, 조직의 자원과 관련하여 경쟁조직에 비해 자신이 보유한 강점과 약점을 명확히 파악하여야 한다. 조직 내부의 강점과 약점을 확인하는 것은 내부환경분석과 같이 의료 전략수립의 필수적인 절차이다.

두 번째 단계는 파악된 강점과 약점의 경쟁력을 평가하는 것이다. 오늘날과 같이 급변하는 환경 속에서 자신이 보유한 강점을 경쟁자에 의해 쉽게 모방되어 빠르게 약점으로 변화하게 된다. 따라서 자신의 강·약점이 어느 정도 경쟁력이 있는지를 평가하여야 한다. 경쟁우위의 확보는 경쟁자에 비해 어느 정도 희귀하거나 풍부한 자원이나 특별한 역량과 능력 등을 보유하였느냐의 정도에 따라 평가될 수 있다.

- 역량(competencies): 개인에 누적된 지식 및 기술
- 능력(capabilities): 우수한 자원과 독특한 역량을 보유한 정도 또는 방법

조직의 강점은 가치 있어야 하고, 희귀해야 하며, 모방이 어려워야 하고, 경쟁우위를 창조하기 위해 지속적이어야 비로소 강점이라 할 수 있다. 따라서 다음과 같은 물음을 통해 운영전략의 경쟁요소별로 자신의 강점이 과연 경쟁력을 보유하고 있는지 평가할 수 있다.

- 가치: 조직이 보유한 자원, 역량 및 능력은 고객에게 가치가 있는 것인가?
- 희귀성: 조직이 보유한 자원, 역량 및 능력은 경쟁자에 비해 유일하게 소유하고 있는가?
- 모방성: 조직이 보유한 자원, 역량 및 능력은 모방되기 쉬운가?
- 지속가능성: 조직이 보유한 자원, 역량 및 능력은 시간이 지난 후에도 유지될 수 있는가?

표 4-1 운영전략의 경쟁요소의 평가

	원가	품질	시간	유연성
가치	예/아니오	예/아니오	예/아니오	예/아니오
희귀	예/아니오	예/아니오	예/아니오	예/아니오
모방	예/아니오	예/아니오	예/아니오	예/아니오
지속	예/아니오	예/아니오	예/아니오	예/아니오

이상의 질문에서 법적·윤리적 측면에서 합법적이고 형평적 가치를 손상하지 않는 범위 내에서 원가, 품질, 시간 및 유연성의 경쟁우위요소가 높은 가치를 갖고 희귀하며 쉽게 모방되지 않으며 오래 지속될 수 있는 자원과 역량 및 능력을 보유하였다면 이는 강력한 경쟁우위에 있는 장점이라 하겠다. 반대로 가치가 낮고 흔하며 모방하기 쉽고 오래 지속하지 못할 자원, 역량 및 능력을 보유하였다면 이는 최악의 단점이 될 것이다.

세 번째 단계는 평가된 결과를 토대로 경쟁우위적 요소에 자신의 자원과 역량 및 능력을 집중하는 생산운영전략을 수립하여야 한다.

그림 4-4 경쟁우위 선정단계

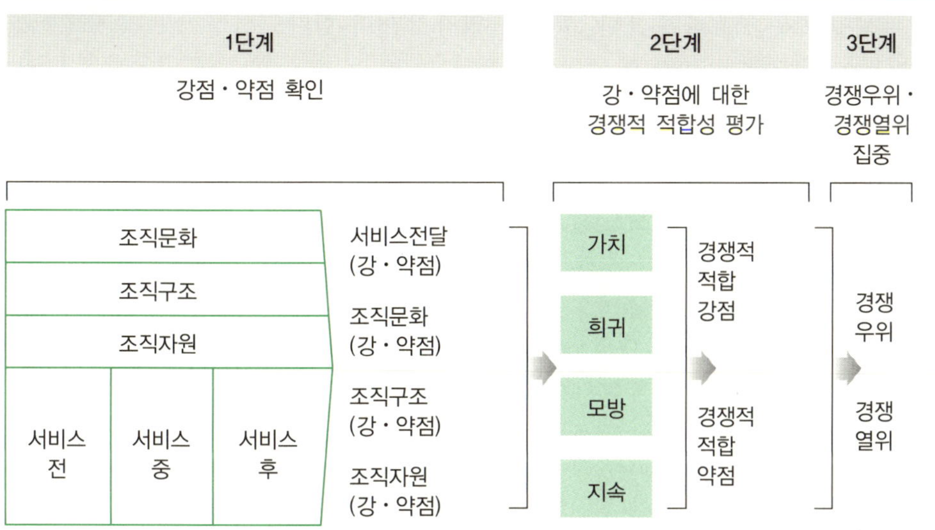

자료: Swayne, L.E., W.J. Duncan, and P.M. Ginter, *Strategic Management of Health Care Organizations*, Blackwell, 2006.

2절 균형성과표

1. 성과관리체계

1) 경영성과관리체계

현재의 격렬한 경쟁환경 속에서 조직이 존속하기 위해서는 이른바 '일심동체의 경영체'를 구축하여야 한다. 이는 조직의 미션이 비전으로 방향을 설정하고 이를 가치와 목표로 정신 무장한 다음 전략을 통해 비전을 달성함을 말한다.

이를 위해서는 성과를 관리하여야 한다. 성과평가를 철저하게 조직의 거시적인 비전 및 전략과 연동하여 수직적이고 순차적으로 성과평가가 이루어지도록 핵심성공요인(critical success factor: CSF)을 명확히 추출하고 이를 평가할 핵심성과지표(key performance index or indicator: KPI)를 구체화하는 것이다.

핵심성과지표란 조직의 현재뿐 아니라 미래의 성공을 위해 가장 핵심적인 성과에 초점을 둔 측정지표의 집합을 말한다. 이의 선정은 결국 전략이 달성될 것인가를 결정짓기 때문에 매우 중요하며 또한 그 수가 많지 않아야 한다.

핵심성과지표가 가져야 할 요건은 다음과 같다.

- 측정가능(measurable)
- 올바른 행동의 유도(action-enabling)
- 쉬운 이해(knowable)
- 용이한 목표설정(easy to set target)
- 관점별 지표 간 균형(balanced)
- 통제가능(controlling)

이 KPI를 조직 전체 단위에서, 부문단위에서, 부서단위에서, 개인단위에 이르기까지 체계적으로 세분화하여 각 단위에서 관리하도록 하는 것이 성과관리의 요체이다.

그림 4-5 성과관리체계

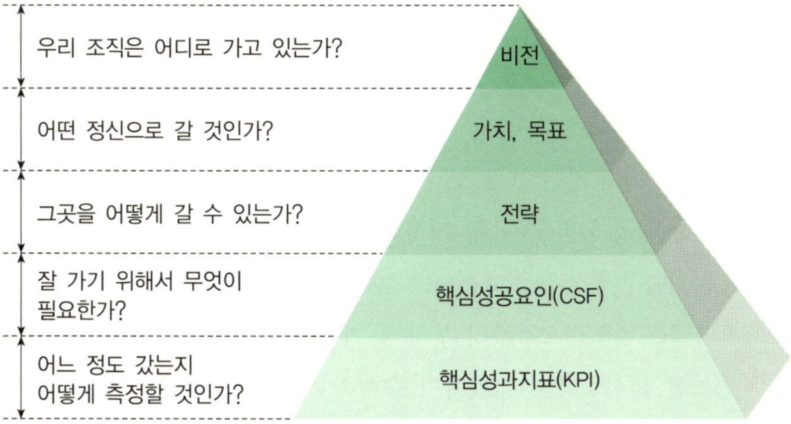

2) 재무 중심 성과시스템의 한계

전통적인 재무적 측정지표 중심의 성과시스템은 다음과 같은 한계점을 안고 있다.

첫째, 재무적 측정지표는 과거지향적 평가라는 점이다. 재무제표상의 수치는 이미 지나가 버린 과거의 실적으로 해당 연도에 좋은 성과를 나타냈다고 할지라도 향후 미래에도 지속될 것이라는 객관적인 보장과 신뢰가 없다는 한계가 있다.

둘째, 재무적 측정지표는 조직의 내부가치 및 환경에 대해서만 평가하고 있다는 점이다. 현대 조직의 생존과 발전에 거의 절대적인 영향을 미치고 있는 외부고객 및 다른 의료조직과의 경쟁적 측면에 대한 유용한 정보를 제공해주지 못한다는 한계가 있다.

셋째, 재무적 측정지표는 조직이 설정하고 추구하고 있는 전략에 대해, 또 그 전략이 잘 실행되고 있는지를 파악할 수 없다는 점이다.

넷째, 재무적 측정지표의 산출결과 어떤 전략을 마련해야 하는지에 대해 어떠한 지침도 제공하지 못한다는 점이다.

따라서 이상의 문제점을 개선하는 새로운 성과시스템의 필요성이 강하게 제기되었다.

2. BSC

1) 개념

이를 위해 마련된 것이 BSC(balanced score card)이다. BSC는 카플란(R. Kaplan)과 노튼(D. Norton)에 의해 창안된 것으로 전체 조직의 비전과 전략으로부터 도출된 다양한 관점의 균형잡힌 성과평가지표를 조직 단위 및 개인별로 명확히 연계시킨 성과측정 시스템이면서 동시에 전략 실행을 촉진하는 전략경영시스템이다. 동일 비전 및 전략 실행을 위해 조직의 최고경영층으로부터 부서 및 개인에 이르기까지 연동하고 정렬하여 전 구성원 간 원활한 의사소통의 역할까지 수행하고 있다.

기존의 성과측정시스템이 주로 재무적 지표에 의존함에 따른 제반 한계를 극복하기 위하여 고객, 내부경영과정, 학습 및 성장관점에서의 성과 등 비재무적 지표를 통합한 전략적 성과평가시스템으로 오늘날 변화관리를 위한 전략경영 기법으로 발전하

그림 4-6 BSC에 의한 성과관리체계

자료: Kaplan, R.S. and D.P. Norton, *The Strategy-Focused Organization*, MA: Harvard Business School Press, 2001.

고 있다.

따라서 BSC는 [그림 4-5]에서 나타난 성과관리체계의 근간을 유지하면서 균형적 성과표를 통해 재무적 측면에서의 만족한 주주 외에도 만족한 고객, 효과적인 내부 프로세스, 동기부여되고 준비된 직원 등 비재무적 측면까지 포함한 전략적 성과관리 체계라 할 수 있다.

2) 균형된 성과 관점

(1) 성과 관점

BSC는 성과관리의 측면으로 다음과 같은 다양한 관점이 포함되어야 함을 강조한다.

- **재무 관점(financial perspective)**: 조직의 수익과 성장, 주주의 가치와 관련(과거 바라보기)
- **고객 관점(customer perspective)**: 고객가치를 창출하는 방식, 이러한 가치에 대한 고객의 요구를 만족시킬 수 있는 방법, 고객들이 그 가치에 대해 비용을 지불하고자 하는 이유 등에 대해 심도 깊은 지표를 포함(조직 밖을 통해 안을 바라보기)
- **내부 비즈니스 프로세스 관점(internal business process perspective)**: 경영 관리 측면에서 필요한 업무절차, 의사결정, 조직 등의 성과 향상을 측정하기 위한 지표로써 **생산운영관리의 대상 관점**(조직 안을 통해 밖을 바라보기)
- **학습 및 성장 관점(learning and growth perspective)**: 조직의 가치창출과 관련된 혁신의 능력을 나타내는 것으로 조직원의 역량과 시스템의 역량, 그리고 동기부여 및 권한위임과 같은 조직문화 등 조직역량의 강화를 토대로 조직원의 만족도, 유지도, 생산성을 측정하기 위한 지표 포함(미래 바라보기)

(2) 균형의 의미

BSC에서의 균형의 의미는 다음과 같다.

첫째, **재무와 비재무지표 간 균형**을 말한다. 재무지표 외에 비재무지표로 조직의 고객에 대한 관심, 내부 운영을 중심으로 한 프로세스 측면, 미래 혁신에 대한 동인 등을 함께 고려함을 뜻한다. 특히, 의료조직의 경우 인적자산, 브랜드 이미지, 의료기술력 등

무형자산이 차지하는 비중이 큰 조직의 경우 더욱 부합된 평가시스템이다.

둘째, **과거와 미래 간 지표의 균형**을 말한다. 즉, 재무 중심적인 평가지표가 갖고 있는 과거지향적이자 결과지향적 측면과 성장 및 학습 관점의 미래 혁신에 대한 동인을 함께 평가함을 뜻한다.

셋째, **조직의 안과 밖의 평가를 함께** 함을 뜻한다. 조직 내부의 효과적인 프로세스를 창출하여 조직 외부의 고객을 만족시키고 있는지를 평가하고 반대로 조직 외부의 고객 만족을 통해 조직 내부의 프로세스가 효과적인지를 평가함을 뜻한다. 대부분의 성과지표는 내부의 운영효율의 관리에 치중하고 있는데 조직의 성과는 고객이나 외부 이해관계자와 상호작용을 통해서만 창출함을 잊어서는 안될 것이다.

그림 4-7 관점 간의 균형

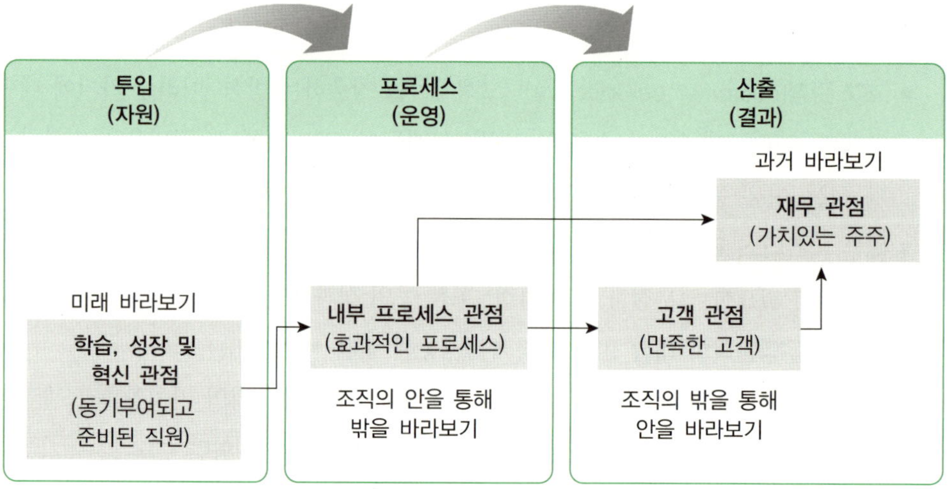

(3) 관점별 인과관계

이러한 관점 간의 균형은 또한 인과관계를 형성하게 된다. 즉, 학습과 성장 관점에서 직원의 숙련도는 내부 프로세스 관점에서 프로세스의 품질과 프로세스의 소요시간에 영향을 미치게 되며 이는 서비스의 정시전달을 가능하도록 하여 고객충성도를 이끌어 내면서 고객 관점에 영향을 미치게 된다. 결국 충성된 고객의 확보는 재무 관점에서 자본수익률을 높이게 될 것이다.

관점 간의 인과관계 형성은 성과관리에서 매우 중요한 측면인 모니터링을 통한 과정 평가를 가능하게 한다는 강점이 있다. 과정에 대한 이해 없이는 지속적으로 원하는 결과를 달성할 수 없으며, 결과와 연결되지 않는 개선 노력은 조직의 자원낭비를 초래하게 된다.

한편, 각 관점은 항상 네 가지일 필요도 없으며 관점 간 인과관계 또한 재무 관점이 항상 결과적일 필요도 없다. 조직의 성격과 필요에 따라 관점의 수가 변경가능하며 고객 관점이 최종 결과 관점으로 놓일 수도 있다.

비영리조직의 경우 궁극적인 성과 목적은 고객만족이 될 수 있다. 이러한 경우 우선적으로 안정적인 투자재원의 확보가 필요하며 이를 통해 학습과 성장이 가능하며 내부프로세스의 품질이 좋아져 최종 목적인 고객만족을 실현할 수 있다면 재무 관점은 근본적인 원인 요소가 될 것이다. 또한 공공행정기관의 경우 학습과 성장을 통해 내부프로세스를 개선하여 세수를 확대하고 이를 통해 지역민들에게 봉사한다고 할 경우 재무 관점은 내부프로세스 관점과 고객 관점 사이에 위치할 것이다.

이와 별도로 관점의 수를 늘리거나 줄이는 경우도 가능하다. 예를 들어, 기존의 관점

그림 4-8 관점별 인과관계

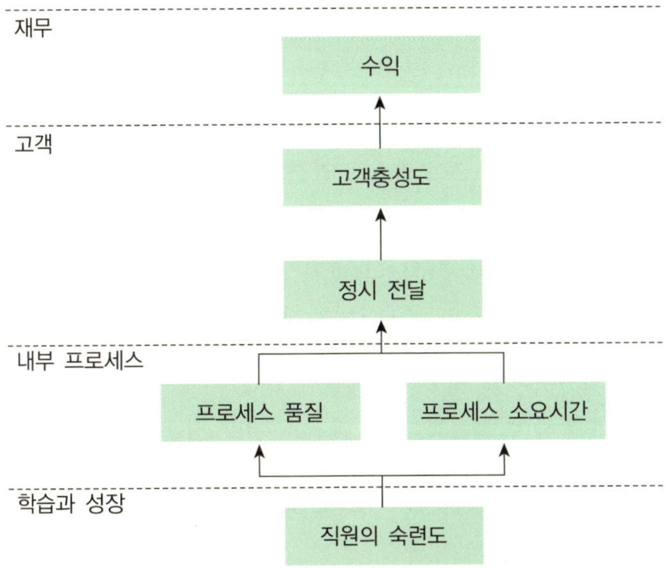

자료: Kaplan, R.S. and D.P. Norton, *The Balanced Soorecard*, MA: Harvard Business School Press, 1996.

들 외에 직원만족도나 환경과 지역사회와의 관계를 특히 강조하여야 할 경우 이를 추가할 수 있다.[1)]

(4) BSC 유용성

BSC의 실천적인 측면에서의 유용성은 조직 내에 존재하는 전략달성을 위한 다수의 세부 추진과제 중 핵심성공요인을 파악하고 이를 핵심성과지표로 계량화함으로써 경영자와 실무자가 중요한 부분에 초점을 맞춘 경영활동을 수행하도록 함에 있다.

즉, 소수의 선택된 성과지표를 선택하고 여기에 집중함으로써 성과관리의 효과성을 극대화하고자 함에 있다. 따라서 어떠한 성과지표를 선택하느냐가 비전의 달성뿐 아니라 경영관리의 향방을 결정짓는 매우 중요한 사안이 된다.

3) KPI와 전략체계도

(1) KPI의 종류

의료조직의 경우, 관점별 주요 KPI를 정리하면 다음과 같다. 조직의 비전과 전략의 성격에 맞게 또한 목표 고객층의 특성과 조직의 핵심역량을 고려하여 선정하여야 한다.

(2) 전략체계도

전략체계도 또는 **전략지도(strategy map)**는 조직 내 학습과 성장 관점의 무형자산이 전략을 통해 어떻게 가치창출 프로세스로 연결되는지를 나타내고 있는데 핵심성공요인을 중심으로 표현한다.

재무 관점은 전략에 의해 발생하는 유형적 성과를 나타내며 고객 관점은 목표 고객층에 대해 조직이 어떻게 방문을 이끌어내고 제공하는 의료서비스에 대해 신뢰하게 할지에 대해 명료화한다. 또한 내부프로세스 관점은 고객의 충성도를 이끌어내기 위한 핵심 프로세스를 도출하며 학습과 성장 관점은 전략 실행에 있어 가장 중요한 무형자산을 정의한다. 즉, 내부프로세스를 지원하기 위한 스텝과 직원과 같은 인적자산과 병

1) Parmenter, D., *Key Performance Indicators: Developing, Implementing, and Using Winning KPIs*, NJ: John Wiley & Sons, 2010.

원정보시스템의 정보자산 및 근무환경과 같은 조직자산 등을 파악한다.

이렇게 이상의 네 가지 관점은 모두 고객가치창출을 위해 일심동체의 경영체가 되도록 정렬되어야 한다. 전략체계도는 '어떻게, 누구를 위하여 가치를 창출할 것인가?'에 대한 질문에 명확한 답을 제시하도록 표현되어야 한다. 이 경우 재무 관점의 핵심성공요인은 수익의 창출이며 이를 측정하기 위한 핵심성과지표를 의료수익률과 의료이익률로 설정하였다. 이렇게 각 관점별로 전략과제인 핵심성공요인을 인과관계로 나타낸 것이 전략체계도이다.

표 4-2 관점별 주요 핵심성과지표 예시

관점	주요 KPI		
재무	• 수익률 • 수익이익률 • 수익순이익률 • 수익증가율 • 순이익증가율 • 부가가치율	• 자본수익률 • 투자수익률 • 노동생산성 • 의료미수금회전율 • 병상당 외래/입원수익 • 이익률	• 진료수입 • 건당일평균진료비 (외래/입원) • 초진환자증가율
고객	• 고객만족점수 • 고객불평건수 • 일평균 외래·입원환자수 • 고객응대소요시간	• 재방문비율 • 고객유지율 • 외래환자초진율 • 초진환자증가율 • 예약준수율	
내부 프로세스	• 평균재원일수 • 병상회전율 • 대기시간단축률 • 진료시간 • 입원퇴원대기시간 • 재고회전일 • 손익분기점도달기간 • 예약준수율	• 사고율 • 합병증발생률 • 감염률 • 주임상경로활용률 • 재입원율 • 공간활용률 • 낭비제거율 • 의료분쟁 발생건수	• 재원일수단축률 • 주요장비활용률 • 의료보험삭감률
학습과 성장	• 장비연수 • 성과급 • 직원이직률 • 신기술개발건수 • 직원전문교육이수율 • 교육훈련시간	• 정보시스템활용률 • 제안건수 대비 채택률 • 입사지원자수 • 직원만족도 • 내부커뮤니케이션 정도 • 지역사회봉사건수	• 성과보상비율

전략체계도를 통해 다음과 같은 구체적인 성과관리표를 작성할 수 있다. 성과관리표에는 관점, 핵심성공요인, 핵심성과지표, 핵심성과지표 간 가중치와 이의 산출식, 평가척도 등을 명시해 놓게 된다. 이를 통해 전 조직원은 성과관리가 구체적으로 어떻게 전개되는지 알 수 있게 하는 의사소통의 역할도 수행하게 된다.

그림 4-9 전략체계도

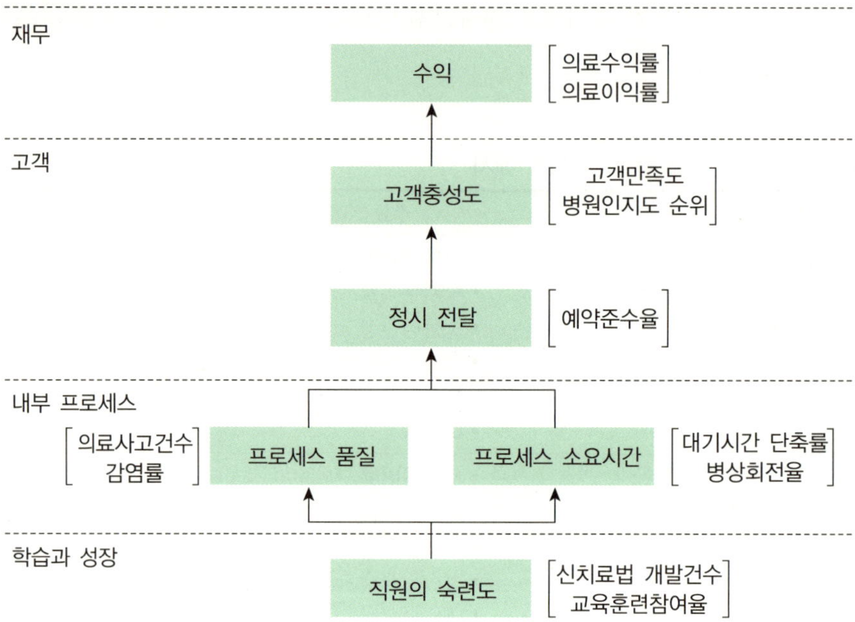

Part • 3

생산운영관리의 방법론

5 제약이론과 관리

CHAPTER

제약에 집중하라

1절 제약이론 기초

1. 제약이론의 개념 및 강조점

1) 제약이론의 개념

파레토(V. Pareto)는 이탈리아 출신의 정치학자, 사회학자, 경제학자로 이탈리아의 상위 20%의 인구가 80%의 부를 소유한다는 사실을 관찰해 낸 것으로 유명하다. 이는 나중에 주란(J. Juran) 등에 의해 일반화되어 **파레토법칙(Pareto's law)**으로 불린다. **20:80법칙**이라고도 하는 파레토법칙은 **전체 결과의 80%가 전체 원인의 20%에서 일어나는 현상**을 가리키는 것으로 전체 중에서 중요한 것은 소수이고 나머지 대부분은 그저 사소하다는 것을 의미한다. 이러한 현상은 의료조직에서도 볼 수 있는데 예를 들어 병동 환자의 20%가 전체 간호시간의 80%를 소비한다는 것이나 전체 진료과의 20%가 수익의 80%를 차지한다는 등이 이에 해당한다.

파레토법칙은 경영에서도 큰 의미를 갖고 있는 원칙이다. 조직에서 개선해야 할 분야는 상당히 많은데 여러 한계로 인해 모두를 개선할 수는 없다. 이때 가장 먼저 해결해야 할 요인을 파악하여 **소수의 핵심문제를 집중**적으로 관리하면 상당한 문제를 효과적으로 해결할 수 있다는 의미이기도 하다.

이 법칙에 근거한 경영이론이 제약경영이다. **제약경영(constraint management)** 또는 제약에 의한 경영(management by constraint)은 골드렛(E. Goldratt)과 콕스(J. Cox)에 의해 개발된 경영관리 접근법으로 경영시스템의 성과를 제한하고 제약하는 요소인 시스템의 제약에 초점을 맞춘 경영관리 철학이다.[1)]

이는 관리의 대상을 전체의 목표를 달성하는데 가장 영향이 큰 요인인 제약요인을 찾아 이를 집중적으로 개선하고 조직 내 모든 의사결정을 취약부분, 즉 병목(bottleneck)이라고 불리는 제약조건에 초점을 두어 이를 지속적으로 개선하여 시스템의 성과를 향상시키고자 하는 제약이론(theory of constraint: TOC)에 근거를 두고 있다.

2) 제약이론의 강조점

TOC는 시스템 내에 제약자원에 집중하고, 존재하는 자원의 활용 극대화를 우선한다는 측면에서 단기간 내에 시스템 성과를 효과적으로 개선할 수 있는 선택과 집중에 입각한 이론이다. 따라서 TOC는 경영의 모든 분야에서 공통적으로 다음의 사항을 고려해야 한다고 강조한다.

첫째, 고객만족이라는 최종 성과에 집중하라. 모든 경영혁신 방법론의 출발점은 고객만족이다.

둘째, 자신이 병목이 되고 있지 않은지 경계하라.

셋째, 비병목 자원과 시간을 활용하여 병목을 돕기 위한 협업을 강화하라.

이를 위해 TOC는 고객 중심의 사고를 위한 프로세스의 정렬과 프로세스의 속도를 결정하는 병목의 해결, 효율을 저해하는 낭비요소의 제거 등 시스템이 성과를 창출함에 있어 프로세스의 최적화를 위한 드럼-버퍼-로프(drum-buffer-rope: DBR)의 개념을 소개하고 있다.

1) E. Goldratt & J. Cox(1992) 참조

2. 제약관리와 전체 최적화

고리로 연결된 사슬이 있다고 하자. 사슬을 전체 조직이라고 한다면 고리를 하위부서라고 할 수 있으며 조직의 성과를 사슬의 강도로 표현할 수 있다. 이때 조직의 성과를 결정하는 것은 무엇일까? 다시 말해 강도에 영향을 미치는 것이 무엇일까? 바로 약한 고리일 것이다. 그것도 가장 약한 고리가 가장 빨리 끊어질 것이다. 따라서 다른 고리가 아무리 강해도 사슬의 강도에는 전혀 영향을 미치지 못한다.

이렇게 가장 약한 고리를 제약조건이라 한다. 사슬이라는 조직은 가장 약한 고리에 의해 그 성과가 결정나게 된다. 따라서 이 부분을 어떻게 관리하느냐가 조직 성과관리의 핵심이다.

한편 가장 약한 고리를 제외하고 나머지 고리를 강하게 만들었다고 하자. 사슬이 끊어지는 시간에는 차이가 없을 것이다. 이렇게 각 고리를 강하게 하고자 하는 '부분 최적화'는 전체 최적화, 즉 사슬의 강도에는 영향을 미치지 않게 된다.

이러한 사례는 의료기관 내에서도 무수히 많이 찾을 수 있다. 입원환자의 재원일수를 줄이기 위하여 검사부서에서 검사결과를 아무리 빨리 통보하여도 의사의 퇴원지시가 있기 전까지는 환자는 퇴원하지 못하게 된다. 이 경우 제약조건은 의사가 퇴원지시로써 검사부서의 발 빠른 업무처리는 헛된 노력이 된다. 또 응급실의 경우 응급환자의 증상이 다양하게 나타나기 때문에 다른 진료부서와의 협력이 다반사로 일어나게 된다. 응급실 의사가 응급상황을 신속히 넘긴다고 하여도 여타 진료과에서 연속하여 협진에 임하지 않을 경우 환자는 그 시간 동안 퇴원하지 못하고 대기하여야 할 것이다.

3. 성과변수

TOC를 활용할 경우 다음과 같은 측면에서 성과의 개선을 기대할 수 있다.

- 리드타임 단축
- 재고감축
- 스루풋 증가
- 납기준수율 향상

- 불량감소
- 업무처리 소요시간 감소
- 고객만족도 개선

이상의 성과가 부분 최적화가 아닌 전체 최적화가 되기 위해서는 성과측정을 다르게 하여야 할 것이다. 즉, 일심동체의 경영체를 이루기 위해서는 성과측정 또한 개별 부서가 아닌 전체 조직차원에서 조직의 목표를 달성하는 것과 연계된 전반적 성과측정을 확립해야 한다.

이처럼 단일의 완벽한 성과측정은 존재하지 않지만 골드렛(E. Goldratt)과 콕스(J. Cox)는 다음과 같은 세 가지 형태의 전반적 성과 측정기준을 제시하고 있다.

- 스루풋(throughput) 또는 현금창출공헌이익
- 재고(inventory)
- 운영비용(operating expense)

1) 스루풋

TOC 혁신의 성과를 측정하기 위해서는 기존 재무회계로는 어려운 점이 있다. 기존 회계에서는 매출에서 원가를 제외하면 매출이익이 되고 여기서 운영비용을 제외하면 영업이익이 된다. 이렇게 회계를 작성할 경우 재고자산의 증가는 영업이익이라는 성과에 별다른 영향을 미치지 않게 된다. 오히려 생산을 많이 할수록 단위당 제조원가가 하락하게 되어 재고가 계속 증가하는데도 생산을 가속화하면서 마치 원가절감을 한 것처럼 잘못 인식되기도 한다. 이와 함께 토지, 건물, 설비 등의 고정비용은 생산된 각 단위에 배부되어 제조원가에 반영되어 버리므로 이러한 자산들이 실제 성과 창출에 어떻게 사용되었는지 파악하기가 쉽지 않게 된다.

따라서 기존의 재무회계 방식을 통해서는 경영활동에서 자원을 투입하여 강화해야 할 부분과 지출을 최대한 억제하고 절감해야 할 부분을 명확하게 구분하지 못해 혁신을 어렵게 한다. 이를 보완하기 위해 등장한 개념이 활동원가계산(activity-based costing: ABC)이다. ABC는 하나의 경영활동이 발생할 때 관련되는 모든 비용을 제조원가 항목에서부터 판매비, 일반관리비, 영업외비용 항목까지 포함하여 총비용의 개념으로 파악하여 계산한다는 점에서 전통적 재무회계 방식보다는 진일보했다.

그러나 TOC 기반의 프로세스 혁신 결과를 피드백하고 문제점을 노출시켜 또 다른 혁신을 유도하기에는 부족한 점이 있어 도입된 개념이 **스루풋(throughput)**이다. 이는 **수익창출 또는 현금창출공헌이익**이라고도 하는데 이는 **조직의 매출로 인한 현금흐름으로 창출된 수익**을 의미한다. 이때 중요한 것은 그 수익이 **생산이 아닌 매출**로 창출되었다는 점으로 이를 이용한 조직의 실적 측정 계산법을 '현금창출회계(throughput accounting)'라고 한다.

- **스루풋: 조직의 매출로 인한 현금흐름으로 창출된 수익**

스루풋=실제 매출액−실제 변동비

이는 조직의 성과창출시스템에 얼마를 투입하여 얼마를 벌었는지를 측정하는 지표로서 기존 재무회계에서의 매출이익은 매출에서 재료비, 노무비, 기타 경비 등의 변동비와 설비, 건물 등의 고정비가 모두 포함된 매출원가의 합을 차감하여 계산하는 반면, 스루풋은 매출이익은 매출액에서 생산활동에 투입된 직접재료비를 빼서 계산한다.

이렇게 스루풋은 조직 전체를 하나의 성과창출시스템으로 간주하고 이 시스템에서 투입된 것(재료비) 대비 번 돈(매출)을 계산하는 것이다. 이는 조직이 창출한 부가가치와 유사한 개념으로 부가가치가 생산 과정에서 발생하는 반면, 스루풋은 반드시 판매가 되어야만 발생한다는 차이점이 있다. 다시 말해 스루풋은 **조직이 창출한 부가가치를 판매하였을 때 실현되는 것**이다. 따라서 스루풋이 높아질수록 조직이 벌어들일 수 있는 현금은 증가하게 된다.

스루풋 증대는 투입 대비 매출액을 극대화하는 것으로 이는 곧 조직이 창출하는 부가가치를 극대화하는 것이다. 따라서 명료하고 이해하기 쉬워 조직구성원들이 수행해야 할 혁신의 방향이 명확해지고 그 성과를 측정하기도 보다 용이해진다. 이렇게 스루풋은 프로세스의 여러 성과창출활동 중에서 특히 **현금창출 능력에 초점을 맞춘 지표**라 할 수 있다.

따라서 스루풋을 극대화하려는 노력을 하게 되면 자연히 현금창출과 현금흐름에 장애가 되는 것은 최소화해야 한다는 것을 알게 된다. 즉, 현금이 많이 창출될수록, 현금 창출과 회수의 속도가 빠를수록 새로운 부가가치 창출활동을 할수록 스루풋은 더욱 커지게 된다.

2) 재고

현금창출회계에서 현금화되지 않고 묶여 있는 자산을 재고라 한다. 재고(inventory)란 판매 목적의 구매품에 투자한 자금으로 조직에서 팔고자 하는 물품을 구매하는 데 투자한 총액을 말하며 조직 내부에 잠겨 있는 돈을 말한다.

전통적 회계의 재고자산과 동일하지만 그 의미는 상당히 다르다. 현금창출회계에서의 재고는 재고자산뿐 아니라 설비, 건물과 같은 고정비 등이 모두 포함된 개념이다. 즉, 현금을 창출하기 위해 투자된 모든 자산과 생산활동의 결과로 생겨난 재고자산을 포함하여 흐르지 않고 한 군데 마물러 있는 현금을 모두 포함한 개념이다.

재고의 유형에는 원자재 재고, 재공품 재고 및 완제품 재고가 있는데 이 중 재공품 재고 또는 재공 재고는 원자재가 투입되어 제품으로 완성되기 전까지 공정 중에 미완성인 상태로 존재하는 재고를 말한다. 이것이 많다는 것은 공정이 효율적이지 못하여 제품을 생산하여 완성하기까지 시간이 많이 필요하다는 것을 의미한다. 따라서 재공 재고가 증가한다는 것은 제품 재고와 원자재 재고가 모두 증가한다는 것을 의미하며, 조직 전체의 자산운영 효율을 크게 감소시키고 현금을 묶어 놓게 되므로 경영 전반에 미치는 파장이 매우 크다. 또한 재공 재고가 많으면 공정상 여러 예기치 못한 변동성이 발생할 가능성이 커진다.

생산공정의 성공적 운영은 지속성과 안정성이 생명인데 공정 중 변동성은 생산의 불안정을 수반하여 필연적으로 생산효율이 저하되고 불량이 늘어나게 된다.

현금이 어딘가에 잠겨 있을수록 스루풋이 감소하므로 묶인 자산을 줄이는 노력을 해야 하는데 대부분의 조직들은 비업무용 부동산이나 유휴설비와 같은 고정자산을 제외하고는 실제 생산활동에 사용되는 토지, 건물, 설비 등의 고정비를 쉽게 줄이기 어렵다. 따라서 묶인 자산 감축의 최대 관건은 재고의 감축이며 이는 재공품 재고, 제품 재고가 모두 포함된다. 전통적 회계에서는 재고는 자산으로 인식되지만 현금창출회계에서의 재고는 현금이 묶여 있는 것으로 인식될 뿐이다.

그림 5-1 재공품 재고 감소의 영향

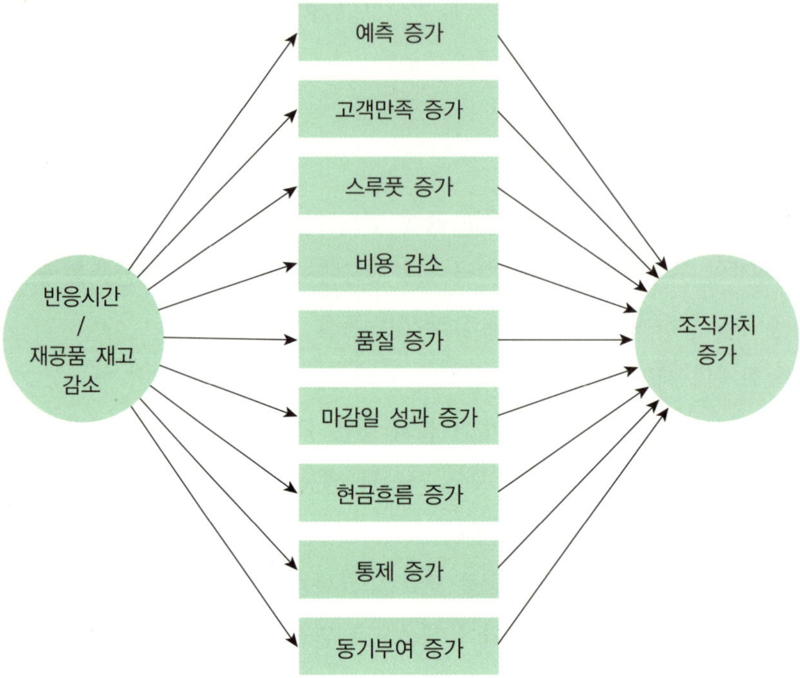

3) 운영비용

스루풋과 묶인 자산에 포함되지 않는 전통적 회계에서의 직접노무원가, 기타 제조경비, 감가상각비, 판매비와 일반관리비 등은 어떻게 인식할 것인가? 이는 부가가치를 창출하기 위해 필수적으로 투입되는 비용이거나 재고를 판매하여 스루풋으로 전환함으로써 현금을 창출하는 데 사용되는데 이를 운영비용이라 한다.

이렇게 **운영비용(operating expense)**이란 **재고를 스루풋으로 전환하기 위한 모든 비용**으로 **현금 창출률이 발생하도록 지불해야 하는 돈**을 말한다. 또한 운영비용은 조직이 제품 및 서비스의 생산을 위해 완전히 소모한 돈을 말하며, 팔 수 있는 돈은 모두 재고가 된다. 다시 말해 **판매될 수 있는 투자는 재고**가 되며, **보유자산은 운영비용**이 된다. 따라서 특허 등 로열티를 받을 수 있는 판매가능한 지식은 재고가 되며, 연구개발을 통해 얻은 지식은 운영비용이 된다. 운영비용이 많이 소요될수록 재고의 현금화가 제약을 받게 되어 스루풋 창출은 원활하지 않게 된다.

스루풋에서 운영비용을 차감하고 난 최종이익은 적어질 것이다. 따라서 운영비용이 최소화될수록 스루풋 창출이 원활해지고 최종이익이 증가하게 되므로 낭비요소를 최소화하여 운영비용을 줄여나가는 노력을 경주해야 한다. 따라서 운영비용은 절대적으로 절감해야 할 대상이 된다.

결론적으로 현금창출회계는 기존의 전통적 회계를 대체하는 개념은 아니나 전통적 원가회계를 보완하여 활용하면 좋을 것이다. 현금창출회계 방식의 사용 여부와 관계없이 조직 혁신의 목표는 자명하다.

첫째, 제약이 되는 **병목을 끊임없이 해결**하여 프로세스의 성과창출능력을 증대하라.
둘째, 고정비를 줄이고 **재고의 수준을 최적화**하여 현금이 묶이는 것을 최소화하라.
셋째, 낭비를 끊임없이 제거하여 **운영비용을 최소화**하라.

여기서 중요한 점은 스루풋은 생산이 아닌 판매에 의한 자금창출이라는 점, 재고는 일반적 의미와 다르게 재공품에 투입된 노무비, 간접경비 등은 포함시키지 않는다는 점, 운영비용은 직접노무비뿐 아니라 경영진, 비서에 지출된 비용까지 포함한다는 것이다.

과거 **공급자 중심의 세계**는 **생산**만 하면 팔리던 시기였다. 그래서 **재고가 자산**이었고 수익을 얻기 위해서는 가격을 싸게 책정하는 것이 가장 중요했기 때문에 **원가관리**가 최

▌표 5-1 ▌공급자 중심 세계와 소비자 중심 세계의 관리 초점 비교

	공급자(생산) 중심	소비자(판매) 중심
세계	원가 세계(비용관리)	현금창출 세계(제약관리)
개선	원가 절감	스루풋 증대
우선순위	1. 운영비(원가) 2. 현금창출 3. 재고	1. 현금창출 2. 재고 3. 운영비
재고	자산	비용
관리초점	사슬무게 개별 고리	사슬강도 가장 약한 고리
시장수요	생산능력	병목의 생산속도

우선이었다. 그러나 오늘날 **소비자 중심 세계**에서는 생산하였다고 판매되지 않는다. 따라서 **재고는 그저 비용**일 뿐이다. 수익은 **판매**에서만 창출되기 때문에 성과 달성을 막는 **제약을 관리**해야 한다. 그런 의미에서 시장수요를 병목의 생산 속도에 맞추어야 한다.

과거 공급자 중심 세계의 성과는 **사슬의 무게**에 비유될 수 있어 개별 고리의 무게를 줄여나가는 **부분 최적화**가 중요했다면, 소비자 중심 세계의 성과는 **사슬의 강도**에 비유될 수 있어 개별 고리 하나 하나를 관리하는 것이 아닌 끊어지기 쉬운 가장 약한 고리를 찾아 강하게 하는 식의 관리가 필요하다. **전체 최적화**가 성과에 영향을 미치기 때문이다. TOC는 이를 지적하고 있다.

2절 제약관리 단계

제약에 의한 경영은 다음과 같은 다섯 단계에 근거를 둔다.

1단계: 조직의 제약요인을 찾는다.
2단계: 제약요인을 최대한 이용한다.
3단계: 비제약요인은 제약요인에 종속시킨다.
4단계: 제약요인의 능력을 향상시킨다.
5단계: 제약요인이 해소되면 단계 1로 돌아간다.

그림 5-2 제약관리의 5단계

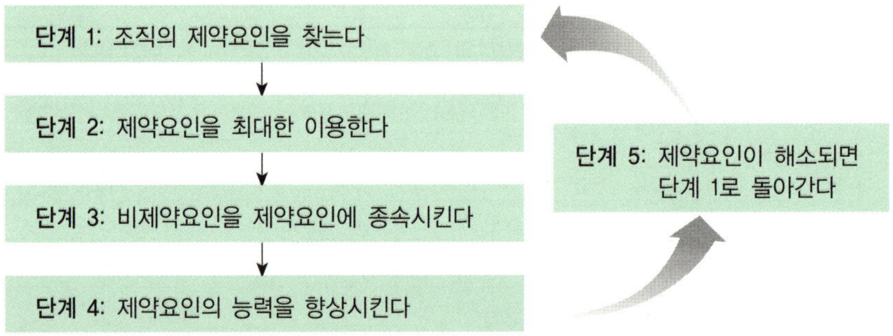

1. 단계 1: 조직의 제약요인 찾기

1) 제약이란?

제약에 의한 경영 철학은 조직의 성과를 개선함에 있어 조직시스템을 중단시키거나 목표달성을 어렵게 하는 요인을 찾고자 함에 기초한다. 이는 조직의 성과개선 요인을 찾고자 하는 접근법에 비해 상대적으로 적은 노력으로 큰 효과를 거둘 수 있다. 따라서 이 경우 적절한 질문은 다음과 같다.

- 무엇이 경영시스템을 멈추게 하는가?
- 경영시스템의 목표달성을 방해하는 요인은 무엇인가?

이렇게 **조직이 목표에 도달하는 것을 방해하는 어떤 중요한 요인**을 **제약(constraint)**이라 한다. **모든 경영시스템은 제약을 갖고 있다.** 만약 제약이 없다면 그 시스템은 무한한 성과를 이룰 것이다.

2) 제약의 형태

일반적으로 경영시스템은 **자원, 시장, 정책 및 더미(dummy) 제약**으로 인해 조직의 목표를 달성하기 어렵게 된다. 제약상황을 보다 명확히 확인하기 위하여 각각의 제약요인이 더 이상 제약이 되지 않을 때 전반적인 산출량이 증가하는가에 대한 물음을 활용할 수 있다.

(1) 자원제약

자원제약(resource constraint)이란 **자원이 부족하여 전반적인 성과 향상을 기대하지 못하는 것**으로 **내부제약 또는 병목**이라고 한다.

의료조직의 경우 특정 진료과 의사, 간호사, 수술방 및 의료장비의 부족 등 도처에 제약이 될 수 있는 자원들이 널려 있다. 예를 들어, 세 개의 진료부서를 거쳐야 퇴원하는 진료 프로세스가 있다고 하자. 첫 번째, 두 번째, 세 번째 부서가 각각 하루에 환자를 70명, 50명, 100명씩을 진료할 수 있다고 하자. 이 진료 프로세스는 두 번째 부서가 자원제약을 갖고 있다고 할 수 있다. 이 경우 첫 번째 부서와 세 번째 부서가 아무리 열심히 일일 진료량을 증가시킨다고 하더라도 전체 성과는 변화가 없을 것이다. 오히려 그 두 부서가 하루에 환자들을 각각 20명, 50명씩 덜 받아도 전체 성과에는 아무런 변화가 없다. 반면에 두 번째 부서의 산출량 증가는 그대로 전체 조직의 성과 개선으로 이어지게 된다.

한편 자원제약은 위에서 보듯 물리적인 자원의 부족 외에도 특정 시간에 환자가 늘어나 자원이 부족하게 되는 피크타임 자원제약이 있다. 월요일 오전의 응급실이나 대형 교통사고로 인한 사고 환자의 유입 등이 이에 해당한다. 피크타임 자원제약의 특수한 형태로 특정 계절에도 그러한 현상이 발생할 수 있는데 이를 계절적 자원제약이라고 한다. 독감으로 인해 환자의 일시적 증가가 이에 해당한다.

아래 조직은 부서 3이 자원제약인 상태에 있다.

그림 5-3 **자원제약인 경우**

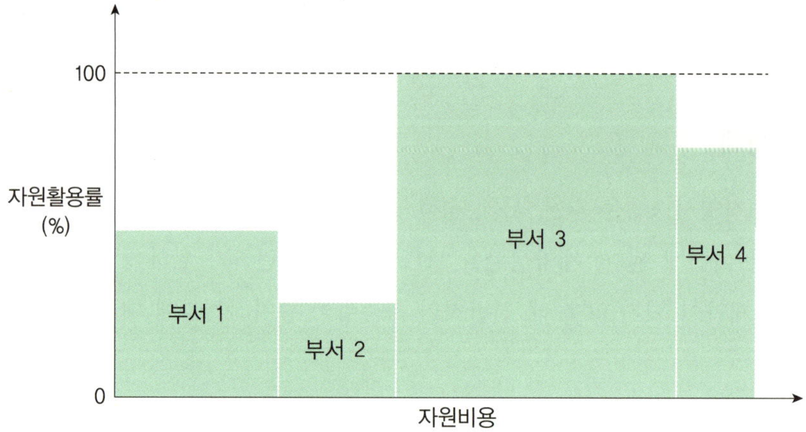

(2) 시장제약

시장제약(market constraint)은 **조직이 시장의 수요보다 많은 공급을 제공한 상황**으로 **외부제약** 또는 **초과용량**이라고도 한다. 이는 자원제약을 극복해나가는 과정에서 자원의 과잉투자로 인해 환자가 부족할 때 발생하나 그 외에도 의료 재료나 약품 등을 구하지 못하는 경우에도 일어나게 된다.

시장 위축을 극복하기 위해서는 수요를 증가시킬 강력한 마케팅활동을 전개해야 하는데 이는 자원 위축을 해결하는 것보다 훨씬 더 힘들다. 따라서 시장 위축을 관리하는 것이 바로 많은 조직과 사업에 있어서 성공의 열쇠라고 할 수 있다.

시장제약의 예로는 한 의료기관에서 하루 환자를 100명을 진료할 수 있음에도 불구하고 하루 방문 환자수가 70명밖에 안될 때 시장제약이 있다고 한다. 따라서 대부분 의료조직이 시장제약하에 놓여 있다고 볼 수 있다. 그러나 한 조직이라 하더라도 시장제약과 자원제약이 동시에 놓이는 경우도 흔하다. 예를 들어, 수술실은 자원제약에 놓여있어 수술을 받기 위해 환자가 오랜 기간을 대기해야 하지만 동시에 산부인과 병동은 병실이 남아도는 시장제약에 처해 있기도 한다.

아래 조직은 시장제약인 상태에 있다.

그림 5-4 시장제약인 경우

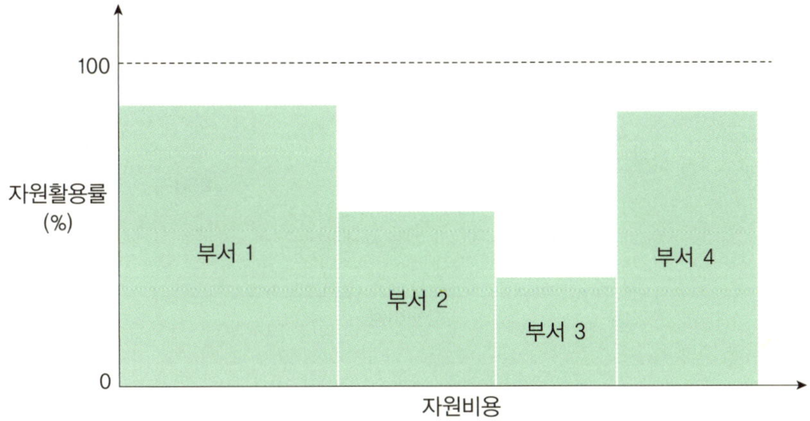

(3) 정책제약

정책제약(policy constraint)은 경영시스템의 목표달성에 조직의 부적절한 정책이 방해되고 있는 것으로 정책실패라고도 한다. 예를 들어, 제약으로 인해 전체 성과가 개선되지 못하고 있는 상황에서 제약에 대한 고려 없이 모든 진료부서가 일률적으로 몇 %씩 성과를 개선하라고 하는 정책이 이에 해당할 수 있다. 모든 직원들은 바쁘게 움직이고 있음에도 불구하고 조직 전반적인 성과 개선이 미미한 것은 제약에 대해 고려하지 않는 정책제약이 빚은 결과이다.

또 의사들에게 안전한 진료를 위해 진료표준을 준수할 것을 요구하는 정책은 반대로 표준 이상을 달성하고자 하는 동기를 감소시키는 정책제약이 되기도 한다.

(4) 더미제약

더미제약(dummy constraint)은 자원제약의 원인이 되는 자원이 다른 자원에 비해 비교적 저렴한 자원인 상황을 말한다. 예를 들어, 수술 일정이 늦어지는 이유가 의료진이나 수술방 또는 수술도구의 부족이 아니라 단순하게 수술 일정관리나 수술방 청소가 적시에 이루어지지 않은 경우가 되는 것이 이에 해당한다.

그림 5-5 더미제약인 경우

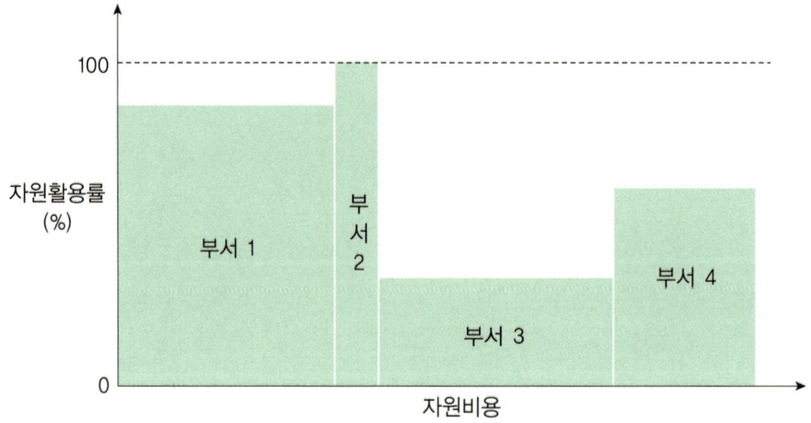

또 많은 환자가 퇴원하지 못하고 대기하는 이유가 의사가 바로 퇴원 지시를 하지 않은 경우 등도 있다. 따라서 이 제약은 다른 제약에 비해 제거하는데 비용과 시간의 소비가 크지 않기 때문에 시급히 확인해서 제거하는 것이 관리의 핵심이다.

[그림 5-5]의 조직은 부서 2가 더미제약인 상태에 있다.

2. 단계 2: 제약조건의 최대 이용

1) 자원제약인 경우

자원제약이 발생한 경우 이를 해결하기 위해 자원을 추가적으로 투입하게 된다. 그러나 추가적으로 인력을 고용하거나 장비를 구입하는 의사결정에 앞서 제약된 자원에 대한 중점적 관리가 필요하다. 즉, 병목의 개선 잠재력이 충분히 활용되었는지를 우선 파악하여야 한다. 이를 병목자원관리라고 하는데 이는 병목자원이 현재 최대한 이용되고 있는지에 대해 중점적으로 평가해야 한다.

병목은 시스템의 처리량을 결정한다. 병목의 1시간은 전체 시스템의 성과를 향상시키는 1시간과 비례함을 명심해야 한다. 중점관리의 대상은 기본적으로 병목의 공급능력을 가능한 100%에 가깝게 이용하는 것이며 이와 함께 병목지점에서의 불필요한 시간을 줄이는 것이다.

예를 들어, 환자흐름의 병목이 값비싼 의료장비의 유휴시간으로 인해 발생한다고 하면 그 원인을 찾아 이를 줄이는 것이 장비의 추가 투자보다 우선되어야 한다. 그 원인이 장비 활용을 위한 시간의 배정이 잘못되었거나 의료기사들이 동시에 휴식을 취하기 때문이거나 유지보수의 시간이 너무 오래 걸리기 때문 등에 있다면 이를 해결하기 위한 방안으로 다음과 같은 접근법이 있을 수 있다.

- 우선순위를 정하여 그 순위가 높은 원인부터 해결하기
- 차별적 정책의 실시
- 자원의 우선적 할당

위의 경우 예약의 활용, 휴식시간의 교대, 예방차원의 유지보수로의 정책 변경, 유지보수시 병목자원을 우선적으로 실시하는 것 등이 있을 수 있다.

2) 시장제약인 경우

시장제약을 개선한다는 것은 기존의 마케팅 능력을 더 효율적이면서 효과적으로 개선한다는 것을 의미한다. 즉, 같은 자원으로 더 많이 일함을 의미한다. 이는 시장의 요

구에 대한 반응을 향상시키는 전략적 마케팅을 실시하는 것뿐 아니라 정책 및 더미제약을 제거해야 함을 의미하기도 한다.

시장의 요구에 대하여 조직의 반응을 향상시키기 위해서는 경쟁조직보다 고객이 원하는 의료서비스를 안전하고 고품질로 적시에 제공할 수 있어야 한다. 이와 함께 대기시간이 적고 필요로 하는 서비스가 가능한 한 번에 전달받을 수 있도록 하는 운영의 탁월함이 요구된다.

의료에 있어 최상의 운영능력은 저비용에만 의지해야 하는 것이 아니다. 경쟁적 관점에서 운영비용에 의지해야 한다. 즉, 조직이 지향하는 전략적 지향점을 서비스의 안전과 품질에서의 탁월성에 두었다면 이를 위한 운영정책이 저비용정책보다 더욱 중요하다.

3. 단계 3: 비제약요인의 제약요인으로의 종속

1) 자원제약인 경우

제약자원에 대해 중점관리가 필요하듯이 상대적으로 중요성이 떨어지는 비제약자원에 대한 운영정책도 필요하다.

일반적으로 비제약자원이 갖고 있는 유휴자원을 제약자원 쪽으로 돌리는 정책이 일반적이다. 즉, 남아있는 자원들은 병목을 돕고 보조할 수 있도록 **모든 비병목자원을 병목자원에 종속시켜야** 한다. 예를 들어, 병원의 수술실에서 병목지점은 마취전문의사, 간호사 또는 수술실 수용력 그 자체일 수 있다. 따라서 경영관리는 마취전문의사의 일정에 맞추어 여타 인력들의 활용 계획을 재조정하고 수술실 수용력을 극대화하기 위해 야간 및 새벽시간을 활용하는 것 등이 될 것이다.

이렇게 **비병목자원을 조직의 병목에 종속시키는 방법** 중의 하나로 골드렛(E. Goldratt)과 콕스(J. Cox)는 **드럼-버퍼-로프(drum-buffer-rope: DBR)** 메커니즘을 소개하고 있다. 이에 대해서는 제8장에서 자세히 소개하고자 한다.

2) 시장제약인 경우

경쟁조직에 비하여 고객의 필요를 더 만족시키는 것은 의료조직에 있어서도 명백한 장점이 된다. 시장제약이 있는 경우 조직은 전체 시스템을 시장에 종속시켜야 한다. 이는 곧 조직의 모든 구성원이 자신을 시장과 시장의 필요에 종속시켜야 한다는 것을 의미한다.

조직을 시장에 종속시키기 위해서는 다음과 같은 점을 고려해야 한다. 먼저 소비자의 요구와 필요에 맞추어야 한다. 경쟁적 시장에서 소비자의 다양한 요구에 서비스를 종속시켜야 한다. 또한 소비자의 필요에 대해 빠르게 반응하여야 한다. 경쟁조직보다 빠르게 대응하기 위해서는 소비자가 요구한 만기일에 적응해야 하며 모든 시스템을 시장의 일정표에 종속시켜야 한다. 이와 함께 조직의 구조를 소비자의 유형과 요구에 적합하게 재설정해야 한다. 이는 젊은 사람과 노인, 만성과 급성질환, 남자와 여자 등 다른 환자 그룹을 대상으로 하여 차별화해야 함을 뜻한다.

4. 단계 4: 제약요인의 능력 향상

1) 자원제약인 경우

이전 단계가 시스템의 변화 없이 산출물을 증가시키기 위한 단계였다면, 단계 4는 병목지점의 공급능력을 향상시키기 위한 시스템의 구조적 변화를 위한 단계이다. **병목의 공급능력 증가는 곧바로 전체 시스템의 처리량 증가에 직결**된다.

제약조건을 향상시키고 **제약을 깨뜨리는 방법**은 크게 두 가지가 있다.

그 첫째가 추가로 직원을 채용하거나 장비를 구매하는 것, 초과로 근무하는 것, 아웃소싱을 활용하는 것 등 **자본투자를 필요로 하는 것**이다.

두 번째는 자본투자의 확대 없이 **병목의 작업량 일부를 비병목으로 이전**하여 그 부담을 완화하는 것이다.

의사의 업무 일부를 간호사에게, 또 간호사의 일부 업무를 간호조무사에게 이전하는 것과 복잡한 수술에서 수술의 시작과 끝을 기술수준이 낮은 의사가 담당하는 것이 그 좋은 예이다.

2) 시장제약인 경우

시장제약을 상승시키고 깨뜨리기 위하여 다음과 같은 몇 가지 전략이 필요하다. 먼저 집중전략에 입각하여 특정 영역의 시장을 대상으로 특화된 의료서비스의 제공을 강화하여야 한다. 또한 기존에 제공되지 않는 새로운 시장에 진입하거나 이를 위한 여타 조직과 연계할 필요가 있다. 의료서비스의 종류에 따라 마케팅을 적극적으로 강화함도 필요하다. 이와 더불어 브랜드 이름을 강화시켜 같은 브랜드를 쓰는 의료기관을 연계하여 확대할 필요가 있다.

의료서비스와 보완되는 제품을 패키지로 만들어 새로운 상품을 제공할 필요가 있다. 이로 인해 새로운 부가가치를 창출하도록 하여야 한다. 소비자와의 유대를 강화하고 커뮤니케이션을 확대할 수 있는 방안을 마련하는 것도 필요하다.

5. 단계 5: 제약요인 해소 후 단계 1로 회귀

1) 자원제약인 경우

조직 내에 항상 제약조건은 존재하기 마련이다. 그러므로 제약조건이 깨졌다면 조직은 타성에 젖지 않도록 새로운 제약조건을 확인하는 단계로 돌아가야 한다. 따라서 운영관리자의 임무는 제약조건을 확인하고 이를 관리하고 깨뜨리며 새로운 제약을 확인하고 또 관리하고 깨뜨릴 준비를 하여야 한다. 이렇게 제약관리는 끊임없이 제약을 찾아 이를 집중 관리함으로써 시스템의 산출물은 증가하도록 해야 한다.

이 단계에서 주목해야 할 점은 **관리적 타성에 빠지지 말아야 한다는 것**이다. 이는 오랫동안 제약요인이 자원에 있어서 시장으로 제약이 이동하였음에도 불구하고 이를 미처 감지하지 못한 채 여전히 자원제약만 관리하는 식의 오류를 말한다. 예를 들어, 항상 응급실의 대기시간은 협진의의 호출 지연이 주된 이유였던 탓에 다른 진료과의 전문의를 빠르게 호출하는 것에 중점을 두었으나 대기시간이 줄지 않고 있음을 통해 비로소 접수 · 수납 프로세스의 정책제약이 문제가 되었던 것을 뒤늦게 파악하는 경우가 이에 속한다.

2) 시장제약인 경우

기존 제약이 깨어지면 다음 제약을 찾아야 한다. 이렇게 제약에서 다른 제약으로 옮겨가는 과정이 곧 조직의 성과를 향상시키는 과정이기도 하다.

제약관리의 중요 관심대상 중의 하나가 정점(peak)을 관리하는 것이다. 정점시간 동안 업무는 일시적으로 큰 부하가 걸리기 때문에 조직으로 하여금 일시적인 제약상태에 빠지게 하여 성과향상에 부정적인 영향을 미치게 된다. 그 대표적인 경우가 병원의 응급실이다. 응급실의 환자수는 낮과 밤에 따라 큰 차이가 난다. 낮 시간대는 과다생산능력을 보이는 시장제약의 상황이다가 밤 시간대에는 자원제약의 상태로 급변하게 된다. 따라서 정점에 대해 집중적으로 관리하는 것은 적은 노력으로도 큰 성과를 거둘 수 있는 효율적이면서도 효과적인 관리기법이 된다.

다음과 같은 **정점관리 방법**들이 있다.

첫째, 정점시간을 늘리는 것이다. 이는 정점시간을 더 길게 가져감으로 인해 업무가 특정 시간 동안 몰리지 않게 더 긴 시간 동안 분산되게 하는 것이다. 예를 들면 수술시간을 새벽이나 야간으로 옮기는 방법이 이에 해당한다.

둘째, 비정점시간대로 업무를 이전하는 것이다. 성형, 미용 등 특정 의료서비스에 대해서는 소비자에게 가격 등의 혜택을 제공함을 통해 한가한 시간이나 계절을 이용하여 서비스를 받게 하는 등의 소비를 분산시킬 수도 있다.

셋째, 일시적인 도움을 요청할 수도 있다. 직원들이 다양한 업무를 소화할 수 있도록 사전에 교육을 받음을 통해 정점시 업무이동을 유연하게 할 수 있도록 하는 것과 임시직의 활용 등이 이에 해당한다.

6. 전략적 이슈

제약관리의 전략적 이슈는 조직이 제약을 어디에 두는 것이 보다 바람직한가에 대한 것이다. 앞에서도 언급하였지만 **제약 없는 조직은 없다**. 하나의 제약이 해소되면 다른 제약이 등장한다. 따라서 현 조직의 상황을 고려했을 때 **제약을 내부자원에 두어야 하는지 아니면 외부시장에 두어야 하는지에 대한 전략적 판단**을 하여야 한다. 이와 관련된 중요한 전략적 의사결정의 내용은 다음과 같다.

- 어디에 제약이 있어야 하는가? 내부인가? 외부인가?
- 지금 어디에 제약이 있으며, 어떻게 더 적절한 위치로 옮길 수 있는가?

첫 번째 질문인 '어디에 제약이 있어야 하는가'는 두 부분으로 그 의미를 나누어 살펴볼 수 있다. 하나는 제약을 자원과 같은 내부에 두어야 할지 아니면 시장과 같은 외부에 두어야 할지에 대한 것이며 또 하나는 제약이 자원에 있다면 어떤 자원에 있어야 하는가에 대한 것이다.

먼저, 자원제약일 때 장점은 자원을 절약하고 수요와 조직을 통제하기에 상대적으로 용이하다. 즉, 자원제약은 조직으로 하여금 주문, 소비자, 서비스를 분류하고 심사하며 계획과 실행을 더 잘 통제할 수 있는 능력을 키우게 할 것이다. 이 경우 시스템과 이를 운용하는 비용은 상대적으로 낮다. 한편, 이로 인한 단점은 조직은 생산능력의 부족으로 인해 새로운 사업기회를 놓치게 되고 다른 경쟁자들이 시장으로 들어오는 것을 허락하게 된다. 따라서 자원제약을 선택하는 것은 조직이 중요하고 비싼 자원으로 인해 생산능력을 증가시키기 어려운 상황일 때 적합하다. 자원제약이 보다 바람직하다고 전략적인 판단을 할 경우 그 제약은 조직 내에서 가장 중요하고 가장 비싼 자원이 되어야 한다.

다음으로, 시장제약의 장점은 자원제약이 되는 상황에서의 단점이 된다. 과다생산능력을 가진 조직은 산출물을 증가시키기 위한 주문과 가능성을 포기하지 않으려 할 것이다. 이는 자원제약으로 인해 시장점유율을 확대하지 못해 경쟁자가 쉽게 시장에 진입하게 되고 이로 인해 조직의 장기 생존이 위협당하는 문제를 줄여주는 역할을 한다. 또 초과생산능력은 조직으로 하여금 일시적인 수요와 새로운 시장기회에도 적극적으로 대처하는 등의 장점을 발휘하게 된다.

한편, 시장제약은 자원에 대한 투자비용이 더 높기 때문에 상대적으로 더 높은 가격을 받고자 한다. 따라서 시장제약은 자원비용이 많지 않은 조직에 더욱 적합하다.

3절 사고 프로세스

1. 제약조건을 찾아내는 방법

앞절에서 살펴본 제약관리 단계는 곧 '무엇을 변화시키는가?', '무엇으로 변화시키는가?', '어떻게 변화시키는가?'에 대한 답을 찾아가는 단계이기도 하다. 이를 구체화시키기 위한 사고 기술을 TOC는 **사고 프로세스(thinking process)**라고 하여 다음과 같은 여섯 가지 방법을 소개하고 있다.

현상분석 체계도는 '무엇을 변화시키는가?'에 대해서, 대립 해소도 · 미래분석 체계도 및 부정적 나뭇가지는 '무엇으로 변화시키는가?'에 대해서, 전제조건 체계도와 이행 체계도는 '어떻게 변화시키는가?'에 대한 실천적이고 체계적인 도구로 활용될 수 있다.

- **무엇을 변화시키는가?**
  - **현상분석 체계도(current reality tree: CRT)**: 시스템의 근본적인 문제인 **제약조건을 찾아내기** 위한 사고기법**(제약 찾기)**
- **무엇으로 변화시키는가?**
  - **대립 해소도(conflict resolution diagram: CRD)**: 현상분석 체계도를 통해 제약조건을 찾았다면 이의 **근본적 모순이나 대립 상황을 밝혀 해소할 수 있는 방법**을 찾는 사고기법**(주입 찾기)**
  - **미래분석 체계도(future reality tree: FRT)**: 대립 해소도를 통해 얻은 아이디어를 현실에 도입했을 때 **예기치 못한 문제가 발생하지는 않을지**에 대해 미리 검토하는 도구**(DE 찾기)**
- **어떻게 변화시키는가?**
  - **전제조건 체계도(prerequisite tree: PRT)**: 조직의 최종목표를 한번에 달성하는 것이 아니라 몇 가지 **중간목표**를 설정한 뒤 이를 순차적으로 달성하여 최종목표에 도달하고자 하는 방법**(장애 찾기)**
  - **이행 체계도(transition tree: TT)**: 최종목표를 달성하기 위해 각 중간목표별로 **구체적으로 해야 할 행동계획**을 세우는 사고기법**(행동 찾기)**

그림 5-6 TOC의 사고 프로세스

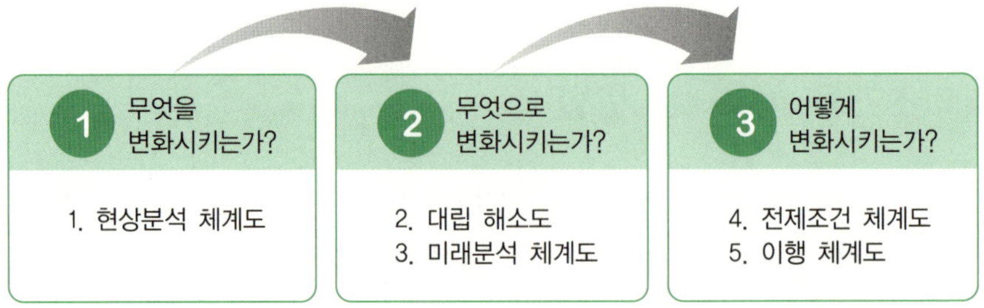

2. 무엇을 변화시키는가?

1) 현상분석 체계도

(1) 개념

현상분석 체계도는 '무엇을 변화시키는가'에 대한 답을 찾기 위한 도구로써 조직의 핵심문제를 파악하기 위한 논리적 체계도이다. 즉, 현상분석 체계도는 현 시스템의 바람직하지 않은 결과(undesirable effects: UDE)를 찾아 이들 간의 인과관계를 파악하여 **핵심문제를 도출**하고자 하는 기법이다. 이의 기본적인 가정은 조직의 수많은 문제는 핵심이자 뿌리가 되는 소수의 문제에서 비롯되었다는 것으로 소수의 핵심문제를 해결하면 상당히 많은 다른 현상적인 문제들까지 함께 해결될 수 있게 된다.

(2) 목적

이 도구를 활용하는 목적은 다음과 같다.

- 조직, 시스템, 하부시스템의 핵심문제를 파악한다.
- 모든 시스템의 소수 핵심문제와 가장 큰 문제의 원인을 깊게 이해한다.
- 조직에서 관리자들 사이의 의사소통 구조를 구축한다.

(3) 단계

현상분석 체계도를 작성하는 단계는 다음과 같다.

먼저, 현상분석 체계도를 작성하기 위해서는 조직구성원들이 모두 함께 모여 조직 운영에 있어 UDE를 자유롭게 도출한다. UDE는 다음과 같은 세 가지 조건이 충족되어야 한다.

- 첫째, 어떤 현상이 존재해야 한다.
- 둘째, 그 현상은 바람직하지 않아야 한다.
- 셋째, 그 현상은 통제될 수 있어야 한다.

예를 들어, '환자들의 대기시간이 너무 길다', '초진환자가 계속 감소하고 있다', '의료사고가 자주 발생하고 있다' 등이 UDE가 될 수 있다.

UDE에 집중하기 위해서는 일반적으로 10개 전후가 적절한데 이보다 많이 제기되었을 경우 유사한 UDE를 결합하여 하나의 UDE를 만들거나 상대적으로 중요도가 낮은 UDE를 삭제하여 소수의 UDE에 초점을 둔다.

다음으로, UDE 간의 논리적인 연관관계를 찾는다. 보통 인과관계('If-Then' 논리)에 기초해 UDE 간의 관계를 화살표로 표시하는데 이때 인과관계가 제대로 이루어져 있는지를 확인하는 과정이 중요하다. 일반적으로 화살표가 주어지는 방향(아래에서 위로)으로 '그래서 어떻다는 것인가'의 물음에 답하는 과정을 통해 점검하게 된다. 이와 반대로 위에서 아래 방향으로 읽어 내려갈 경우에는 '왜 그렇게 되었는가'의 물음에 답하는 과정을 통해 확인하게 된다.

다른 그 어떤 UDE에 의해 결과로 지목받지 않는 UDE가 핵심문제가 된다. 즉, 원인 중의 원인이 핵심문제이며 보통 3~4개 정도가 된다. 핵심문제로 자주 거론되는 것으로는 관리자 또는 관리는 너무 중앙집권적이고 독단적이다, 명확한 전략의 부재다, 프로세스가 비구조적이다, 경영관리의 초점이 부족하다 등이 된다.

[그림 5-7]은 현상분석 체계도의 예이다. 이 예에서는 8개의 UDE가 존재하며 그들 간의 인과관계를 설정한 결과이다. UDE 1은 이 조직이 프로세스 중심적이지 않다는 이유로 UDE 3과 협진이 원활하지 않다는 UDE 5에 영향을 미치고 있고, UDE 5는 다시

그림 5-7 현상분석 체계도의 예

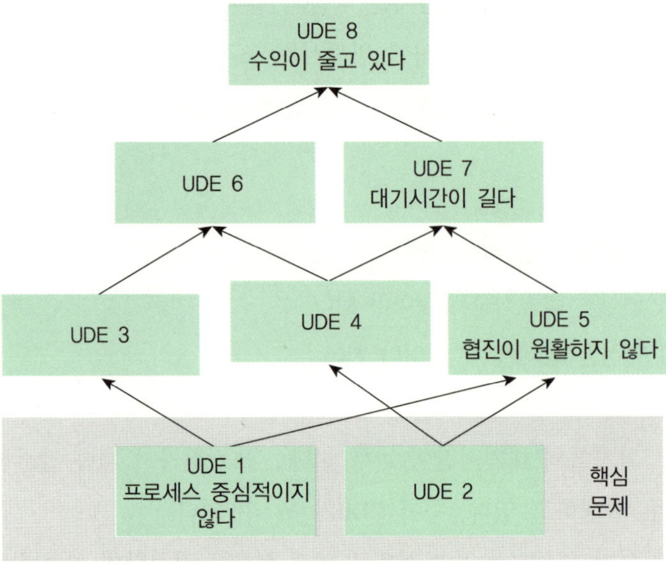

UDE 7인 대기시간이 긴 이유 중에 하나가 된다. UDE 7은 UDE 8인 수익이 줄고 있는 직접적인 원인을 제공하고 있다. 이 경우 UDE 1과 UDE 2는 다른 UDE에 의해 원인을 제공받고 있지 않기 때문에 이를 핵심문제라고 한다.

3. 무엇으로 변화시키는가?

1) 대립 해소도

(1) 개념

대립 해소도는 대립을 해소하는 새로운 아이디어를 찾는 과정이다. 이 새로운 아이디어는 갈등 해소를 위해 시도되는 변화로써 주입(injection, great idea)이라고도 한다.

조직에서의 대립 또는 갈등이란 사람, 집단, 조직과 같은 사회적 주체 간에 이해관계가 충돌하여 서로 적대시하거나 대립하는 과정을 말한다. 특히 조직 내 상호 의존적인 두 집단이 상충되는 이해관계로 인해 서로 적대시하거나 대립하는 과정 또는 상태를 집단 간 갈등이라고 한다. 갈등은 조직운영, 성과 및 경영목표 달성에 악영향을 미치기 때문에 이에 대한 관리가 중요하다.

(2) 단계

이러한 갈등을 해결하기 위해서는 다음과 같은 세 단계를 거친다.

① 대립 해소도를 이용해서 대립상황을 묘사한다.
② 차별화, 전체화 및 가정파괴와 같은 방법을 통해 대립 해소도가 갖는 기본적인 가정을 극복함으로써 갈등을 해결한다.
③ 극복된 가정에 기초한 실행 계획을 수립한다.

대립 해소도는 '무엇으로 변화시키는가'에 대한 답을 찾는 도구로써 기본적으로 '목표', '필요조건 1, 2' 및 '전제조건 1, 2'의 5개 상자로 이루어져 있다. 여기서 '목표'는 현상분석 체계도를 통해 찾아낸 핵심문제, 즉 제약요인을 제거한 상황을 이르는 것으로 이를 달성함에 반드시 필요한 '필요조건'과 이 필요조건을 달성함에 필요한 '전제조건'을 도출함으로써 완성하게 된다.

그림 5-8 대립 해소도의 기본구조

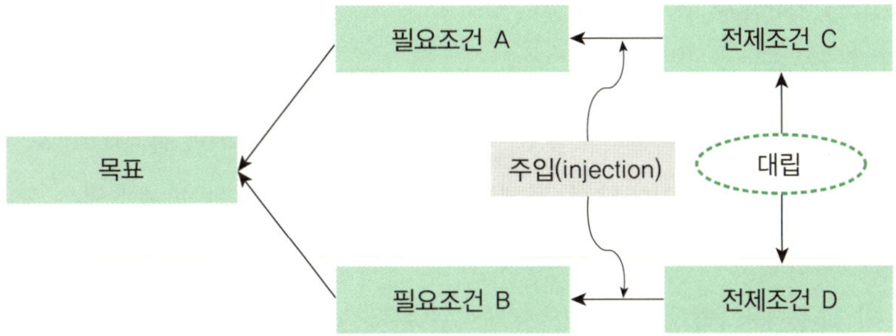

- 필요조건: 목표달성을 위해 반드시 만족되어야 할 것(필요함, needs)
- 전제조건: 필요조건을 달성하기 위한 구체적 행동(원함, wants)

현상분석 체계도의 핵심문제에 반대되는 것이 대립해소도의 목적이 된다. 목적을 위한 필요조건과 전제조건을 도출하면 이때 전제조건들이 서로 대립한다. 이를 해결하기 위해 **차별화, 전체화 및 가정파괴** 등을 활용할 수 있는데 그 주요 내용은 다음과 같다.

- **차별화**: 파레토분석을 활용하여 전체 서비스의 20%가 조직 성과의 80%를 차지한다는 근거에 입각하여 20%에 해당하는 서비스를 찾아 이에 차별적으로 집중하는 것
- **전체화**: 하위부서의 시각이 아닌 전체 조직의 시각에서 장기적으로 서로에게 도움이 될 수 있는 대안을 찾아가고자 시도하는 것
- **가정파괴**: 대립 해소도에 존재하는 다양한 가정들을 분석하면서 상대적으로 허점을 갖는 가정을 깨뜨리도록 시도하는 것

가정파괴의 예로, '돈이 있어야 먹는다'라는 사안에 있어 '돈이 없어 먹지 못하고 있는 상황'이 있다고 보자. 이 두 사안은 서로 대립하고 있는데 이를 해소하는 방법 중에 하나가 가정파괴이다. 즉, 먹는다라는 목표가 돈이 있어야 한다는 가정에 기반하고 있어 대립이 발생하고 있다는 것이다. 가정을 파괴하면 사냥을 해서, 곡물을 심어서, 구걸을 해서… 등 다양한 방법이 있을 수 있음을 알 수 있다.

2) 미래분석 체계도

미래분석 체계도 또한 기본적으로 'If-Then' 로직구조를 활용하여 대립 해소도를 통해 얻은 아이디어가 '바람직하지 않은 결과(UDE)'를 '바람직한 결과(DE)'로 바뀌는 **미래 모습**을 나타낸다. 즉, 미래분석 체계도는 주입을 통해 문제가 해소되는 모습을 보여준다([그림 5-9]).

한편, 이 과정에서 발생할 수 있는 **새로운 문제점을 검토**하며, 새로운 문제점이 도출되면 다시 대립 해소도를 통해 이를 해결할 수 있는 방법을 찾는다. 이런 작업을 반복함으로써 미래 모습을 보다 구체적으로 분석하게 된다.

그림 5-9 미래분석 체계도

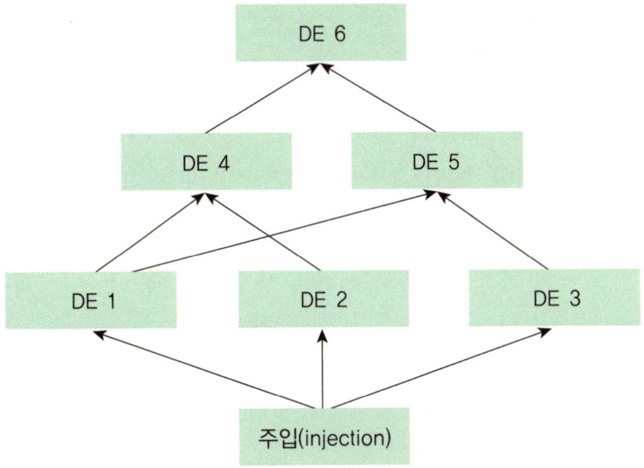

4. 어떻게 변화시키는가?

1) 전제조건 체계도

전제조건 체계도는 최종 목표에서 시작하여 이의 **달성에 장애가 되는 요인**을 찾고 이를 제거하기 위한 **중간목표를 설정**하는 과정을 장애가 완전히 제거될 때까지 반복하여

그림 5-10 전제조건 체계도

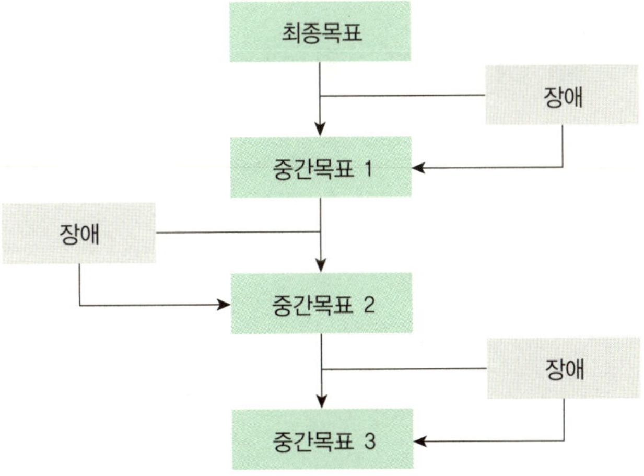

진행하게 된다. 이때 여러 주입 중 하나가 최종목표이다.

2) 이행 체계도

이행 체계도는 전제조건 체계도와 반대방향에서 진행하게 된다. 전제조건 체계도에서 세운 가장 아래에 위치한 **중간목표를 실현하기 위해 구체적으로 해야 할 행동**을 열거하면서 최종목표를 향해 거슬러 올라오는 접근을 따른다.

제약 중심으로 지속적 개선활동을 실행하는 사고 프로세스는 병상회전율 감소, 정시 의료서비스 제공, 대기시간 단축 등을 간단하지만 효과적으로 대응하게 한다.

그림 5-11 이행 체계도

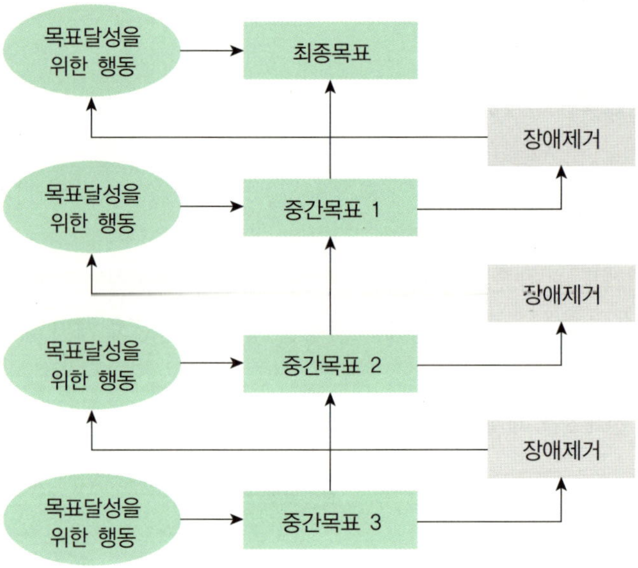

6 프로세스 사고와 관리

CHAPTER

프로세스는 흐름이다. 그 반대는 막힘이다

1절 프로세스 개념 및 기본흐름

1. 프로세스의 개념

1) 경영이 살아있는 조직

현재 자신이 속한 조직에서 그 어떤 직원을 임의로 선정하여 당신이 담당하고 있는 프로세스는 고객에게 어떤 가치를 부여하고 있으며 이를 측정할 수 있는지, 또 그 프로세스와 연관된 앞뒤 프로세스는 무엇이며, 이의 책임자는 누구인지를 물어본다고 가정해보자. 이를 즉석에서 이야기할 직원은 몇 명이나 될까? 아니 최고경영자는 이에 대해 어느 정도 알고 있을까?

이 물음이 어렵다면 자신이 담당하고 있는 프로세스의 시작과 끝은 평균 어느 정도의 시간이 소요되며, 이는 경쟁자와 비교하여 어떤 수준에 있는지를 물어본다고 하자. 아마 쉽게 자신의 업무를 명쾌하게 파악하고 있는 직원을 만나기는 쉽지 않을 것이다.

자신과 자신의 조직이 왜 사회에 존재해야 하며, 고객은 누구이며 그들에게 어떤 가치를 제공해야 하는지는 영리와 비영리의 여부를 떠나, 존재적 가치와 관련된 물음이 되기도 한다. 즉, 조직의 존립 그 자체가 가치가 있어야 하며, 이를 인식하고 있는 것을 경영이 살아있는 조직이라 할 수 있을 것이다.

2) 프로세스의 개념

경영은 '의도한 일을 되도록 하는 활동'이라 하였다. 이를 결정하는 것이 일하는 방식이다. 그 일하는 방식을 프로세스라고 한다.

프로세스(process)의 전통적인 의미는 **투입요소(input)를 받아서 고객(customer)에게 가치(value)있는 성과(output)를 창출하기 위해 정의된 구조화되고 측정가능한 활동(activities)의 집합**을 말한다. 이를 해머(M. Hammer)와 챔피(J. Champy)는 '한 가지 이상의 투입을 통해 소비자에게 가치 있는 결과물을 만들어내는 활동의 집합'이라 하였다.[1] 또한 프로세스는 경영이 조직 전체로 전달되는 경로이면서 **이해할 수 있고 관리할 수 있는 비즈니스의 최소단위**이다.

프로세스의 경영학적 의미는 **고객만족을 위해 조직시스템의 가치창출활동이 효율적으로 정렬된 흐름**을 뜻한다. 즉, 프로세스는 조직시스템이 가치를 창출하는 방식으로 궁극적인 목적은 고객만족이다. 이렇게 프로세스는 **고객만족과 고객가치를 창출하기 위해 조직이 일하는 방식을 의미**한다.

따라서 프로세스의 가치는 바로 제품 및 서비스를 고객의 손에 전달함으로써 발생하기 때문에 프로세스를 설계할 때, **첫째 고객이 무엇을 원하며, 둘째 고객에게 어떤 가치를 제공할 것인가**를 먼저 결정하여야 한다.

3) 프로세스의 특성

경영학적 측면에서 프로세스는 다음과 같은 특성을 갖는다. 먼저, 프로세스를 업무의 순서나 절차 및 공정 등과 혼동하여 사용하는데 이는 프로세스의 경영학적 의미를 잘못 해석한 것이다. 프로세스는 일의 순서나 절차가 아니다. 앞에서도 언급하였지만 프로세스의 목적은 고객만족에 있다. 업무의 순서나 절차, 공정 등이 조직의 정상적 운영을 위해 해야 할 일의 범위와 규칙을 정해 놓은 것이라면 프로세스는 **고객만족을 위해 조직이 해야 할 일을 정의한 것**이다.

또한 프로세스는 고객만족을 위해 조직 내 부서의 경계를 넘나드는 것이 일반적이다. 고객만족을 실현하기 위해서는 어떤 일을 해야 하는가는 하나의 개별적인 부서나

1) M. Hammer & J. Champy, 1993. 참조

기능에 의해 결정되는 것이 아니라 조직 전체의 결정에 따라 순차적으로 부여되는 것이다.

프로세스를 하위부서나 기능중심으로 관리하고자 할 때, 부분 최적화의 위험에 빠지게 된다고 여러 번 강조하였다. 부분 최적화는 고객만족에 대한 방향성을 상실한 채 부서 이기주의와 관료주의에 집착하는 문제를 낳게 된다.

한편 프로세스는 효율적이어야 한다. 고객만족이라는 목적을 달성하였다고 하여도 프로세스가 효율적이지 못하면 조직은 수익이라는 성과를 지속적으로 창출하지 못하게 된다.

4) 프로세스 중심적 사고 및 프로세스 경영

따라서 조직은 프로세스 중심으로 재편되어야 하며 프로세스 중심적 사고(process thinking, process-centered thinking)를 가져야 할 뿐 아니라 이를 관리하여야 한다. 프로세스 관리를 경영의 기본으로 하는 경영관리체계를 **프로세스 경영(process management)**이라 한다.

- **프로세스 중심적 사고**: 조직 내 모든 활동의 집합을 프로세스로써 개념화하고 프로세스가 투입물을 받아 상품, 서비스 및 이익을 생산하기 위해 어떻게 상호작용하는지에 대해 이해하고자 하는 사고방식
- **프로세스 경영**: 업무 프로세스를 최적화하여 고객가치를 창출하고자 하는 경영관리체계

2. 프로세스의 기본흐름

1) 프로세스의 기본흐름

프로세스의 기본흐름을 나타내기 위해 SIPOC 모형을 활용한다. 이는 프로세스의 성과에 영향을 미치는 변수들을 개괄적으로 파악하기 위한 다이어그램으로 각 약자들이 의미하는 바는 다음과 같다.

- **공급자(Supplier)**: 프로세스 작업 대상이 되는 사람 또는 조직
- **투입물(Input)**: 공급자가 제공하는 정보 또는 자료
- **프로세스(Process)**: 투입물의 정보 또는 자료의 변형이 이루어지는 일련의 단계
- **산출물(Output)**: 고객이 사용하게 되는 제품이나 서비스
- **고객(Customer)**: 산출물을 받는 사람 또는 프로세스

SIPOC를 작성하면 먼저 복잡한 프로세스를 간단하고 시각적인 구조로 한눈에 볼 수 있어 프로세스 관리 활동의 초점을 유지할 수 있으며 또한 프로세스 투입물의 공급자와 산출물의 고객이 누구인지 명확히 내·외부 사람들에게 쉽게 이해시킬 수 있는 이점들이 있다. 이를 통해 어느 프로세스를 집중 개선할 것이며 어디에 자원을 집중할 것인지를 분명히 하게 된다.

예를 들어, 의료기관의 SIPOC는 다음과 같다.

그림 6-1 SIPOC(의료조직 예시)

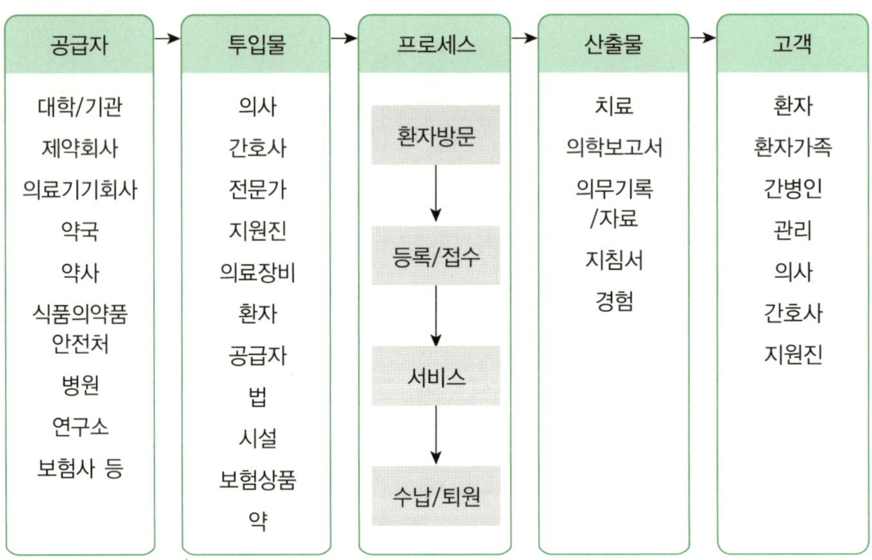

자료: Trusko, B.E., C. Pexton, H.J. Harrington and P. Gupta, *Improving Healthcare Quality and Cost with Six Sigma*, FT Press, 2007.

특히, 제조업의 경우 제품을 생산하여 소비자에게 공급하기 위해서는 부품 및 원재료

의 공급업체인 공급자의 공급자에서부터 생산자와 도소매업자인 유통업자를 거치게 되는데 이 전체 프로세스를 **공급사슬** 또는 **공급망(supply chain)**이라고 한다. 프로세스의 상류인 공급자의 공급자에서부터 하류인 최종소비자에게는 제품 및 서비스가 흐르고, 그 반대방향으로는 주문과 돈이 흐른다. 그 양방향으로는 이를 매개하는 정보가 흐른다.

전형적인 공급사슬은 아래와 같다.

그림 6-2 공급사슬

2) 프로세스의 계층적 구조[2)]

프로세스는 전체 조직차원에서부터 개인의 업무활동에 이르기까지 다양한 계층을 형성하고 있다.

그림 6-3 프로세스의 계층

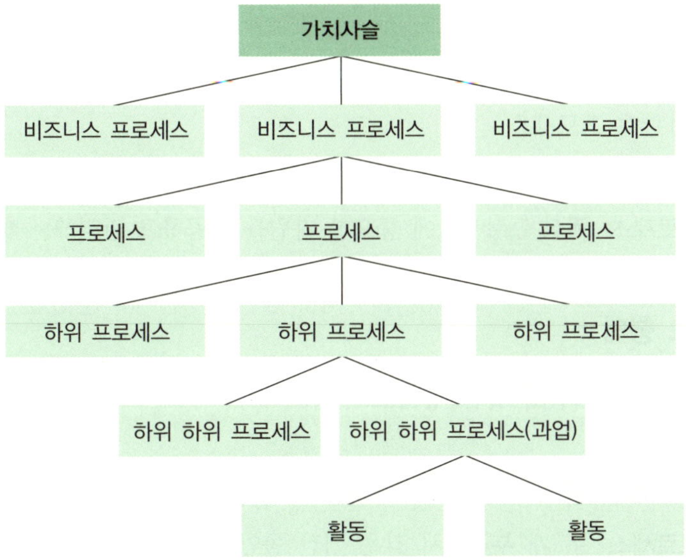

2) Krajewski, L.J., L.P. Ritzman and M.K. Malhotra, *Operations Management*, Prentice-Hall, 2009.

조직차원에서 가장 큰 프로세스를 **가치사슬(value chain)**이라고 하며 메가 프로세스(mega process) 또는 핵심 프로세스(core process)라고도 한다. 가치사슬의 하위 프로세스를 프로세스(process)라 하며 분석이 필요 없는 가장 하위 수준의 프로세스를 **활동(activity)**이라고 한다. 프로세스를 더 잘게 나누어 프로세스 그룹(process group)인 비즈니스 프로세스(business process) 밑으로 프로세스, 하위 프로세스(sub process), 하위 하위 프로세스(sub sub process) 등이 존재하게 된다.

3) 조직의 메가 프로세스

고객에게 가치를 창출함에 직 · 간접적으로 관련된 일련의 활동, 즉 프로세스의 연계를 **가치사슬(value chain)**이라 한다. 따라서 가치사슬을 조직의 가장 상위 수준의 프로세스로써 메가 프로세스라고도 한다.

일반적으로 가치사슬은 크게 **핵심 프로세스(main process)**와 **지원 프로세스(supportive process)**로 구분되며 그 구체적인 내용은 다음과 같다.

- **핵심 프로세스**: 외부 고객을 위한 서비스 · 제품에 직접 개입하여 가치를 전달하는 활동들의 집합
  - 고객관계 프로세스
  - 주문충족 프로세스
  - 공급자관계 프로세스
  - 서비스 · 제품개발 프로세스
- **지원 프로세스**: 핵심 프로세스에 중요한 자원을 제공하고 관리하는 활동들의 집합

4) 프로세스 형태

크게 프로세스는 다음과 같은 형태로 구성되어 있다.

- **직렬 프로세스**: 한 부서에서 처리한 업무가 다른 부서로 넘어가는 형태
- **병렬 프로세스**: 두 개 부서에서 같은 기간 동안 관련 업무를 제공하는 형태
- **팀 프로세스**: 둘 이상의 부서가 서로 협력하여 업무를 제공하는 형태

- **순환 프로세스**: 한 부서에서 주기적으로 업무를 제공하다 특별한 경우 일시적으로 다른 부서에서 업무를 제공하는 형태

그림 6-4 여러 프로세스의 형태

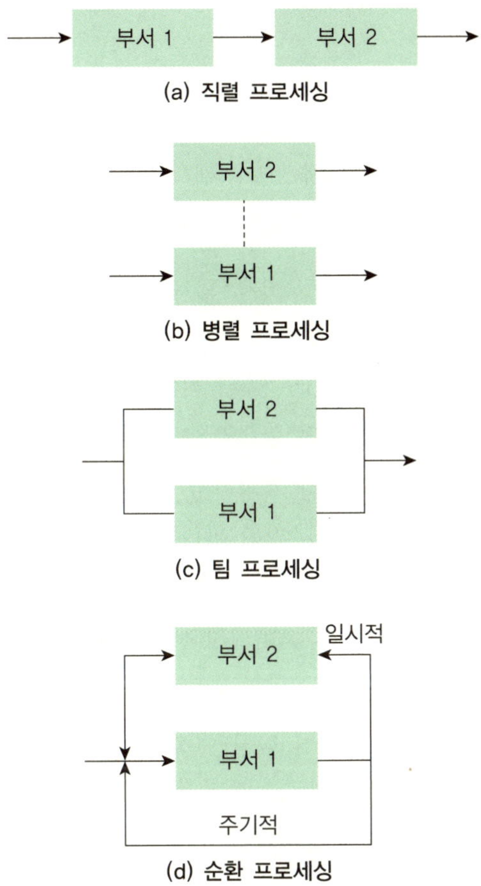

2절 프로세스 혁신과 사고

1. 프로세스와 경영혁신

1) 프로세스 혁신

고객만족, 가치창출, 효율, 성과 등 모든 측면에서 가장 최적화된 프로세스를 베스트 프랙티스(best practice)라고 한다. 베스트 프랙티스와 현 프로세스와의 차이를 좁혀가는 것이 프로세스의 개선 및 혁신활동이다. 고객에게 더 좋은 가치를 더 나은 방법으로 제공하기 위해 조직시스템의 모든 구성요소들의 상호작용구조를 혁신하는 것을 **프로세스 혁신(process innovation)**이라 한다.

효과적인 프로세스 혁신을 위해서 다음의 사항을 고려하여야 한다.

먼저, **프로세스는 고객에서 출발하여 실행의 반대방향으로 설계해야** 한다. 프로세스는 고객만족이라는 조직시스템의 목적을 달성하기 위해 존재하는 것이다. 따라서 조직이 만들어 놓은 것을 고객에게 밀어내는 것이 아니라 고객의 요구를 받아서 이를 충족시키기 위한 활동을 수행해야 한다.

또한, 프로세스는 고객만족이라는 목적달성을 위해 사람, 부서, 기능들 간의 유기적인 흐름으로 형성되어야 한다. 그러나 프로세스상에 존재하는 이러한 하위단위들은 개별적인 역할과 책임이 따로 설정되어 있어 연계에 적지 않은 한계로 작용하고 있다. 이러한 관리의 부재는 궁극적으로 프로세스의 목적을 달성하지 못하게 하는 가장 큰 문제점이기 때문에 **연결지점에서의 완벽한 관리 방안의 마련**이 프로세스 혁신의 최대 관건이 되고 있다.

2) 프로세스 통합의 이점

프로세스와 관련된 핵심개념 중 하나가 **프로세스의 통합**이다. 즉, 여러 작업이나 기능을 하나로 통합하는 것이다. 프로세스를 통합하면 다음과 같은 이점이 있다.

첫째, 담당업무의 책임자가 **업무 전체의 모습**을 알게 되고 관심을 가질 수 있다.

둘째, 부서 간 이동이 차단됨을 통한 **실수나 지연, 대기, 재작업을 감소**시킬 수 있다.

셋째, 프로세스의 **관리비용이 감소**한다. 정시에 결함 없이 제품과 서비스를 생산하고 전달할 수 있다.

넷째, 소수의 인원만으로도 팀을 구성할 수 있어 **업무에 대한 책임소재가 분명**해지고 성과관리가 용이한 장점이 있다.

3) 프로세스 혁신 방법

그러면, 이러한 일을 어떻게 추진해야 하는가? 먼저, 팀을 구성하도록 한다. 팀에는 각 개별적인 기능을 담당하는 모든 사람들이 하나의 팀으로 구성되어야 한다.

둘째, 작업자가 의사결정을 하도록 한다. 이는 프로세스를 수평적임과 동시에 수직적으로 압축하는 효과를 기대할 수 있다. 여기서 수평적 압축이란 프로세스 통합의 본질이며 수직적 압축은 작업자 스스로가 의사결정을 하는 것을 말한다. 이렇게 함으로써 의사결정이 업무에서 분리되는 것이 아니라 업무의 일부가 되는 큰 효과를 누릴 수 있다. 이와 함께 작업의 지연, 관리비용의 증가, 고객응대의 문제 및 책임감의 문제 등을 모두 개선하는 효과도 기대할 수 있다.

셋째, 업무가 자연스러운 순서로 실행하도록 한다. 일련의 순서라는 압제에서 자유롭게, '탈 직선화' 프로세스가 가능하여 여러 작업을 동시에 실시할 수 있을 뿐 아니라 재작업이 감소하는 효과도 얻게 된다.

넷째, 다양한 버전이 존재하도록 한다. 이는 대중 시장을 목표로 한 대량생산의 마감을 골자로 하는 표준화의 종식을 의미한다. 표준화는 업무의 안정성을 증대시켜 사고 등을 줄일 수 있는 이점도 크지만 예외나 특별한 절차까지 포괄하도록 만들기 때문에 업무를 더욱 복잡하게 만들 수도 있다. 변하는 시장환경의 요구를 충족시키려면 동일 프로세스마다 다양한 버전을 가져야 한다.

다섯째, 업무는 가장 적합한 장소에서 실행되도록 한다. 전체 프로세스의 성과 개선을 위해 업무는 조직의 경계를 넘어 이동시키는 것도 대안이 될 수 있다. 예를 들어 의약품 재고관리는 유통회사에게 넘기는 것 등이 있다.

4) 프로세스 혁신을 통한 조직 변화

해머(M. Hammer)와 챔피(J. Champy)에 의하면 비즈니스 프로세스 리엔지니어링(business process reengineering: BPR)은 다음과 같은 조직의 변화를 가져온다고 하였다.[3)]

먼저, 업무 단위가 부서에서 프로세스 팀으로 변화하게 된다. 리엔지니어링은 자잘한 분업을 다시 하나로 모으는 작업으로 단지 흩어져 일하는 사람을 한 부서로 통합시키는 것을 말한다. 이는 조직에 의해 인위적으로 떨어져 있던 사람들을 한 곳으로 모으는 것으로 이를 프로세스 팀이라 한다. 프로세스 팀이란 프로세스를 함께 완성하기 위해 자연스럽게 뭉친 하나의 집단으로 영구적으로 구성될 수도 있고 태스크포스처럼 프로젝트 중심으로 한시적으로 운영될 수도 있다. 또 한 명의 직원으로도 구성될 수도 있는데 이는 분리된 기능을 하나로 통합하여 한 개인이 프로세스의 시종을 담당하는 것을 말한다.

둘째, 업무를 단순과제에서 다차원적인 것으로 변화시킬 수 있다. 프로세스 팀 작업자는 개별 과제가 아닌 프로세스 결과 전체를 책임지게 된다. 따라서 팀 구성원 간 책임을 공유하게 되어 더 넓은 범위의 기술을 사용하고자 하며 더 큰 그림을 보도록 노력하게 된다. 뿐만 아니라 업무 경계가 모호해져 구성원들은 프로세스 전체 단계에 익숙해지며 그 중 몇 작업을 수행하게 할 수도 있는 다차원적인 형태를 띠게 된다. 이러한 다차원성은 개별 구성원의 모든 활동이 전체 프로세스에 대한 이해를 바탕으로 실행됨을 가능하게 한다. 이와 함께 점검, 재조정, 대기, 감독, 추적 등 프로세스의 분열을 보완하기 위해 존재했던 무수한 비생산적 작업들이 줄어들어 더 많은 시간을 실제 업무에 사용하도록 한다.

셋째, 업무 완성도를 높게 하여 성취감을 강하게 느끼게 된다. 경영자의 도전정신을 이해하게 되며 보상에 대한 많은 부분을 공유하게 되고 그 결과 더욱 고객에 집중하게 된다. 관료주의적 시각에서 벗어나 업무가 실제 성장과 학습의 기회라는 것을 알게 되어 관료제적 승진이라는 외적 보상이 아닌 개인의 영역 확장이라는 내적 보상의 중요성을 인식하게 된다. 따라서 더 많이 배워 프로세스의 더 큰 부분을 맡고자 하는 동기가 증대되고 이로 인해 더 많은 시간을 가치 있는 작업에 투자하려 하고 더 많은 기여와 더

3) M. Hammer & J. Champy(1993) 참조

높은 보상을 기대하게 된다.

넷째, 통제받는 자에서 **권한 가진 자**로 변모하게 된다. 전통적인 조직에서는 규정대로 작업하기를 원하나 프로세스 조직에서는 전체 프로세스의 완성이 더 중요하니까 스스로 규칙을 만들길 원한다. 이로 인해 마감시간 준수, 생산목표 달성, 품질기준 제고 등 스스로가 더 높은 기준을 달성하고자 한다. 그렇기 때문에 감독과 관리의 필요성이 줄어들며 **의사결정권을 위임받아도 문제가 없는 상태**로 변화된다. 이렇게 스스로 기준을 책정하고 이를 달성하고자 하는 것은 단순히 학벌, 교육, 기술의 문제만이 아니라 인성과 성격도 중요하게 영향을 미치게 된다. 따라서 고용에서 이 문제도 중요하게 평가 되어야 한다.

다섯째, 업무의 준비가 **훈련에서 교육으로** 변화하게 된다. 전통적인 조직에서는 '어떻게'를 해결하기 위한 '훈련'이 강조되었다면 프로세스 조직에서는 '왜'를 해결하기 위한 '교육'이 강조된다.

여섯째, 성과측정 및 보상의 기준이 **활동에서 결과로** 변화하게 된다. 전통적 조직에서 개별 근로자의 업무는 그것만으로 가치를 가지지 않는다. 이렇게 한정된 범위의 작업 효율의 증가는 반드시 프로세스의 성과 개선으로 이어지는 것은 아니다. 그러나 프로세스 조직에서는 가치에 초점을 두고 성과는 가치창조에 따라 측정되어 보상과 연계되게 된다.

일곱째, 관리자가 **감독관이 아닌 코치로** 변모하게 된다. 전통적 조직에서는 상관은 작업을 설계하고 배분하는 역할을 수행한다. 따라서 상관은 업무를 계획대로 진행되고 있는지를 감독하고 통제 및 점검하게 된다. 그러나 프로세스 조직에서는 팀이 **스스로 알아서** 하게 된다. 따라서 관리자가 크게 할 일이 없어지기 때문에 감독관에서 조력자나 코치로 자연스럽게 변화하게 된다. 이것이 진정한 관리자의 업무이다.

여덟째, 조직구조가 **수직에서 수평으로** 변화하게 된다. 전통적 조직구조에서는 조직구조가 매우 중요한 역할을 수행한다. 전통적 조직구조는 기능 부서를 기본적인 단위로 한 관리체계이자 의사소통 통로이며 통제 권한을 나타낸다. 그러나 프로세스 조직에서는 조직구조가 크게 중요하지 않게 된다. 누구와도 의사소통할 수 있으며 통제 권한은 위임되어진다.

아홉째, **경영진은 리더로**서 변화된다. 수평적 조직은 CEO로 하여금 고객이나 가치를 창조하는 직원과의 사이를 가깝게 만들어준다. 경영진은 직원을 직접 통제하지는 않지만 성과에 대한 총책임을 지기 때문에 프로세스 설계대로 실행되고 있는지를 확인하고 평가 측정하며 보상하는 등을 통해 독려하게 된다. 전통적 조직에서 경영자는 실제 운영과 분리되어 그 결과에만 집착하는 것과 달리 프로세스 조직에서는 **경영자는 운영과 가까워져** 함께 참여하고 지원하는 조력자의 역할을 수행하게 된다.

이렇게 업무가 변하면 업무 담당자 및 관리자의 역할이 변하고 그 결과 경력, 성과측정, 보상이 변하게 되어 작업자의 사고와 행동까지 변하게 된다. 이는 다음과 같은 **경영시스템 다이아몬드**로도 설명가능하다. 즉, 프로세스가 변하면 조직구조가 변화하게 되고 그 결과 경영관리가 변하며 이는 곧 조직문화의 변화를 일으켜 다시 새로운 프로세스의 변화를 요구하게 되는 **선순환구조**를 가져갈 수 있다. 따라서 프로세스 개선은 단순히 업무의 과정만 개선하고 재설계하는 것이 아니라 조직구조와 관리, 문화까지의 변화를 염두에 두면서 진행되어야 한다. 즉, 프로세스의 개선은 조직 전체의 변화를 위한 시작점이자 종결점이 됨을 명심해야 한다.

그림 6-5 경영시스템 다이아몬드

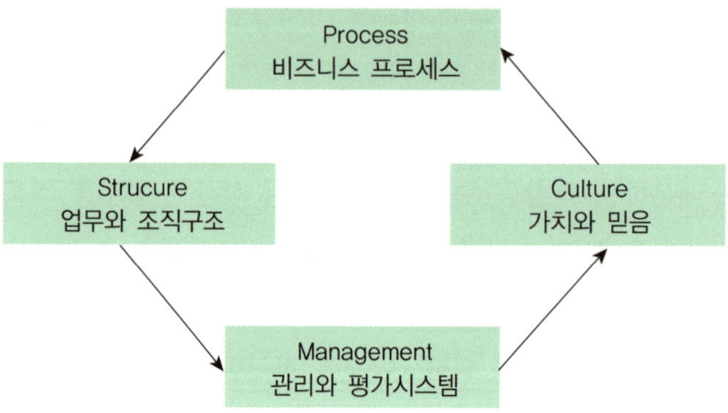

생각하기

좋은 상품이 승자를 만드는 것이 아니라, 승자가 좋은 상품을 만드는 것이다

Apple has lost a visionary and creative genius, and the world has lost an amazing human being. Those of us who have been fortunate enought to know and work with Steve have lost a dear friend and an inspiring mentor. Steve leaves vehind a company that only he could have built, and his spirit will forever be the foundation of Apple.

자료: 애플 홈페이지 www.apple.com(2011.10.13)에서 발췌

2. 프로세스적 사고와 조직

1) 프로세스적 사고

프로세스적 사고(process thinking) 또는 프로세스 중심적 사고(process-centered thinking)는 조직 내 모든 활동의 집합을 프로세스로써 개념화하고 프로세스가 투입물을 받아 상품, 서비스 및 이익을 생산하기 위해 어떻게 상호작용하는지에 대해 이해하고자 하는 사고방식을 말한다.

이러한 프로세스 중심적 사고는 기존의 기능 중심적 조직에 비해 다음과 같은 측면을 강조하면서 강점을 발휘하게 한다.

첫째, 고객 중심적 관점과 사고를 확립할 수 있다. 프로세스는 고객의 필요에서 시작되어 고객의 만족에서 끝을 내도록 설계되기 때문에 고객 중심적 시각을 모든 업무 단위

로 재편하게 한다.

둘째, 일처리 방식을 기능 또는 부서 중심의 개별적 단위가 아닌 **업무 전체 또는 네트워크된 조직 전체 단위로 통합**하여 수행하고자 한다. **고객은 공급자 중심으로 분류된 단편적이고 개별적인 서비스에는 관심이 없다.** 어떤 공급자가 자신의 필요를 한번에 쉼 없이 충족시킬 수 있는가에 관심을 갖는다.

셋째, 업무의 계획이 아닌 **조직화하여 실행**함을 강조한다. 따라서 전체 업무의 실체를 쉽게 파악하게 하므로 업무 성과의 측정을 용이하게 하고 개선할 수 있도록 관리하게 한다.

2) 기능 중심 및 프로세스 중심 조직

(1) 기능 중심 조직

현대 조직의 대표적인 형태가 기능 중심 조직으로 철저히 공급자 중심으로 형성된 조직구조이다. 의료조직의 경우가 대표적으로 기능 중심 조직구조를 띄는데 내과, 외과, 소아과, 산부인과, 간호과, 약제과, 총무과, 원무과 등이 좋은 예이다.

기능 중심 조직은 업무가 각 기능에 의해 관리되는 조직으로 업무단위로 자원을 관리하고 **기능의 최적화에만 관심**을 갖게 된다. 따라서 기능 부서의 직원들은 '조직 전체'나 '고객'이 아닌 **'나' 중심의 직무**를 마치는 것에 중점을 두며 타 기능과의 상호작용에는 일반적으로 둔감해지게 된다.

이러한 조직의 문제는 지엽적 · 분리적 차원의 기능은 그 자체만으로 고객에게 아무런 가치를 제공하지 못한다. 즉, 최종적으로 고객이 원하는 서비스를 창출하기 위해서는 기능이 상호 연결되어야 하는데 조직을 기능 중심으로 운영할 경우 기능 간 장벽이 발생하여 결국 아무도 고객가치창출에 직접적으로 책임져야 할 소재를 가려내지 못하는 **부분 최적화(local optimum)**만을 달성하게 된다. 따라서 기능 중심 조직은 고객서비스가 실종되고 고객의 만족도가 떨어지는 문제점에 봉착하게 된다.

(2) 프로세스 중심 조직

기능 중심 조직이 철저히 공급자 중심 구조인 반면, **프로세스 중심 조직은 철저히 소비**

자 중심으로 재편한 조직구조이다. 따라서 프로세스 중심 조직은 여러 기능을 관통하는 형태를 보이고 있다.

프로세스 중심 조직은 업무를 프로세스 중심으로 재편한 조직으로 '나'가 아닌 고객이 원하는 상품을 생산에서부터 소비까지 일련의 기능을 관통하여 연결한다는 조직이다. 이 경우 고객이 보다 명확히 정의되며 자신들의 업무가 전체 프로세스와 고객에게 어떤 영향을 주게 될지를 생각하게 되기 때문에 업무의 결과에 대해 공동으로 책임을 지게 된다.

그림 6-6 기능과 프로세스

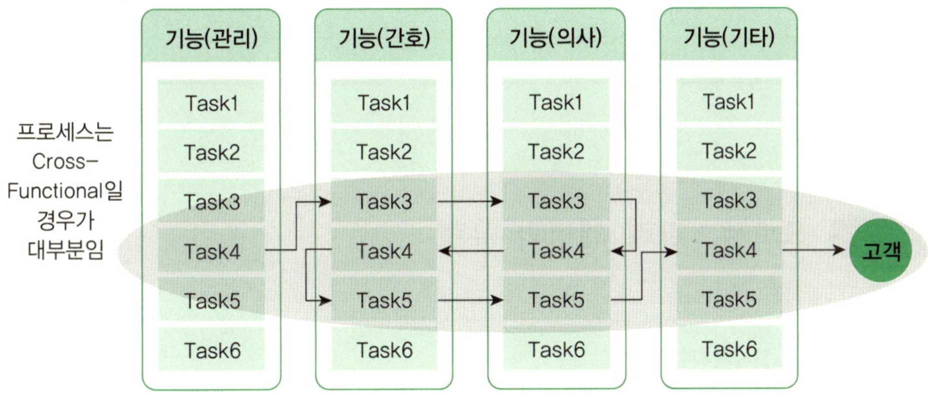

이렇듯 연계적이며 통합적이고 전체적 관점을 중시하는 프로세스 중심 조직은 보다 자연스럽게 전체 최적화(global optimum)에 신경 쓰게 된다. 따라서 프로세스 조직은 고객이 명확히 보이며 고객에게 가치를 창출하기 위한 업무처리 속도가 향상될 뿐 아니라 업무관리능력도 강화되어 책임통제를 명확히 할 수 있다. 또한 조직이 프로세스 팀을 중심으로 서로 협력하게 되어 팀워크가 좋아지며 관료주의를 사전에 예방할 수 있어 조직 민첩성이 제고되어진다.

실제로 서비스는 여러 기능이 복합적으로 연계되어 제공되는데 조직구조와 평가가 기능 중심으로 이루어질 경우 고객은 멀어지고 부서의 이기주의와 책임회피, 무사안일, 중복 프로세스, 중복 인력 등으로 인한 고비용·비효율 구조를 갖지 않을 수 없다. 즉, 경쟁의 상대가 조직 외부가 아닌 내부 부서가 되어 개선이 아닌 불화의 해소에 조직

에너지를 쓰게 된다. 이러한 상황을 그대로 방치한 채 강력한 성과 평가를 시행할 경우 위와 같은 고비용 · 비효율구조는 더욱 고착화될 것이다.

기능적 사고와 프로세스적 사고의 차이를 비교하면 다음과 같다.

표 6-1 기능적 사고와 프로세스적 사고의 차이

기능적 사고	프로세스적 사고
'나' 관점(나 위주)	'고객' 관점(고객 위주)
개인적 작업에 초점	모든 작업과의 상호 연결에 초점
지엽적, 분리적, 순차적	전체적, 연계/통합적, 동시적
누구의 잘못인가?	어떻게 개선할 것인가?
내부 불화	경쟁사와의 경쟁
부분 최적화(부서제)	전사 최적화(팀제)

3절 프로세스관리 개념과 유형

1. 프로세스관리의 개념

1) 프로세스관리 개념

조직의 성과를 결정짓는 내 · 외부 업무 프로세스를 최적화하여 고객가치를 창출하고자 하는 경영체계를 **비즈니스 프로세스경영(business process management: BPM)**이라 한다.

비즈니스 프로세스를 경영관리한다고 함은, 첫째 고객의 요구 또는 기대를 토대로 하여 프로세스를 정의하고 가시화한 후, 둘째 이를 모니터링이 가능하도록 한 다음, 셋째 고객 요구와 실제 프로세스의 차이를 측정하고 분석하여, 넷째 조직의 특성에 맞게 지속적으로 프로세스를 개선하고 최적화하는 활동을 말한다.

그림 6-7 BPM 단계

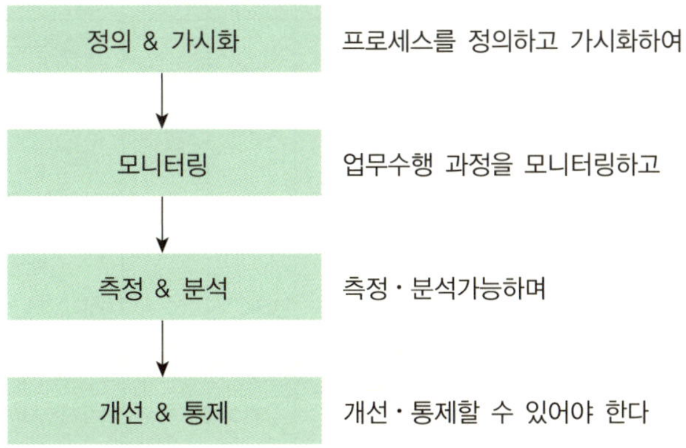

2) 일례

프로세스관리의 일례로 병원 응급프로세스를 살펴보자. 응급프로세스라고 정의된 프로세스가 아래와 같이 가시화되었다. 본 프로세스는 총 19단계로 구성되어 있으며 환자가 응급실에 도착하여 창구에 가는 것으로 시작되어 처방전을 수령하여 병원을 떠남으로써 종료된다.

이 프로세스를 자료의 생산, 환자의 이동, 검사, 지연 및 저장 과정으로 구분하여 표현할 수 있도록 하였고 단계별 소요시간과 이동거리를 병행하여 나타내었다. 그 결과 응급프로세스는 총 50분이 소요되며 환자의 총 이동거리는 815피트가 된다. 이는 생산이 5단계에 23분이 소요되었고 이동은 9단계에 11분, 검사는 2단계에 18분, 지연은 3단계 8분이 경과되었다.

따라서 관리의 초점을 총 단계의 감소나 총 소요시간의 감축, 이동거리의 감소 또는 지연시간의 감소 등을 책정하여 이를 위한 방안을 마련하는 것으로 프로세스 관리가 시작된다. 예로 이동 9단계 11분과 지연 3단계 8분을 합쳐 총 12단계 19분을 어떻게 줄일 수 있는지와 같은 구체적인 개선 사안을 마련하는 것은 응급실 담당직원으로 하여금 무엇을 해야 하는지에 대해 명확하게 의사소통할 수 있을 뿐 아니라 실제로 성과를 측정할 수 있어 관리와 개선으로 이어질 수 있다.

이렇게 성과를 프로세스와 연결하면 측정을 통해 숫자로 파악하기 쉬우며 이를 통해 문제가 무엇인지 명확히 알 수 있고 이를 어떻게 관리하여 개선으로 이어질 수 있는지

▌표 6-2▐ 프로세스 관리자의 예

단계	시간(분)	거리(피트)	생산	이동	검사	지연	저장	단계기술
1	0.50	15		×				접수창구 감
2	10.0		×					개인 신상카드 기록
3	0.75	40		×				이동
4	3.00				×			간호사 검사
5	0.75	40		×				대기실로 돌아옴
6	1.00					×		침대 대기
7	1.00	60		×				침대로 감
8	4.00					×		의사진료 대기
9	5.00				×			의사 진료
10	2.00	200		×				방사선과 이동
11	3.00		×					X-ray 촬영
12	2.00	200		×				응급실 침대로 돌아옴
13	3.00					×		의사진단과 처방 대기
14	2.00		×					의사 진단과 처방
15	1.00	60		×				응급실 돌아옴
16	4.00		×					계산
17	2.00	180		×				약국으로 이동
18	4.00		×					처방전 수령
19	1.00	20		×				병원 떠남

자료: Krajewski L.J., Ritzman L.P. and Malhotra M.K., *Operations Management*, Prentice-Hall, 2009.

알 수 있게 된다. 따라서 프로세스 관리는 실제적인 개선을 기대할 수 있다는 장점이 있다.

2. 프로세스 팀과 관리자의 기능

전체 프로세스 경영을 실제적으로 추진하며 또한 그 결과에 대해서 총괄적으로 책임지는 사람을 프로세스 관리자라고 하며 프로세스 팀을 이끄는 역할을 수행한다. 즉, 프로세스 중심적 사고에 입각하여 프로세스의 전체 계층에 대해 가치 있는 프로세스를 창출하고 환경변화에 적극적으로 대응하도록 프로세스를 갱신하고 재설계하며 조직 자원과 직원을 개발하여 프로세스를 유지할 뿐 아니라 이를 끊임없이 관리하는 책임자를 말한다.

이는 프로세스 관리자 혼자 수행하는 것이 아니라 조직 내 직원과 고객과 협력하여 추진하게 된다. 따라서 프로세스 관리자의 가장 중요한 역할은 이들과 협력체계를 기본적으로 구축하여야 한다는 점이다. 프로세스 관리자의 핵심기능을 자세히 살펴보면 다음과 같다.[4)]

먼저, **프로세스를 창조**해야 한다. 이는 새로운 프로세스를 창조하는 것을 말하는 것이 아니라 고객의 관점에서 조직 내 작업을 재정의하는 것이다. 이를 위해서는 고객의 요구를 파악해야 하며 조직의 필요와 부합되는지 판단하여야 한다. 보통 고객과 조직의 요구에 부합된 전체 프로세스를 설계하기 위해서는 이와 관련된 전문가로 구성된 팀이 필요하다. 왜냐하면 전체 프로세스는 여러 부서와 개인으로 나누어진 과업과 활동으로 구성되어 있기 때문에 이를 서로 연결시키는 것이 필요하기 때문이다. 따라서 프로세스 관리자는 고객의 요구를 파악하기 위해 수시로 고객의 소리를 청취하여야 하며 프로세스 팀에 관련 전문가를 참여시켜야 한다. 또한 프로세스를 창조함에 따른 프로세스 비전을 수립하여 조직 내 구성원들과 소통함을 통해 무엇이 변하는지 알게 하고 동참하도록 유도하여야 한다.

둘째, **프로세스를 갱신하고 재설계**하여야 한다. 프로세스 설계는 고객의 요구와 기술적 변화에 따라 끊임없이 자신의 프로세스와 목표를 명확히 하고 재정의하며 갱신하고 재설계하는 동적 흐름이다.

따라서 프로세스 관리자는 '고객을 위한 최선은 무엇인가?', '우리 고객이 원하는 것은 무엇인가?' 등에 대한 도전적인 물음과 스스로의 능력개발을 지속적으로 수행하여야 한다. 이를 토대로 프로세스 비전에 입각한 전략을 개발하여야 하며 조직이 프로세스 중심 조직이 되도록 학습하고 교육해야 하며 전략이 잘 수행되고 있는지 통제 · 관리하여야 한다.

---

4) Smith, S.P. and D.L. Flarey, *Process-Centered Health Care Organization,* Aspen Publication, 1999. 166

그림 6-8 프로세스 관리자의 핵심 기능

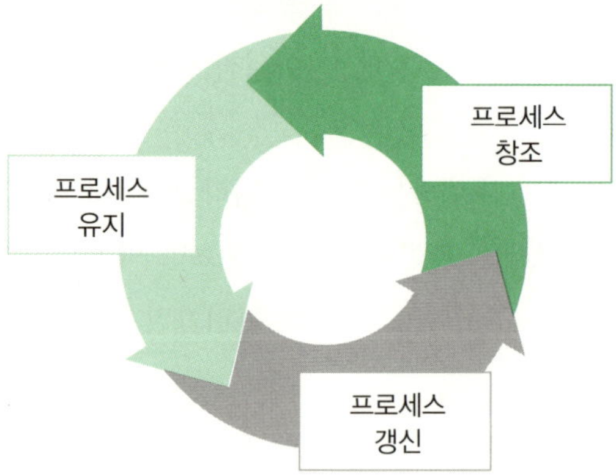

자료: Smith, S.P. and D.L. Flarey, *Process-Centered Health Care Organization*, Aspen Publication, 1999.

마지막으로 갱신되고 재설계되어진 **프로세스를 조직 내에서 유지**하여야 한다. 이를 위해서는 재설계되어진 프로세스가 조직 내에서 효과적으로 수행될 수 있도록 새로운 역할에 대한 팀과 담당직원들의 부담을 줄여주어야 한다. 이때 관리자의 중요 업무는 팀과 담당직원에 대해 양육하고 촉진하며 가르치는 것과 같은 코칭 역할을 수행하는 것이다. 이와 힘께 필요 자원과 안내지침서를 제공하고 유능한 직원과 멘토 식원을 배치하며 서로 신뢰하게 하고 몰입하게 하며 사명감 있도록 관리하는 일 또한 중요하다.

3. 프로세스관리 유형

프로세스관리 유형은 크게 리엔지니어링(reengineering), 단순화(simplification), 부가가치분석(value-added analysis), 차이와 단절(gaps and disconnects) 등이 있다.

1) 리엔지니어링

리엔지니어링(reengineering)은 근본적 효율성 증대를 위하여 백지상태에서 전체 가치사슬을 포괄적으로 재설계하는 것을 말한다. 이는 상당한 생산성 향상을 도모할 수도 있으나, 막대한 혼란과 큰 불확실성을 초래하기도 한다.

2) 단순화

단순화(simplification)는 모든 기존 프로세스가 갖는 활동 중복성을 검토하여 이를 가능한 제거시키는 것을 말하며 불필요하게 복잡하거나 다른 활동과 크게 중복되는 활동이 발견되면 이를 제거 또는 병합하는 것이다.

이때 단순화를 시행하기 위해 다음과 같은 물음을 제기할 수 있으며 이를 통해 제거 또는 병합할 활동을 찾는다.

- 이 활동이 정말 필요한가?
- 이 활동에서만 얻을 수 있는 정보는 무엇인가?
- 이 활동이 병목지점은 아닌가?
- 업무가 병행처리될 수는 없는가?
- 업무가 불필요한 순환을 타는 것은 아닌가?

3) 부가가치분석

부가가치분석(value-added analysis)은 고객 관점에서 고객에게 가치를 창출하지 못하는 활동의 수를 줄이거나 제거하기 위해 각 프로세스에 대한 평가와 점검을 체계화하는 방법을 말한다. 모든 프로세스는 크게 가치 부가 프로세스(value-added process)와 가치 비부가 프로세스(non value-added process)로 구분된다. 가치 비부가 프로세스는 준비, 통제 및 검사, 단순이동 및 대기, 의료사고 등과 관련된 프로세스로 가치 부가 프로세스를 구동하는 역할을 수행하는 프로세스가 아닌 프로세스를 찾아 제거함이 본 분석의 목적이 된다.

4) 차이와 단절

차이와 단절(gaps and disconnects)은 프로세스상의 대부분의 문제가 명확한 목표 부재, 피드백 결여, 잘못된 지표 등 내부조직 간 커뮤니케이션의 차이와 단절 등의 실패에서 비롯된다고 보고 이를 개선함으로써 프로세스의 효율화를 도모하는 방법이다. 이는

그림 6-9 관리된 프로세스 유형들

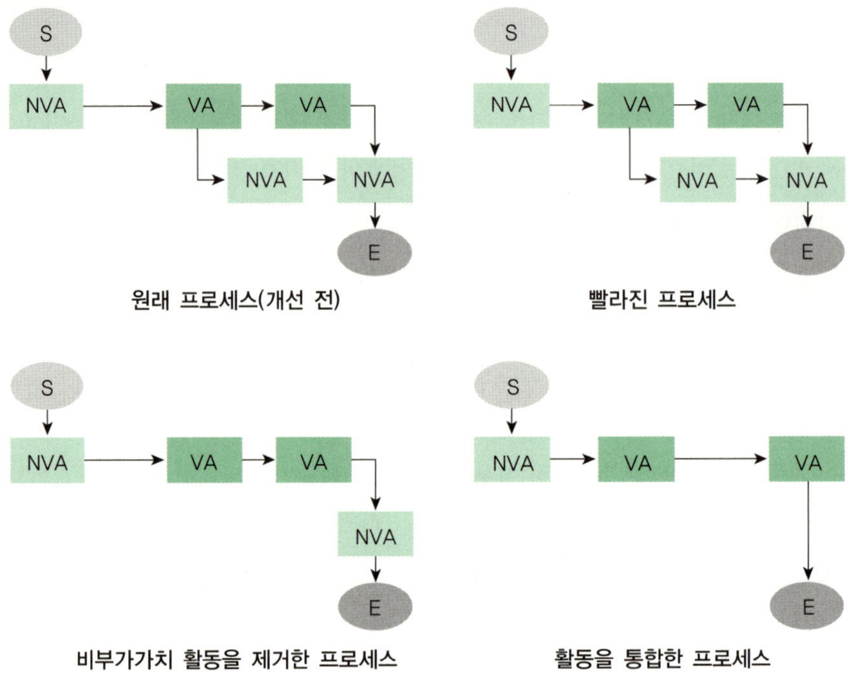

S: start, E: end, VA: value-add, NVA: non value-add

수영선(swimlane)을 통해 부서 또는 기능영역을 표시하고 부서 간 또는 기능영역 간 프로세스 흐르는 모습을 다이어그램으로 제시하는 방법을 통해 커뮤니케이션의 차이를 줄이고 원활한 흐름을 가시화하도록 한다.

[그림 6-9]는 관리된 프로세스의 예시이다. 프로세스의 속도를 높이거나 비부가가치 활동을 제거하거나 부가가치활동으로 통합하여 프로세스의 가치를 높일 수 있음을 나타낸다.

4절 프로세스 모델링

1. 프로세스 모델링 기법

1) 기법 소개

프로세스의 모델링 기법으로는 일반적으로 다음과 같은 표기법을 활용하여 작성한다.

먼저 프로세스의 시작과 끝은 타원형으로 표시하며 프로세스, 활동 또는 과업은 네모로 표시하며 네모 안에 간단히 프로세스의 내용을 적는다.

마름모는 판단이나 분기를 나타내는데 프로세스의 표기를 위에서 아래로 진행할 때 '예'인 경우는 아래쪽으로, '아니오'인 경우는 우측에 화살표로 표시한다. 프로세스의 표기를 왼쪽에서 오른쪽으로 진행할 때 '예'는 오른쪽으로, '아니오'는 아래쪽으로 화살표로 표기한다. 마찬가지로 마름모 안에 간략히 내용을 표기한다.

문서의 경우는 사각형의 밑 부분이 물결형 도형으로 표시하며, 프로세스의 흐름은 화살표로 나타낸다.

기타 프로세스가 한 장에 표기되지 못하여 다른 쪽에 이어져서 표기해야 하는 경우 다른 프로세스와 연결지점을 원으로 표기하며, 프로세스의 지연은 사각형의 오른쪽 변이 둥글게 처리된 도형으로, 프로세스의 합병은 역삼각형으로 나타낸다.

| 표 6-3 | 프로세스 관리자의 예

심볼	이름	설명
	• 프로세스 단계 • 활동 • 과업	• 수행되고 있는 활동이나 과업을 의미함 • 심볼 내에 특정 활동 내용을 직접 기술함
	• 판단 • 분기	• 플로우차트를 세로형(위에서 아래로 진행)으로 작성할 경우 'Yes'는 심볼 아래쪽으로, 'No'는 심볼 우측으로 화살표가 분기됨 • 플로우차트를 가로형(왼쪽에서 오른쪽으로 진행)으로 작성할 경우 'Yes'는 심볼 오른쪽으로, 'No'는 심볼 아래쪽으로 화살표가 분기됨

		• 만약, 심볼 내에 간단한 설명을 기입해야 하는 경우에는 아주 짧게 기술해야 함(예 승인, OK 등)
	• 문서	• 문서생성을 의미함 • 여러 문서가 생성된다는 것을 표기해야 하는 경우에는 겹쳐진 문서 심볼을 사용함 • 심볼 내에 문서명을 기술함
	• 흐름 방향	• 화살표 방향은 완료된 활동의 순서를 의미함 • 화살표 위에 주석을 기입하기도 함
	• 경계	• 프로세스의 시작과 종료를 의미함 • 심볼 내에 '시작'(start) '종료'(end)를 기입함
	• I/O	• 재료, 원료, 데이터 등 시스템에 입력되거나 출력되는 투입물(input)과 결과물(output)을 의미함
	• 연결점	• 다른 프로세스와의 연결지점을 의미함 • 프로세스가 다른 페이지로 넘어갈 때 사용함 • 심볼 내에는 연결점을 표시하는 영문자와 프로세스가 있는 페이지 숫자를 함께 기입함(예 A/16)
	• 지연/대기	• 후속 활동을 기다리거나 지연되는 것을 의미함 • 심볼 내에 지연/대기에 대한 이유를 기입하기도 함
	• 병합	• 두 프로세스가 한 군데로 모여지는 것을 의미함
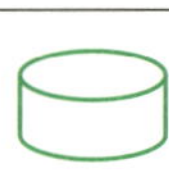	• 데이터 저장소	• 정보가 저장되어 있는 데이터베이스를 의미함

2) 프로세스 맵 작성

프로세스 맵은 아래 그림과 같이 **수영장의 선(swimlane)** 모양으로 나타낸다. 일반적으로 왼쪽에 프로세스를 수행하는데 참여하는 관련 부서를 적으며, 프로세스의 시작과 끝은 **한 장에 모두 표시**하도록 한다. 이는 프로세스 범위와 성격을 고려하여 결정하게 되는데 **조직활동에 영향을 줄 수 있는 이벤트를 시작점**으로 하고 **성과를 가져다 줄 수 있는 산출물을 종료점**으로 한다.

프로세스의 표기 방향은 보통 위에서 아래로, 왼쪽에서 오른쪽으로 프로세스가 흐르도록 작성한다.

그림 6-10 프로세스 맵의 예

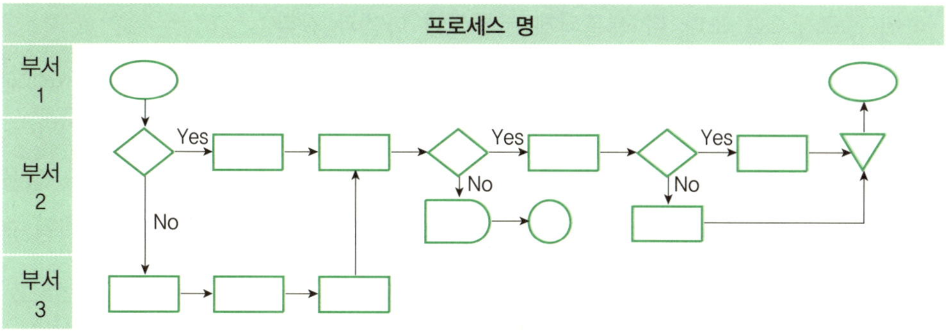

2. 예시

1) 응급환자관리 프로세스: 기본형

아래 그림은 실제 응급실의 응급환자 프로세스의 일례이다. 응급환자관리 프로세스는 응급환자가 내원하면서 시작되며 응급실 원무부서는 접수 후 당직의사에게 안내한다. 당직의사의 진료검사, 투약 등에 따른 결과에 따라 입원이 결정된 환자의 경우 입원 접수를 하고 입원원무부서로 업무를 이전하며, 다른 병원으로의 이송이 결정된 환자는 이송 접수를 하고 이송 예정 병원에 사전 연락을 취한 후 이송하게 된다. 그렇지 않은 경우 진료비를 수납하고 퇴원하면서 프로세스는 종료한다.

그림 6-11 응급환자관리 프로세스

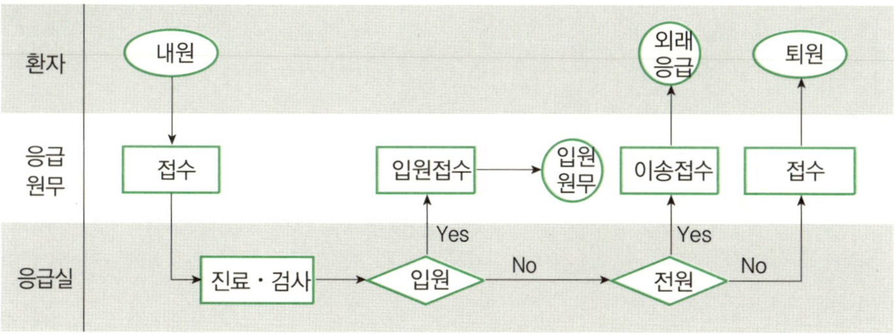

2) 응급환자관리 프로세스: 세분형

하위 프로세스를 보다 더 세분되게 분류하면 다음과 같다.

- 환자 방문 ⇨ 분류 및 예진, 접수 ⇨ 접수창구이동 ⇨ 접수 ⇨ 기본검사 ⇨ 검사실 이동 ⇨ 검사결과 판독 ⇨ 협진 여부 결정 ⇨ (필요한 경우) 해당 협진과 연락 ⇨ 협진 ⇨ 추가 협진 여부 결정 ⇨ (필요 없을 경우) 수술 여부 결정 ⇨ (필요 없을 경우) 입원 여부 결정 ⇨ (필요 없을 경우) 처치 및 투약 ⇨ 사후 처치 ⇨ 퇴원 교육 ⇨ 수납창구로 이동 ⇨ 수납 ⇨ 환자 퇴원

그림 6-12 응급환자 프로세스 예

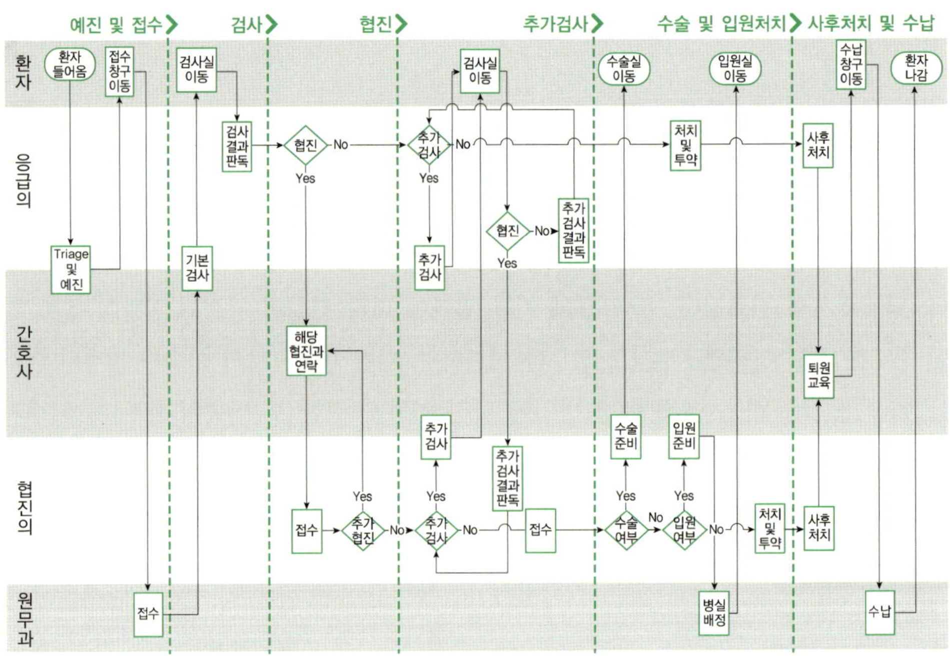

7 CHAPTER 품질관리

품질은 프로세스를 통해 얻어진다

1절 품질의 개념과 비용

1. 품질관리의 중요성

품질은 오늘날 어느 조직이나 경쟁적인 환경에서 가장 중요한 요소 중의 하나이다. 가치창출이 현대 경영의 화두인 시점에서 품질은 가치창출의 동인이자 프로세스와 서비스를 향상시키는 수단이기도 하다. 품질이 좋고 나쁨은 수익과 비용뿐 아니라 조직의 이미지 형성에도 적지 않은 영향을 미치게 된다.

2. 품질의 개념 및 특성

1) 서비스품질의 개념

서비스의 품질은 제품에 비해 간단하고 명확하게 정의하기가 쉽지 않다. 이는 서비스의 품질 또한 서비스의 특징인 **무형성, 비분리성, 이질성 및 소멸성**에 기초하기 때문이다. 즉, 서비스는 눈에 보이지도 않으며 생산과 소비가 동시에 발생하며, 판매되지 않을 경우 바로 사라지는 특성을 갖는다.

그러나 무엇보다 중요한 특성은 바로 **이질성**이다. 이는 동일한 조건에 생산되는 서비스라도 그 품질이 고르지 않다는 것이다. 예를 들어, 동일한 의료기관에서 동일한 의사가 동일한 의료서비스를 생산한다고 하여도 환자에 따라서 또 의사의 신체리듬에 따라서, 의사와 환자와의 교감 정도에 따라서 제공되는 의료서비스의 품질에는 차이가 나게 된다.

이렇게 서비스의 품질은 그 기본적인 특성에 따라 복잡하기 때문에 일치된 정의는 없으며 관점과 소개되는 시점에 따라 다양한 의미로 사용된다. 그 주요 관점은 다음과 같다.

(1) 공급자 중심적 관점

초기에 품질은 주로 물질도 정신도 아닌 것으로 분석 불가능하기 때문에 경험을 통해서만 알 수 있다는 관점이 지배적이었다. 그러다가 제조업이 발전하면서 **얼마큼 공학적인 설계와 규격에 대한 요구에 부합하면서 생산하였는가**를 고품질의 기준으로 삼았다. 그 대표적인 품질이론가가 공학자로서 현대 품질이론의 창시자 중 한 명인 다구치(G. Taguchi)이다. 그는 품질의 가장 중요한 요소로 일관성과 최소 변동성을 강조하였다.

일례로 평균대기시간이 20분인 두 의료기관이 있다고 하자. 한 의료기관은 어떤 경우는 대기시간이 전혀 없다가 길 경우에는 두 시간도 기다려야 하는 곳이고 또 다른 의료기간은 짧으면 10분, 길면 30분 안에 대기가 마무리 된다고 하자. 이 경우 두 번째 의료조직이 고품질의 의료서비스를 생산하고 있다고 한다.

(2) 상품 중심적 관점

품질에 대한 이러한 공급자 및 제조 중심적 사고는 이후 상품 중심적 사고로 변화하게 된다. 즉, 품질은 **요구 또는 필요에 대한 충족 및 일치**로써 명확히 정의된다면 완전히 객관적으로 측정할 수 있다는 관점이다. 대표적인 학자로는 크로스비(P. Crosby)가 있다. 그는 품질이 좋다는 뜻은 고객, 생산자, 관리 혹은 특정한 표준 등에 의한 요구와 기준을 충족시켰다는 것을 의미한다고 보았다.

따라서 이 관점에 입각할 경우 환자의 요구나 병원이 제공하고자 하였던 표준들, 예를 들어 의료사고나 환자 대기시간이 계획했던 범주 안에 있을 경우 등을 충족한 의료서비스는 고품질이라고 할 수 있다.

품질에 있어 운영적 관점에서 가장 먼저 해야 할 단계는 요구사항을 정의하는 것이다.

(3) 사용자 중심적 관점

상품 중심적 관점은 아직도 상품을 주로 제품 중심적으로 해석한 경우로 서비스의 특성을 반영하지 못한다는 한계를 내포한다. 서비스의 품질에 대한 관심이 증가하면서 상품의 품질은 객관적일 수 없으며 사용자의 선호에 따라 차이가 있다는 사용자 중심적 사고를 강조하였다. 그 대표적인 학자가 주란(J. Juran)이다. 그는 품질의 가장 중요한 요소로 **사용의 적합성**이라는 사용자 중심성을 강조하였다. 즉, 가치는 서비스의 소비를 통해 창출되기 때문에 소비자가 원하는 바가 품질의 기준이 되어야 한다는 것이다. 따라서 작업 프로세스는 외부 고객에게 고품질의 서비스를 제공하기 위한 내부고객의 필요와 요구가 반영되도록 설계되어야 한다.

(4) 가치 중심적 관점

최근에는 한 발 더 나아가 사용자의 선호를 넘어 실지로 **사용자가 구매할 수 있는 품질 수준**이 바람직하다는 시각이 지배적이다. 따라서 단순한 품질 외에 그에 따른 가격까지 고려한 가치를 고품질의 기준으로 삼겠다는 것이다. 가격이 너무 비싸서 사용자가 구매할 수 없다면 이는 고품질이라고 할 수 없다는 관점이다.

품질에 있어서 가치 중심적 관점은 숀버거(R. Schonberger)에 의해 제기되었는데 품질은 **비부가가치를 최소화**하는 것과 함께 **처음에 제대로 하는** 두 가지 차원으로 구성된다고 보았다.

이는 낮은 품질로 인해 발생한 각종 문제를 해결하기 위해 투입된 각종 자원들, 예를 들어 재수술 및 검사, 재작업, 오류, 소비자 보상, 시간투자 등의 노동시간, 자금, 원자재 등의 낭비인 비부가가치 요소에 주목하는 접근이다.

경제적인 가치 중심적 관점에서 볼 때 불량 품질은 환자가 수술을 시행하기에 접합하지 않은 상태로 수술실에 도착하여 수술의 지연이나 취소로 인한 시간 등이 된다. 이렇게 처음에 제대로 일처리가 되었다면 발생하지 않았을 모든 시간과 비용들이 저품질로 인한 대가가 된다. 따라서 처음에 제대로 일처리를 하도록 하는 관리의 변화만으로도 시장수요가 변화하지 않고도 또 자원의 추가 투자가 없이도 상당한 수익의 향상을 기대할 수 있을 것이다.

그림 7-1 품질에 대한 다양한 관점

공급자 중심적 관점	품질의 일관성과 최소 변동성을 강조 대표학자: G. Taguchi
상품 중심적 관점	품질은 요구 또는 필요에 대한 충족 및 일치 대표학자: P. B. Crosby
사용자 중심적 관점	품질의 사용 적합성 강조 대표학자: J. M. Juran
가치 중심적 관점	품질은 비부가가치 최소화와 처음에 제대로 하는 것 대표학자: R. J. Schonberger

2) 서비스품질의 특성

서비스품질은 다음과 같이 다양한 측면으로 나누어 볼 수 있다.

(1) 프로세스품질과 상품품질

레티넌(J. Lehtinen)은 서비스품질을 시점에 따라 서비스를 받는 동안 고객에 의해 평가되는 프로세스품질(process quality)과 서비스를 받은 후 고객에 의해 평가되는 상품 또는 산출량품질(product or output quality)로 구분하였다.

- **프로세스품질: 서비스가 수행되는 과정에 따른 품질**
- **상품품질: 서비스 결과에 따른 품질**

(2) 기술적 품질과 기능적 품질

또한 그렌루스(C. Grönroos)는 서비스품질을 기술적 품질과 기능적 품질로 구분하였는데 기술적 품질(technical quality)은 고객에게 제공되는 서비스품질 자체이자 서비스 결과로써 서비스의 유형성, 신뢰성 등에 의해 평가된다. 이에 반해 기능적 품질(functional quality)은 서비스가 고객에게 어떻게 공급되는가에 대한 품질로써 응답성, 보증, 공감성 등에 의해 평가된다.

- 기술적 품질: 서비스 결과에 따른 품질로 원가효율성 전략이 바람직
- 기능적 품질: 고객관계의 중시 정도와 관련된 품질로 개별화 전략이 바람직

기능적 품질을 위해서는 고객과 높은 수준의 상호작용이 이루어지도록 입지와 배치 등 고객접촉 지점에 투자하는 것이 바람직하나 기술적 품질을 위해서는 고품질을 위한 의료장비 및 설비투자와 의료기술 개발투자 등이 바람직하다.

(3) 기대와 성과

한편, 서비스의 품질은 서비스가 갖는 무형성 등의 특성으로 인해 기대(expectation)와 성과(performance)를 비교하여 인식하는 측면이 강하다. 예를 들어, 의료서비스에서 소비자인 환자가 갖는 기대와 실제로 받은 성과의 차이로 서비스의 품질을 평가하게 되는데 그 차이가 클수록 고품질이라고 받아들이게 된다. 수술서비스에 대해 적은 통증으로 비교적 신속하게 수술이 이루어지고 예정된 기간 동안 입원 후 퇴원하여 일상생활에 복귀하길 기대하였는데 이보다 더 적은 통증과 입원기간이 소요되었다면 스스로가 받은 의료서비스의 품질이 높았다고 느끼게 된다.

3. 품질비용

1) 품질비용의 개념

품질비용(cost of quality: COQ)이란 상품과 프로세스가 완전하다면 발생하지 않았을 비용으로 크게 적합 품질비용과 비적합 품질비용이 있다. 적합 품질비용이란 품질을 완전히 하기 위해 노력하는 모든 비용으로 예방비용(prevention costs: PC)과 평가비용(appraisal costs: AC)이 있다.

- 예방비용: 불량 제품을 예방하고 제거하는 활동과 관련된 비용으로 재설계, 교육, 계획 등의 비용을 말함
- 평가비용: 불량 제품을 생산 후 단계에서 고객에게 전달되기 전에 발견하는 데 따른 비용으로(내 · 외부) 품질평가, 검사, 실험 등의 비용을 말함

비적합 품질비용은 품질이 완전하지 않아 발생하는 모든 비용으로 실패비용(failure costs: FC)이 있다. 이는 또 내적 실패비용(internal failure costs: IFC)과 외적 실패비용(external failure costs: EFC)으로 구분된다. 특히, 외적 실패비용은 품질에 대한 인식을 제품 품질에서 종합적 고객만족으로 확대하는 원인이 되기도 한다.

- **내적 실패비용: 사고비용, 재생산, 기계고장시간, 품질불량자재 등이 포함**
- **외적 실패비용: 고객불만족이나 시장상실에 의한 잠재비용, 소송비용, 환불, 품질보증 등이 포함**

2) 품질과 비용의 관계

(1) 품질비용 모형

전통적 품질비용 모형에서는 예방 및 평가비용이 품질수준의 증가에 따라 함께 증가한다는 것을 보았다. 즉, 품질과 비용의 상쇄관계가 있는 것으로 인식되어 총비용이 최저가 되는 품질수준에서 적합품질이 발생하는 것으로 보았다.

그러나 최근 들어 불량품을 생산하지 않는 것이 오히려 비용을 감소하는 것으로 인식이 커지고 있다. 즉, 예방 및 평가비용이 품질수준이 증가함에 따라 무한히 증가하는 것이 아니라는 시각이다. 이는 과거와 달리 불량품의 생산은 그에 대한 배상을 해야 하는 책임이 법적으로도 명시되어 있을 뿐 아니라 고객의 권리 인식에도 강하게 자리

그림 7-2 품질과 비용과의 관계

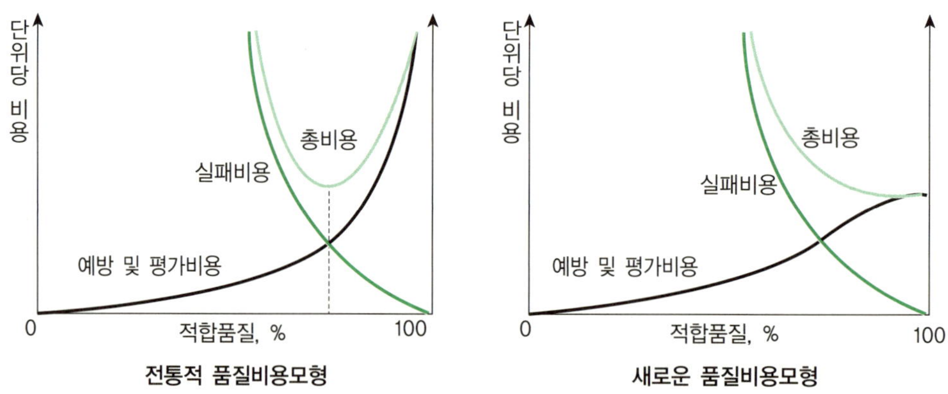

잡고 있기 때문이기도 하다.

따라서 총비용이 최저가 되는 **적합품질수준은 불량이 전혀 없는 완벽한 품질 상태**일 때가 되게 된다. 앞으로 이러한 현상은 더욱 강하게 확산될 것이기 때문에 불량서비스 생산으로 인한 이미지 악화는 조직의 생사에 그대로 직결될 것이다.

(2) 1:10:100 법칙

1:10:100의 법칙 또는 열배법칙(ten-times rule)이 있다. 이는 조직에서 예방비용에 투자하는 1원은 10원의 내적 실패비용과 100원의 외적 실패비용의 가치를 갖는다는 것을 의미한다.

이는 의료시장에서도 받아들여지고 있다. 1차 의료에서 1원이면 예방할 수 있는 문제를 해결하지 못할 경우 10원의 응급의료비를 지불하게 되고 이를 놓칠 경우 100원의 입원비를 소비하게 되며 이 또한 미룰 경우 1,000원의 수술비가 소요되고 퇴원 후 이를 회복하기 위해 10,000원이 지불됨을 의미한다. 따라서 의료서비스가 조기에 제공되었을 때 막대한 의료비를 절감할 수 있어 치료에서 예방으로의 의료 패러다임을 실제로 전환할 수 있는 이해관계자의 합의가 시급히 요청되고 있다.

결론적으로 고품질을 위한 비용의 지출은 그 수준이 높아질수록 감소하여 총품질비용의 최저점이 불량률이 제로인 수준이 될 것이다. 따라서 예방비용이 그 만큼 중요해지고 있다 하겠다.

그림 7-3 1:10:100의 법칙

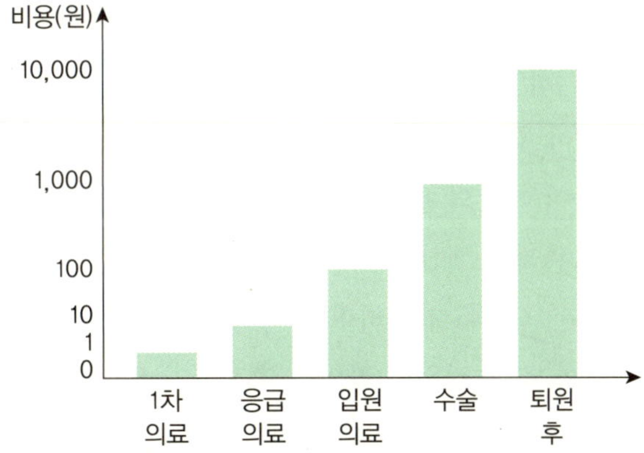

2절 품질경영

1. 품질경영의 발전 과정

일반 산업체에서 품질의 지속적 향상을 계획하고 지속하는 데 있어 전 조직원의 참여를 도모하기 위한 구조화되고 체계적인 과정, 즉 품질을 프로세스에 스며들게 하는 전사적 노력인 총체적 품질관리(total quality management: TQM)를 소개한 이후 다양한 산업에서 이를 흡수하여 응용하고 있다.

품질 향상을 위한 다양한 노력들은 품질보증(quality assurance: QA), 품질향상(quality improvement: QI) 등으로 불리면서 CQI와 유사 개념으로 언급되고 있으며 최근에는 6시그마(sigma), 성과향상(performance improvement: PI)의 개념으로 발전되고 있다. 이러한 개념의 차이를 논하는 것은 별 의미가 없으며 어떠한 방향으로 진화하는가에 관심을 갖는 것이 더욱 유익하다.

품질경영의 발전방향은 다음과 같이 크게 세 가지 방향을 갖고 있다.

첫째, 품질관리를 담당하는 영역이 기존의 부서단위에서 조직 전체로 확대되고 있다는 점이다. 이는 품질관리가 '하층에서 상층'(bottom-up)으로 통제를 통해 전개되어서는 효과를 발휘하기 어렵다는 판단에 기인하여 조직의 거시적 전략과 연동되어 '상층서 하층'(top-down)으로 최고경영자의 리더십에 힘입어 체계적으로 지원되어야 함을 의미하는 것이기도 하다. 따라서 품질관리활동은 조직이 나가고자 하는 방향과 연계되어 전략적으로 수행되는 품질경영으로 확대되어야 한다.

둘째, 품질관리의 대상이 기존의 최종 제품위주에서 완제품이 생산되기 이전인 프로세스로 확대되고 있다는 점이다. 이는 곧 프로세스의 끝단에 위치한 고객 중심으로 품질관리활동이 전개되어야 함을 의미한다.

셋째, 품질관리활동이 기존의 문제가 발생할 때 한시적으로 움직이던 것에 비해 지속적으로 전개되며 성과관리의 핵심이 되어야 한다. 지속적으로 전개되기 위해서는 조직 내의 전체 부서에서 전 직원이 참여하여야 하며 이들에게 관심과 지식을 갖도록 교육되어야 가능하다. 이와 함께 직원의 참여를 촉진하기 위한 성과관리의 일환으로 품질이 관리되어야 하며 이를 위해 품질관리의 방법론이 과학적인 수단에 기초하여 측정되고 모니터링되어야 한다.

결국 품질관리는 조직 혁신의 수단으로써 조직문화의 변화를 가져와야 할 경영의 핵심 주제라 하겠다. 하층에서 시작된 품질관리의 영역이 상층에서 시작된 경영전략과 만나면서 품질경영이라는 새로운 전략경영을 형성하게 되었다. 따라서 품질관리의 대상도 경영전략이 흐름과 일치해야 하는 것은 말할 것도 없다.

2. 품질관리의 대상

조직의 비전이 이를 실행할 수단인 전략으로 세분화되고 전략 실현의 핵심성공요인으로 구체화된 다음 이를 측정하고 평가하기 위한 **핵심성과지표가 바로 품질관리의 직접적인 대상**이 되는 과제가 된다. 즉, 핵심성과지표를 개선하기 위한 사업을 품질관리의 과제와 일치되도록 정렬시킬 때 품질관리는 전략경영으로써 품질경영이 된다.

그림 7-4 비전과 품질관리 과제와의 연관성

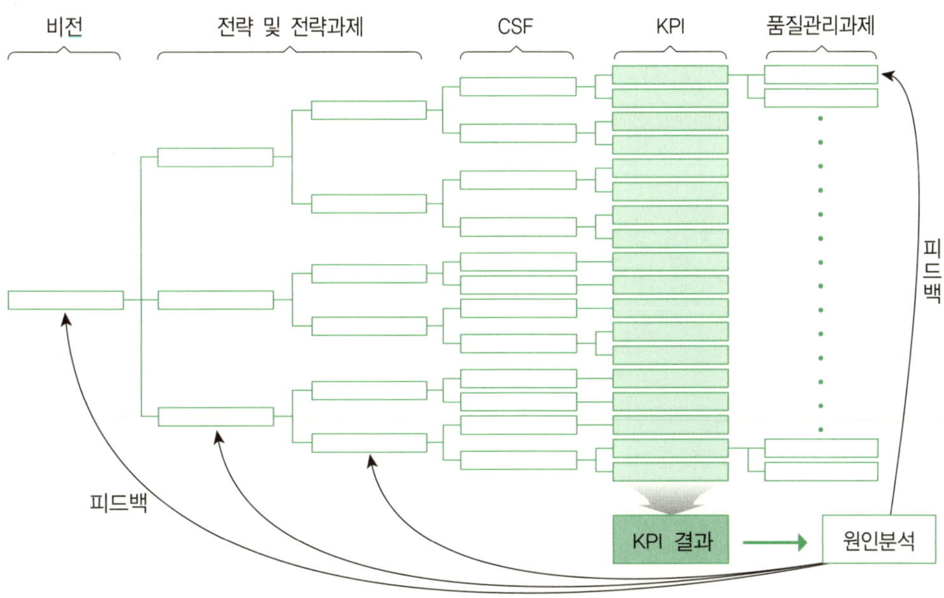

자료: 이견직, 의료경영학, 도서출판 청람, 2021.

핵심성과지표와 관련된 품질관리과제가 다수인 경우 제약요인이 최우선 과제이며 기타 다음과 같은 기준을 통해 우선순위를 선정한 후 예산과 내부 역량을 참고하여 실제 추진 과제를 선정하게 된다.

- 제약요인인 경우
- 고객의 불만이 가장 큰 경우
- 조직성과 향상에 영향이 큰 경우
- 지속적이고 심각한 문제를 초래하는 경우
- 하나의 원인이 여러 문제를 야기하는 경우
- 문제가 해결가능하고, 의미 있는 향상을 유도하는 경우
- 담당자의 해결 동기가 강한 경우
- 비용에 비해 편익이 큰 경우

3절 프로세스 품질평가

1. 품질성과평가

도나베디안(A. Donabedian)은 구조가 좋으면 과정이 좋을 가능성이 높을 것이고 결과도 좋을 가능성이 높을 것이라는 개념에서 구상한 구조-과정-결과 평가 방법을 제안하였다.

1) 구조평가

구조(structure)평가란 서비스를 제공할 때 소용되는 인적(종사자수, 자질 등), 물적(시설, 장비 등), 재정적(보상제도 등) 측면과 기본적 시스템 측면에서 평가하는 접근법이다.

2) 과정평가

과정(process)평가는 서비스 제공자들이 업무표준에 따라 서비스를 제공하고 있는지에 관한 서비스 제공 행위의 평가를 말한다. 이에는 이용도조사(utilization review), 감사(audit), 동료심사(peer review) 등 서비스과정 중 의사소통 여부, 표준화된 서비스제공 여부 등이 중점 평가된다.

3) 결과평가

결과(outcome)평가는 서비스를 제공받은 후 고객에게 나타난 상태수준의 변화를 평가하는 것으로 서비스결과, 고객만족도, 비용 등이 대상이 된다. 특히, 서비스기관의 순위 책정 때 주로 결과지표에 근거하여 평가하고 있다.

그림 7-5 품질평가 방법

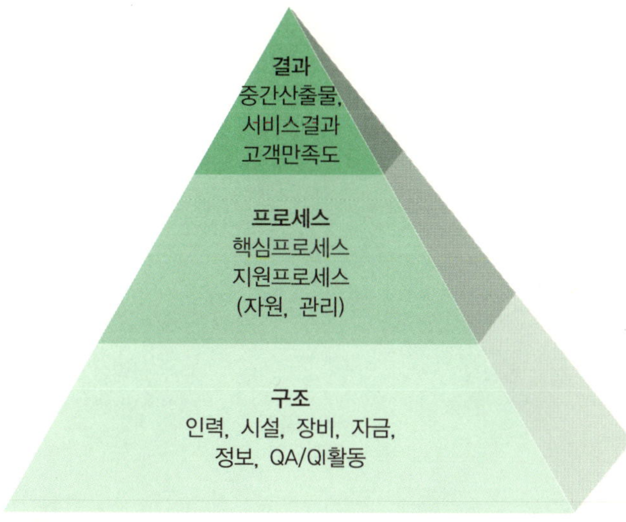

2. SERVQUAL

1) 서비스품질 결정요인

파라슈라만(A. Parasuraman) 등은 서비스품질에 관한 고객 평가기준의 연구를 통해 유형성(tangibles), 신뢰성(reliability), 응답성(responsiveness), 확신성(assurance) 및 공감성(empathy)의 다섯 가지 요인이 서비스품질을 결정한다고 하여 이를 SERVQUAL (SERVice QUALity)이라 하였다.

그 주요 내용은 다음과 같다.

- 유형성: 물리적 시설, 장비와 직원의 외모 등
- 신뢰성: 약속된 서비스를 정확하게 제공하는 능력
- 응답성: 기꺼이 고객을 돕고 신속하게 서비스를 제공하는 것
- 확신성: 직원의 지식과 예의 및 신뢰와 확신을 갖게 하는 능력
- 공감성: 배려와 개별화된 관심

그림 7-6 SERVQUAL의 서비스품질 결정요인

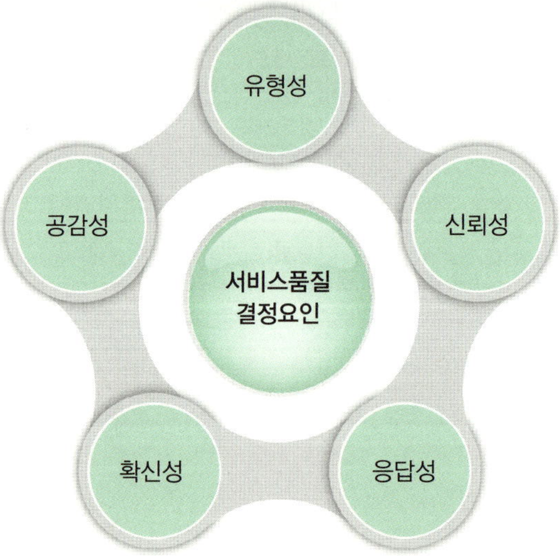

자료: Parasuraman, A., V.A. Zeithaml, and L. Berry, "SERVQUAL: A Multiple Item Scale for Measuring Consumer Perceptions of Service Quality", *Journal of Retailing* 64, 1988.

2) SERVQUAL 설문지

다음은 서비스품질을 측정하고 평가하기 위한 SERVQUAL 모형의 22가지 설문내용을 의료조직에 적용한 예이다. 아래 내용을 통해 의료조직의 서비스품질이 환자들에게 구체적으로 어떻게 평가될 수 있는지를 파악해야 하며, 이를 통해 고품질의 서비스를 위해 얼마나 다양한 측면에서 관리가 필요한지 유념해야 한다.

기대평가 항목들은 1=동의하지 않는다, 4=보통이다, 7=매우 동의한다와 같은 7점으로 구성된 척도에 따라 평가된다.

표 7-1 SERVQUAL 설문: 기대평가항목(의료조직 예시)

유형	설문
유형성	1. 병원은 최신 장비를 갖추고 있을 것이다. 2. 병원시설은 보기에 좋을 것이다. 3. 병원 직원들은 옷차림과 용모가 단정할 것이다. 4. 병원은 진료에 적합한 시설과 분위기를 갖추고 있을 것이다.
신뢰성	5. 병원은 진료에 필요한 약속시간을 반드시 지킬 것이다. 6. 병원은 고객에게 문제가 생겼을 때 관심을 보이고 해결해 줄 것이다. 7. 병원은 믿고 의지할 수 있을 것이다. 8. 병원은 약속한 시간에 의료서비스를 제공할 것이다. 9. 병원은 진료기록들을 정확하게 유지할 것이다.
응답성	10. 병원은 고객들에게 언제 진료가 처리될 것인지 말해줄 것이다. 11. 병원 직원들은 고객에게 즉각적인 서비스를 제공할 것이다. 12. 병원 직원들은 항상 자발적으로 기꺼이 고객을 도울 것이다. 13. 병원 직원들은 아주 바쁠 때에도 고객의 요구에 신속하게 대응해줄 것이다.
확산성	14. 병원 직원들은 신뢰할 수 있을 것이다. 15. 병원은 고객이 안심하고 진료받기 위한 안전을 확보하고 있을 것이다. 16. 병원 직원들은 예의가 바르고 공손할 것이다. 17. 병원 직원들은 고객의 질문에 답변할 충분한 지식을 가지고 있을 것이다.
공감성	18. 병원은 고객에게 개별적인 관심을 기울이고 서비스를 제공해줄 것이다. 19. 병원 직원들은 고객이 편리하게 이용할 수 있게 시간을 맞출 것이다. 20. 병원 직원들은 고객에게 개인적으로 신경써줄 것이다. 21. 병원은 고객의 이익을 진심으로 생각해줄 것이다. 22. 병원은 고객의 필요를 이해할 것이다.

3. 서비스품질 갭 모형

서비스품질을 평가하는 모형으로 파라슈라만(A. Parasuraman) 등의 갭 모형(gap model)이 있다. 이는 서비스품질은 기대와 인식의 차이에서 비롯된다는 사고에 기초하여 서비스 공급자가 이 차이를 줄이기 위해 노력해야 한다는 모형이다.

즉, 서비스의 품질은 그 서비스에 대해 갖는 소비자의 기대와 이에 대해 경영자가 어떻게 인식하고 있는가에 대한 차이(차이 1)에 의해 결정되는데 그 차이는 아래와 같은 네 종류의 차이로부터 비롯된다고 설명하고 있다.

차이 1 = f(차이 2, 차이 3, 차이 4, 차이 5)

- **차이 2**: 서비스에 대한 소비자의 기대를 경영자가 인식하고 있는 만큼 서비스품질 기준으로 잘 전환되었는가에 대한 차이
- **차이 3**: 서비스품질 기준대로 실제로 서비스가 제공되었는가의 차이

그림 7-7 서비스품질 모형

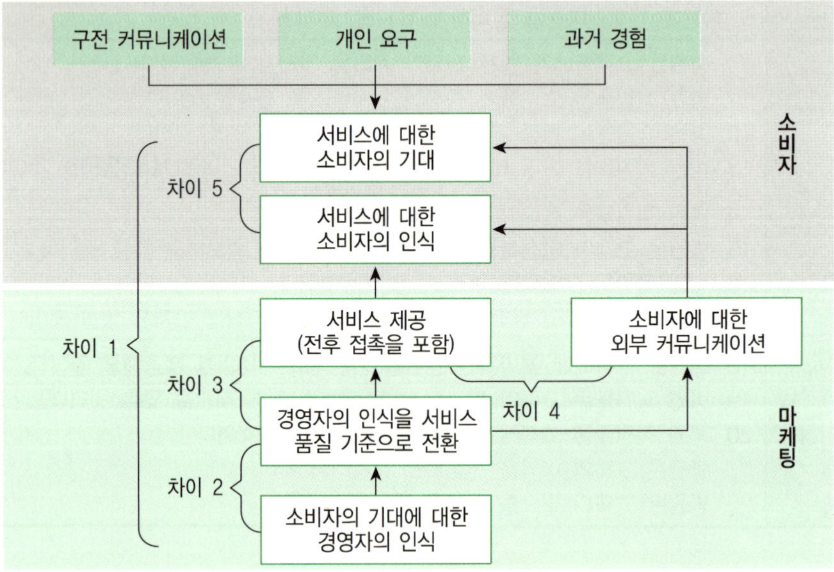

자료: Parasuraman, A., V.A. Zeithaml, and L.L. Berry, "A Conceptual Model of Service Quality and Its Implications for Future", *The Journal of Marketing* 49(4), 1985.

- 차이 4: 제공된 서비스에 맞게 소비자에게 외부 커뮤니케이션이 잘 전달되었는가의 차이
- 차이 5: 소비자가 기대한대로 실제 받은 서비스가 같은가에 대한 인식의 차이

따라서 서비스품질을 개선하기 위해서는 네 종류의 차이의 원인을 밝히고 이를 줄이기 위한 전략을 개발하는 것이 유효하다. 차이의 원인과 해결방안으로 다음과 같은 것들이 있을 수 있다.

표 7-2 차이의 원인 및 해결방안

구분	원인	해결방안
차이 1	경영자가 소비자의 기대를 제대로 파악하지 못함	• 소비자와 적극적인 의사소통 시도 • 시장조사 수행 • 상향적 의사소통 활성화 • 관리층의 축소
차이 2	• 자원제약 • 시장상황 • 경영층의 무관심	• 최고경영자의 지지 • 서비스품질 목표 설정 • 업무 표준화 • 소비자 기대의 실행가능성 인식
차이 3	종업원의 품질기준 미숙지 및 수행능력 부족 등	• 협력 확대 • 종업원의 직무적합성 보장 • 경영통제시스템 개발 • 역할갈등 및 모호성 해소
차이 4	• 의사소통 부족 • 과대약속의 경향	• 수평적 의사소통 확대 • 과대약속 감소

종합적으로 소비자에 의해 인식된 서비스의 품질은 서비스의 기대수준과 인식수준의 차이에 의해 결정된다. 앞에서 살펴본 SERVQUAL의 다섯 가지 요인, 즉 유형성, 신뢰성, 응답성, 확신성, 공감성이 서비스의 기대와 인식에 공통적인 영향을 끼치면서 최종적으로 서비스품질에 영향을 미치게 된다.

그림 7-8 인식된 서비스품질의 결정요인

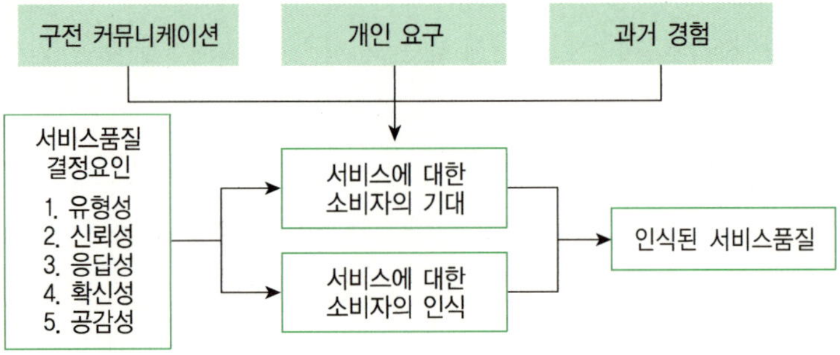

자료: Parasuraman, A., V.A. Zeithaml, and L.L. Berry, "A Conceptual Model of Service Quality and Its Implications for Future", *The Journal of Marketing* 49(4), 1985.

CHAPTER 8 변화관리

성과는 종속과 변동에 의한 변화 관리의 결과이다

1절 종속과 변동

1. 성과의 변수

골드렛(Goldratt)은 그의 소설 〈더 골〉을 통해 조직의 성과를 결정짓는 근본적인 요인으로 사건의 종속성과 통계적인 변동성을 소개하였다. 이 두 가지 요인이 복합적으로 어우러지면서 조직의 성과가 결정된다고 보았다.

- 종속적 사건(dependent events): 어느 한 사건 또는 일련의 사건이 다른 사건이 시작되기 전에 발생해야 한다는 것
- 통계적 변동(statistical fluctuations): 통계적 확률에 따라 성과가 변하는 것

조직의 성과를 결정짓는 프로세스를 관리한다고 하는 것은 곧 프로세스의 종속성과 변동성을 관리함을 의미한다. 즉, 프로세스의 선후가 있을 수밖에 없다는 종속성을 이해하고 이에 더해서 통계적 변동성이 항상 존재할 수 있음을 받아들이는 것을 프로세스 관리의 기초로 삼아야 한다. 조직의 성과는 궁극적으로 완벽한 프로세스를 만듦으로써 극대화되겠지만, 현실적으로 프로세스 고유의 종속성과 변동성으로 인한 변화를 점차 감소시켜 프로세스 품질향상에 심혈을 기울여야 할 것이다.

1) 프로세스의 종속성

프로세스의 종속성이란 하나의 프로세스가 시작되고 종료되기 위해서는 다양한 하위 프로세스가 선 · 후행 관계를 갖고 함께 활동해야 한다는 것이다. 예를 들어, 의료기관에서 환자에게 의료서비스를 제공하는 순서는 일반적으로 '내원 → 접수 → 1차진료 → 검사 → 2차진료 → 납부 → 퇴원'의 과정을 따른다. 여기서 전체 프로세스를 의료서비스라고 하면 이와 관련된 하위 프로세스는 내원, 접수, 1차진료, 2차진료, 납부, 퇴원이라 할 수 있다. 이들은 개별적으로 수행되는 것이 아니라 함께 활동해야 하며 서로 선 · 후행 관계를 갖고 있다. 즉, 검사 과정이 1차진료를 앞서지 못하고, 2차진료가 1차진료를 앞서지 못하는 것 등이 그것이다. 프로세스의 종속성 문제는 모든 조직이 어쩔 수 없이 갖게 되는 고유의 생산운영상의 구조 때문이다.

이렇게 전체 프로세스를 구성하고 있는 여러 하위 프로세스가 서로 선 · 후행의 종속적 관계를 갖고 함께 수행되어야 하는 것을 프로세스의 종속성이라 한다. 이들이 선 · 후행 관계 속에 함께 일하지 않아도 된다면 분명 조직과 프로세스의 성과는 다른 결과를 가져올 것이다. 예를 들어, 검사 프로세스가 1차 진료의 후행 프로세스로써 그 결과를 기다려야 하는 종속성이 없다면 검사 프로세스 내 대기시간을 더욱 잘 조절할 수 있을 것이며 자신의 역량을 자유롭게 최대화할 수 있을 것이다. 그러나 1차진류의 결과에 종속되어 있는 관계로 자신이 처리해야 하는 업무량(투입량)은 선행 프로세스의 결과물(산출량) 그 이상이 되기는 어려울 것이다.

2) 프로세스의 변동성

프로세스의 변동성은 프로세스가 확률적 변화를 갖는 것을 말한다. 예를 들어, 1차진료에 소요되는 시간이 평균 10분이라고 하더라도 어떤 날에 따라, 또 어떤 의사에 따라, 또 어떤 의료기관에 따라, 또 어떤 환자에 따라 그 시간이 변화한다는 것이다. 같은 의사라 하더라도 오전, 오후에 환자를 보는 시간 하고 기분이 좋을 때와 그렇지 않을 때 등에 따라 동일한 진료를 봄에 소요되는 시간이 다를 수 있다. 이렇게 동일한 날, 동일 의사, 동일 의료기관, 동일 환자라 하더라도 사람에 의해 운영되기 때문에 확률적인 변동이 발생하게 된다.

그림 8-1 완벽한 프로세스의 조건

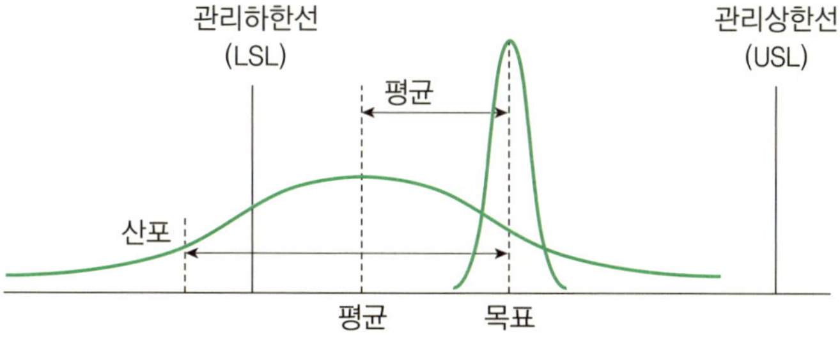

전체 프로세스 또는 하나의 단일 프로세스에서 발생될 수 있는 문제점들은 다음과 같다. 이러한 프로세스는 모두 종속성 및 변동성과 관련되어 있는 것으로 성과를 창출하기 위해서는 모두 관리되어야 한다.

과연 이러한 작업을 통제할 수 있을까?

첫째, 부분 최적이 아닌 전체 최적화에 기반을 두어야 한다. 프로세스의 맨 마지막 단계에서 생산능력이 그 이전 단계에 비해 훨씬 높아야 한다.

둘째, 관리 자원을 제약(bottleneck)과 비제약(non-bottleneck)으로 나누어 관리하여야 한다. 병목은 반드시 나쁜 것만을 의미하지는 않는다. 이는 생산흐름을 통제하는 기준점으로써의 역할도 담당하게 된다. 병목이 없는 조직은 없다.

- 제약자원: 가공능력이 수요와 같거나 적은 자원
- 비제약자원: 가공능력이 수요보다 큰 자원

셋째, 시장의 수요와 생산되는 제품 또는 서비스의 흐름 간에 균형을 맞추어야 한다. 생산능력과 수요의 균형이 아닌 병목인 상품의 생산속도와 수요 간에 균형을 맞추어야 한다. 최적의 조건은 생산이 수요보다 약간 작아야 한다.

2. 변동성

1) 개념 및 원천

(1) 개념

앞장에서 조직이 성과를 창출하기 위해서는 효과성과 관련된 개념인 올바른 일을 하는 능력과 생산성 혹은 효율성과 관련된 개념인 일을 올바르게 하는 능력 외에 일을 열심히 하는 능력이 필요하다고 하였다.

이 일을 열심히 한다는 말은 성과를 지속적이고 반복적으로 창출하도록 최선을 다하는 것으로 변동성을 줄이는 능력이라 하였다. 여기서 변동성이란 유사한 혹은 동일한 상황이 반복되는데도 매번 그 결과치가 다르게 나타나 편차가 생기는 것을 말한다. 통계학에서 말하는 산포도와 같은 개념으로 변동성이 작을수록 어떤 결과에 대한 예측가능성이 커지고 확실성이 증대하나 변동성이 커질수록 불확실성이 증대된다.

- **변동성:** 일반적으로 예상치 못한 상황, 장비의 고장, 중단, 장애 등과 같은 불확실성을 말하는 것으로 수요, 능력, 품질, 자재와 부품 등 다양한 측면에서 발생

따라서 변동성은 조직의 목표달성 과정에서 발생하는 모든 종류의 위험 및 비용과 직접적인 관련이 있기 때문에 이를 관리하는 것이 대단히 중요하다. 즉, 변동성은 불확실성이며 불신뢰이며 위험이자 비용이다. 이는 조직이 생산하는 모든 서비스나 제품의 원가로 자리잡는다. 따라서 수익성 확보, 성과 창출에 가장 큰 변수가 바로 이 변동성이다. 이로 인해 대부분의 프로세스 혁신과 품질관리 또한 이 변동성을 제어하는 데서 출발하며 변동성에 대한 이해는 발생한 문제의 원인을 파악하기 위한 기초가 된다.

변동성은 그 속성상 발생하기 전까지는 불확실성으로 위협이 되지만 일단 발생하고 나면 확실성의 상황으로 바뀌어 기회와 위협이 사라져 다시 안정을 되찾게 된다.

(2) 원천

운영관리의 목표인 원가, 시간, 품질, 유연성 등은 언제나 통제가 가능한, 예측된 평균의 형태로 나타나지 않는다. 이들은 예상하지 못했던 불확실성을 수반한 변동의 형

태로 나타나는 것이 일반적이다. 따라서 이들에 대한 의사결정을 평균 활용도만을 고려하여 실시하였을 경우 예상 밖의 결정을 초래하게 된다. 그 주요한 원천은 다음과 같다.

- 수요의 변동
  - 계절적 변동
  - 기술의 변화와 선호의 변화
- 능력의 변동
  - 부서별 가동률의 변화
  - 신체적 · 정신적 측면에 따른 준비시간의 변화
  - 기계, 컴퓨터 고장 등의 기능장애
  - 직원의 결근
  - 일정과 시간의 문제
  - 불완전한 도구
- 품질의 변동
  - 예측하지 못한 결함
- 자재와 부품 이용성의 변동
  - 자원과 부품의 품질 문제
  - 공급 지연
  - 주문과 달리 적은 물량이나 제품을 공급하는 등의 공급 문제

2) 변동의 종류

(1) 내적변동과 누적변동

변동은 크게 내적변동과 누적변동으로 구분할 수 있다. 내적변동은 직원의 결근이나 품질의 문제 등과 같이 보통 한 부서 내에서 일어나는 변동으로 자신의 성과에 영향을 미치게 된다. 그러나 누적변동은 연관된 타 부서 또는 프로세스가 있을 경우 앞선 부서나 선행 프로세스의 성과에 의해 영향을 받는 것을 말한다.

따라서 이 경우 총변동은 자신의 부서가 만들어낸 내적변동과 앞선 부서 또는 선행

프로세스에 의한 누적변동이 더해져 최종적으로 자신의 부서의 성과로 나타나게 된다.

총변동 = 내적변동 + 누적변동

일반적으로 행군에서 위의 현상을 경험하게 된다. 이 경우 내적변동은 자신의 행군 속도가 될 것이며 이는 자신의 상태에 따라 변화가 있게 된다. 그러나 행군의 뒤쪽으로 갈수록 행군속도는 자신에 의해 발생한 변동보다 훨씬 커져 그 간격을 줄이기 위해서는 뛰어야 할 상황까지 전개될 수 있다. 앞에서 행군하였다면 그렇게 느리게 행군하지 않았을 사람도 행군의 뒤쪽에 위치할 경우 이와 같은 상황이 발생할 확률이 훨씬 높아지게 된다. 앞 사람의 행군속도가 누적되어 자신에게 가해졌기 때문이다. 즉, 뒤쪽으로 갈수록 앞쪽에서 행군을 하는 사람보다 행군속도에 대한 표준편차가 훨씬 더 크다는 것을 알 수 있다.

이는 운영에서도 그대로 나타난다. 한 프로세스 내에서도 시작점에서 멀리 떨어져 있는 프로세스와 관련된 자원의 활용 변동이 앞선 프로세스의 자원 활용과 관련된 누적변동분까지 보태져 이에 대한 통제가 성과에 영향을 주게 된다고 앞에서 언급하였다. 따라서 이에 대한 실패가능성을 고려하여 운영관리가 전개되어야 할 것이다.

(2) 우연원인과 이상원인

제품 및 서비스의 품질에는 반드시 변동이 생기기 마련이다. **변동의 원인으로는 크게 우연원인(white noise)과 이상원인(black noise)**이 있다.

- **우연원인**: 불가피한 변동, 언제나 일어날 수밖에 없는 어쩔 수 없는 변동
- **이상원인**: 특별한 의미가 있는 변동으로 그냥 넘기기에 문제가 되는 변동

우연원인의 예로는 의료진의 숙련도 차이, 의료환경의 변화 및 차이, 의료기기의 작업표준의 허용범위 내 오차 등으로 우연원인으로만 이루어진 상태의 프로세스를 '관리된, 안정된 프로세스'라고 한다.

이상원인의 예로는 의료진의 실수 및 부주의, 의료기기의 이상 및 고장, 오염된 의약품의 사용 등이 있으며 이는 우선적으로 제거되어야 할 대상이 된다.

그림 8-2 우연원인과 이상원인

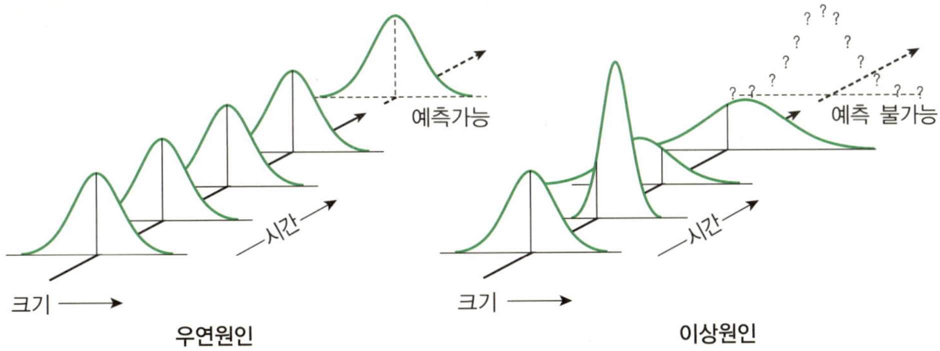

3) 변동성의 영향

변동성이 갖는 파괴력은 자신 또한 한 부서, 한 조직만의 변동에 머무르지 않고 관련된 사람, 다른 부서 및 조직에 전가되는 누적변동이 발생한다는 것이다. 다시 말하면, 변동성은 또 다른 변동성으로 꼬리에 꼬리를 물고 발생한다. 이렇게 선행활동의 변동성은 후행활동의 변동성을 증폭시키게 되는데 종속적 업무로 구성된 프로세스에서 선행업무의 변동성이 ±5이고 후행업무의 변동성이 ±3이라면 전체 업무의 변동성은 ±8이 아니라 이보다 훨씬 더 커진다는 것이다. 즉, 더욱 예기치 못하는 상황으로 전개된다는 뜻이다. 따라서 선행공정의 변동성일수록 품질에는 더 나쁜 영향을 미치게 된다. 이는 의료조직에서도 쉽게 찾아볼 수 있는데 예를 들어 X-ray 필름을 구하지 못할 경우 이후 환자 검사나 수술, 퇴원뿐만 아니라 환자 불만족에 실로 막대한 지장을 초래하는 것을 볼 수 있다.

아래 그림에서 누적변동성의 영향이 왼쪽 그림이 아니라 오른쪽 그림이 된다는 뜻이다.

그림 8-3 누적변동성의 영향

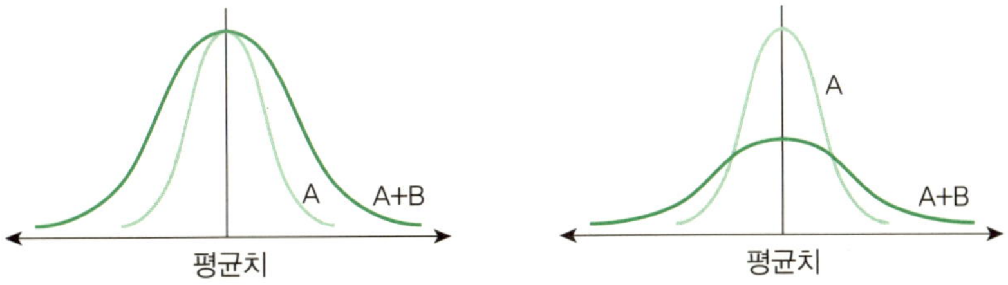

4) 변동성의 관리

변동성이 의미가 있으려면 관리되고 통제될 때이다. 이에 대한 학문이 통계학이다. 통계학을 이해하기 위해서는 산포도를 먼저 알아야 하는데 산포도란 결과값이 흩어져 있는 정도이다. 흩어짐이 클수록 산포도가 높고 변동성이 높은 것이며 낮을수록 예측 가능성이 높아진다.

통계적으로 변동성을 관리하는 것에는 다음과 같은 세 가지 방법이 있다.

첫째, 산포를 줄이는 것으로 이를 해결하기 위한 방법론이 6시그마이다.

둘째, 평균값을 더 높은 수준으로 이동시키는 것으로 이를 해결하기 위한 방법론이 린이다.

셋째, 산포가 용납될 수 있도록 관용도를 가지는 구조를 확보하는 것으로 이를 TOC는 DBR로 설명하고 있다.

변동성 관리는 적정한 관리범위의 상한치와 하한치를 두고 그 범위를 벗어나는 산포를 최소화하면서 상·하한치 범위 내 포함된 산포의 크기를 최대한 줄여가는 것이 핵심이다.

이때 하한치를 미달한 것과 동일하게 상한치를 초과한 것도 문제가 된다. 즉, 과소품질과 함께 과잉품질도 관리의 범위를 벗어났다는 측면에서 모두 심각하게 받아들여야 한다.

특히, 기대를 초과해 발생한 성과는 그것이 일시적으로 산포 중의 일부로 얻은 것인지 아니면 역량의 변화가 있어서 나타난 것인지 확인하는 것은 매우 중요하다. 만약 역량의 변화로 나타난 것이라면 이에 적합하게 조직의 운영시스템을 최적화하고 이를 기준으로 새로운 목표 수준과 과제를 설정하는 것이 필요하다.

그림 8-4 변동성의 축소

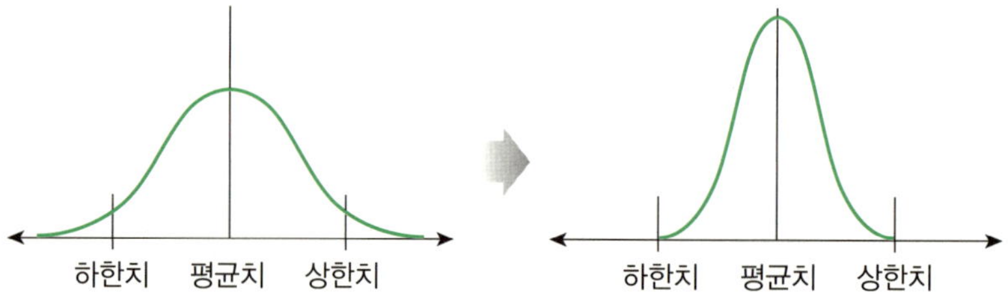

그림 8-5 평균의 이동

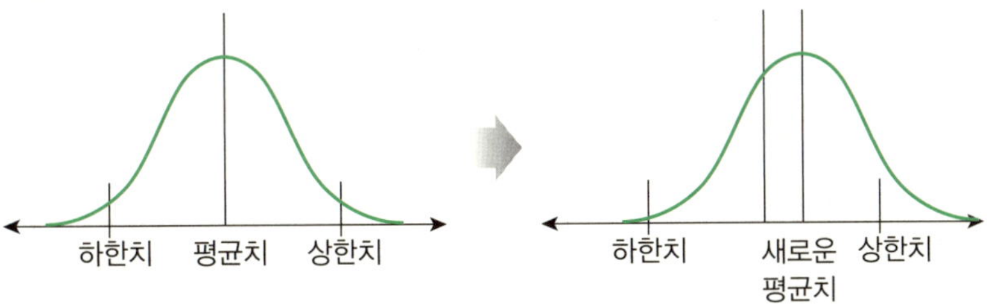

그림 8-6 변동성의 축소와 평균의 이동

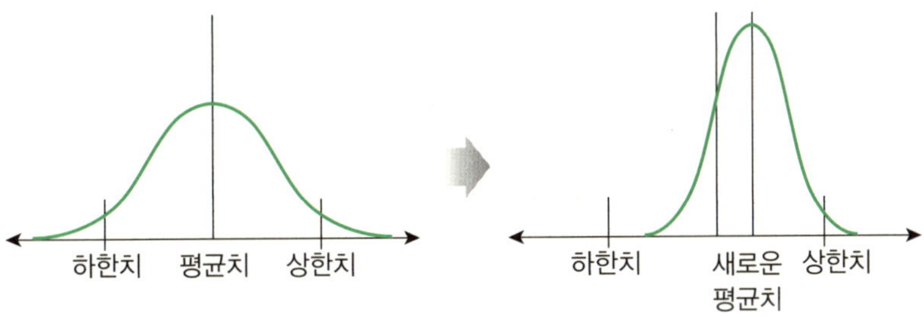

이와 함께 다음과 같은 방법도 효과적으로 활용될 수 있다.

첫째, 응답시간을 줄여 보다 정확히 수요를 예측하고 이를 통해 조직시스템의 변동을 완화할 수 있다.

둘째, 고객과 공급자와 정보를 공유하는 것도 불확실성을 감소시키는 유효한 대안이 된다. 일명 고객관계관리와 공급사슬관리가 이에 기초하여 전개된다.

셋째, 의료서비스 생산에 있어 핵심적 요소를 공유하는 것도 변동에 대처하는 방안이 된다. 여러 부서가 관련되어 특정 서비스를 생산하는 경우 연관된 부서들마다 각각 다른 서비스를 생산하는 것이 아니라 연관된 부서들이 핵심적인 요소를 공유하여 다양한 서비스를 함께 생산하는 것을 말한다.

넷째, 병목 전에 버퍼를 설치함으로써 변동의 영향을 줄일 수 있다. 드럼-버퍼-로프(DBR)라는 접근법을 활용하여 간단하고 효과적으로 변동을 줄일 수 있다. 이에 대해서는 아래에서 설명하고자 한다.

사람의 활동이 많이 개입될수록 변동성이 발생할 가능성이 커진다. 의료조직은 또한 노동 중심 조직이다. 많은 전문가의 협업에 의해 의료서비스가 생산되기 때문에 변동성이 발생할 확률 또한 그 어느 조직보다 높다 하겠다. 전문가를 필요로 하는 것이 변동성을 줄이고자 하는 이유이지만 뒤집어 생각해보면 그만큼 변동성이 발생할 확률이 높음을 의미하기도 한다.

따라서 사람에 의한 변동성을 줄이는 것이 운영관리의 주요 기능이기도 하다. 이를 위해서는, 첫째 사람의 활동을 가능한 단순화, 표준화, 정형화한다. 매뉴얼, 규정, 절차, 프로세스 등을 정형화하고 가시화함을 통해 상당부분 효과를 거둘 수 있다. 조직분위기가 질서정연하게 느껴질수록 변동성이 최소화되고 있는 것이다. 이렇게 잘 관리 · 통제되고 정상 상태를 유지하면서 기대되는 성과를 지속적이고 반복적으로 창출하는 조직이 운영이 탁월한 조직이다.

둘째, 사람의 활동을 다른 수단으로 대체한다. 그 대표적인 것이 컴퓨터와 기계 등을 활용하여 자동화하는 것이다. 고가의 의료기기 도입이 주는 효과는 사람에 의한 변동성이 줄어듦을 홍보하는 것이고, 이를 통해 의료사고의 발생 확률이 그만큼 적은 안전한 의료기관임을 알리는 것이기도 하다.

셋째, 불가피하게 발생하는 변동성은 과학적 방법으로 관리한다. 그 대표적인 것이 6시그마이다. 6시그마는 변동성 관리를 위한 최고의 혁신 방법론이다.

5) 예: 주사위 게임

골드렛(E. Goldratt)은 이는 맨 왼쪽에 있는 성냥갑에서 성냥개비를 꺼내 오른쪽에 있는 그릇으로 옮겨 담는 게임을 통해 이를 설명하였다. 이때 옮길 수 있는 성냥개비의 수를 주사위를 던져 결정하게 되며 어떤 경우든 옮길 수 있는 성냥개비의 수는 그릇 속에 담겨있는 한도 내에서만 가능하다. 따라서 주사위를 던져 5가 나왔다 하여도 현 그릇에 성냥개비가 2개밖에 없을 경우 2개만 옮기게 된다.

이 게임의 특징은 바로 통계적 변동성과 사건의 종속성에 의해 옮길 수 있는 성냥개비 수가 결정된다는 점이다. 이때 주사위를 던져 나오는 수는 사전에 정해져 있지 않고 1부터 6까지 무작위로 나타나게 되는데 이를 통계적 변동성이라 한다. 예측 불가능한 정보라고 볼 수 있다. 또 현 그릇 속에 성냥개비 수는 전 그릇 속에 있는 성냥개비 수에 영향을 받게 되는데 이를 사건의 종속성이라고 한다. 후속사건이 선행하는 사건과 연관이 되어 있음을 의미한다.

여기서 주사위의 숫자는 각 자원을 의미하며 그릇의 집합은 '종속적 사건', 즉 각 생산단계를 나타낸다. 그릇의 각각 크기는 생산능력으로 볼 수 있다. 성냥개비가 맨 마지막 그릇에서 나오는 속도가 '현금창출'이 되며 일정기간 동안 모든 그릇 안에 담겨 있는 성냥개비의 총합이 '재고'가 된다.

게임의 결과는 다음과 같다. 먼저 주사위의 숫자는 1부터 6까지 나타날 수 있으니 평균 3.5가 되어야 한다. 이것이 현금창출률이 되어야 한다. 그러나 실제로는 그보다 훨씬 낮은 수치가 나타나게 된다. 그 이유는 옮길 수 있는 성냥개비의 숫자는 그 전 그릇에 담긴 성냥개비 숫자에 종속되기 때문이다. 따라서 확률의 변동이 종속된 사건을 만나는 상황일 때 현금창출률은 떨어지고 재고는 증가하게 된다. 이는 적시에 생산할 수 있는 제품 및 서비스가 줄어들 수밖에 없음을 나타내는 것으로 그 결과 의료조직에서는 대기하는 환자와 대기시간이 증가하는 결과를 가져온다.

3. 드럼, 버퍼, 로프

1) DBR 개념

높은 성과를 얻기 위해서는 통계적 변동에 주의하면서 사건의 종속성을 잘 관리해야 한다. 이를 위해 TOC는 '드럼-버퍼-로프(drum-buffer-rope: DBR)'의 개념을 설명하고 있다.

DBR은 시스템의 전체 최적화를 극대화하기 위해 제약조건이 멈추는 것을 최대한 방지하고자 하는 일정 메커니즘을 말한다. 즉, DBR은 **병목의 생산속도**에 맞춰 **드럼**을 두드려 조직 전체의 속도를 결정하고**(D)** 병목의 앞 공정은 병목이 쉬지 않도록 **버퍼**를 형성하여**(B) 납기 지연을 해결**하고, 병목 이후의 공정은 병목과 일정한 속도를 맞추어 흐름이 이어지도록 **로프(R)**로 연결해 **과잉 재고를 방지**하면서 프로세스 전체를 최적화한다.

이렇게 DBR은 시스템의 전체 최적화를 구체화하는 방법으로 제약조건의 철저한 활용과 비제약조건의 제약조건으로의 종속화를 도모한다. 그 주요 내용은 다음과 같다.

(1) 드럼

병목의 작업속도에 맞춰 전체 시스템의 업무흐름을 종속시키는 역할을 수행한다. 예를 들어, 시장 제약의 경우에 시장수요의 속도는 전체 시스템을 위한 속도에 영향을 끼치게 된다.

프로세스상에서는 병목공정은 전체 속도를 결정하는 드럼의 역할을 하게 된다. 프로세스상의 모든 기능들은 병목이 치는 드럼의 속도와 박자에 자신의 박자를 맞추어야 한다.

(2) 버퍼

드럼에 맞추어 행진하여야 하므로 행진이 멈추지 않도록 일정한 속도로 계속 드럼을 두드려야 한다. 이를 위해서 드럼을 멈추게 하는 요인을 제거하여야 한다. 즉, 병목의 작업이 끊이지 않게 해야만 프로세스가 중단되지 않고 지속될 수 있다. 이를 위해 병목 앞에 버퍼를 둔다.

버퍼는 운영의 연속성을 보장함으로써 다양한 변동으로부터 병목에서의 산출물을 보호하는 역할을 한다. 그 대표적인 예가 **납기 지연을 막는 것**으로 **병목 멈춤 최소화**를 통해 달성한다. 버퍼의 규모는 병목 지점의 이용 시간으로 측정된다. 예를 들어, 만약 변동의 95%가 2시간 내에 다뤄진다면 이 시간을 버퍼 규모로 잡는 것이 적당하다.

버퍼의 크기는 로프의 길이로 나타낸다. 병목이 충분히 이용되어질 수 있게 하기 위해 병목지점 전에 축적하는 통제된 업무량을 의미한다. 버퍼는 오작동 및 지연 등으로부터 발생하는 변동에 대항하여 제약조건이 멈추지 않게 하여 시스템을 보호하는 역할을 수행한다.

그러나 버퍼는 잉여자산이므로 비효율과 비용이 발생된다. 따라서 버퍼의 크기는 프로세스 중단 가능성이 얼마나 높은지, 그에 따른 손실이 얼마나 될 것인지, 병목공정의 앞 공정에서 문제가 발생할 경우 이를 해결하는데 얼마나 많은 시간이 필요한지에 따라 달라질 수 있다.

(3) 로프

행진을 할 때 앞에 가는 사람들은 뒤에 따라오는 사람들이 어떤 보폭으로 걷는지를 볼 수가 없다. 걷는 속도와 박자는 드럼에 맞추지만 보폭의 크기가 다르면 자칫 간격이 벌어지게 된다. 이 간격은 가장 느리게 걷는 사람과 그 사람 바로 앞에 걷는 사람 사이가 가장 클 수밖에 없다. 이를 해결하는 방법은 맨 앞사람과 가장 느린 사람 두 사람을 로프로 연결하는 것이다.

프로세스상에서도 병목공정과 그 이후의 공정을 마치 로프로 연결해 놓은 것과 같이 하여 병목의 속도에 맞추어 흐름을 형성해 간격이 벌어짐을 막아야 한다. 그 대표적인 예가 **과잉재고를 막는 것**으로 이는 곧 **원자재 투입 최소화**로 이어진다.

로프가 길면 리드타임이 길어지고 반대로 짧으면 제약조건을 멈추게 할 가능성이 높아진다. 버퍼에 대한 정보를 전달하는 역할을 수행한다. 즉, 병목은 드럼을 두드려 속도를 결정하고, 병목의 앞 공정은 병목이 쉬지 않도록 버퍼를 형성하며 병목 이후의 공정은 병목과 일정한 속도를 맞추어 흐름이 이어지도록 하여 프로세스 전체를 최적화하는 것이 DBR의 개념이다.

요약하자면, 과거 **공급자 중심**의 **원가 세계**와 같이 **시장수요를 생산능력**에 맞추면 **사건의 종속성과 확률적 변동성**으로 인해 **납기 지연과 과잉재고**를 피할 수 없다. 따라서 **소비자 중심인 스루풋 세계에서의 TOC**는 **드럼**을 통해 **시장수요를 병목의 생산속도**에 맞추고 **버퍼**를 통해 병목 멈춤을 최소화해 **납기지연**을 줄이며, 또 **로프**를 통해 원자재 투입 최소화로 인한 **과잉재고**를 방지함에 초점을 두는 생산운영관리 체계이다.

(4) 예: 산행 게임

수술실을 예로 설명하면 수술실은 의사의 수술 예상시간이 환자의 상태 등에 따라 불확실한 요소가 있기에 환자의 일정을 최적화하기 위하여 DBR을 활용할 수 있다. 이 경우 드럼은 병목으로 수술을 집도하는 외과의사의 수술 속도가 되며 환자의 버퍼는 수술 전 대기실에서의 대기가 된다. 환자가 수술실로 이동할 때 로프는 다른 환자를 받기 위해 병동으로 보내는 신호가 된다.

산행의 예에서, 산행을 하면서 팀원들이 주어진 과제를 함께 수행하여야 하며 팀원 전원이 가장 빨리 결승점에 도달하는 팀이 승리한다고 하자. 여기서 핵심은 팀원이 주어진 과제를 해결하기 위해 함께 행동해야 한다는 것이다. 각자 자신이 맡은 일을 단독적으로 수행하면서 결승점에 도달할 수 없다는 것이다. 이렇게 해야 할 일이 서로 연계되어 홀로 작업을 완수할 수 없는 일을 '종속적 사건' 이라 하며 산행 중에 발생할 수 있는 온갖 예측하지 못한 일들, 예를 들어 팀원 중 누군가가 미끄러져 다친다거나 날씨가 갑자기 안 좋아지거나 길을 잘못 찾는다거나 하는 등의 일들을 '확률적 변동성'이라 한다. 이렇게 종속적 사건하에서 확률적 변동성을 줄이는 방법은 다음과 같다.

첫째, 전체 산행에서 가장 속도가 느린 팀원이 병목이며 속도 조정자가 된다.

둘째, 병목인 팀원 바로 앞에서 속도가 떨어지고 바로 뒤에 있는 팀원은 한가하게 산행을 하게 된다. 병목 팀원이 전체 산행의 속도를 결정하며 병목 팀원 뒤 팀원은 병목 팀원과 속도를 맞추어야 한다.

셋째, 병목 앞 팀원은 병목 팀원이 최대의 속도를 내는 것을 도와야 한다. 병목 팀원의 배낭 무게를 비병목 팀원들이 덜어주면 병목 팀원의 산행 속도를 높일 수 있다.

넷째, 병목 팀원의 속도가 높아질수록 산행 전체의 속도가 높아지고 모두가 결승점을 통과하는 시간인 성과를 향상시킬 수 있다.

생각하기

보이스카우트의 산행

보이스카우트의 산행을 생각해보자. 이 경우 대열이 앞뒤로 길게 늘어지지 않게 하려면 어떻게 해야 할까? 산행은 통계적 변동과 결합된 종속적 사건들의 집합의 좋은 예가 된다.

대원들은 '산행'이라는 하나의 제품을 생산하고 있다. 각각의 대원들은 자기 앞에 놓인 길을 소비함으로써 '산행' 과정을 처리하고 대원들은 순서대로 줄지어 움직이게 되는데 앞 사람을 따라 가야한다는 측면에서 '종속적 사건'에 해당한다.

이때 최종 대원이 결승점을 통과해야 경기가 마감되기 때문에 최종 단계라고 볼 수 있는 맨 마지막 대원이 판매에 해당한다. 따라서 현금창출률은 맨 마지막 대원의 걸음속도에 의해 결정된다. 맨 앞의 대원이 원자재를 소비하는 것을 말하며 대원들이 걸어가는 길, 다시 말하면 맨 처음 대원에서부터 맨 마지막 대원까지의 사이가 곧 재고량이 된다. 여기서 운영비용은 산행에 필요한 에너지라고 볼 수 있다.

현금창출률은 맨 마지막 대원이 걷는 속도에 달려있지만 그 속도는 다른 대원들의 속도와 연관되어 있다. 즉, 가장 느리게 걷는 대원이 현금창출률을 결정하게 된다. 따라서 맨 앞의 대원이 아무리 빨리 간다고 해도 중간에 있는 가장 느리게 가는 대원으로 하여금 현금창출률에는 전혀 영향을 미치지 못하게 된다.

그렇다면 어떻게 해야 재고와 운영비용을 줄이고 현금창출률을 높일 수 있는가?

첫째, 가장 느리게 가는 대원을 맨 앞에서 걷도록 한다. 가장 낮은 (생산)능력을 가진 대원을 대열(프로세스)의 맨 앞에 오도록 한다.

둘째, 가장 느리게 가는 대원이 빠르게 걷도록 그 대원의 배낭을 가겹게 하여 쉽게 움직일 수 있도록 돕는다.

따라서 맨 첫 대원과 맨 마지막 대원 사이에 거리가 길어지게 되면, 다시 말해 재고량이 증가하게 되면 맨 마지막 대원이 최종점을 통과할 시간이 늦어지게 되어 현금창출률은 떨어지게 된다. 사이거리가 길어질수록 산행에 따른 에너지는 커져가는 이른바 운영비용 증가현상이 나타나게 된다.

자료: 골드렛의 〈The goal〉(2001)에서 발췌정리

2절 변화의 예측

1. 수요예측의 중요성

수요예측이란 서비스의 시장수요를 추정하는 과정이다. 서비스의 시장수요에 대한 예측이 정확하면 서비스 공급능력을 효율적으로 활용할 수 있고 서비스 전달시간이나 이를 수요하기 위한 대기시간 등의 단축이 가능하다.

이렇게 수요에 대한 예측은 모든 경영활동 계획의 기초가 된다. 이를 통해 서비스 공급계획을 수립할 수 있으며 이에 따라 예산, 인력, 설비, 시설, 구매 등이 연계되어 수립되게 된다.

2. 수요예측 방법

수요의 예측은 여러 요인들에 의해 영향을 받기 때문에 변동적이며 불확실한 성격을 강하게 내포하고 있다. 따라서 과거의 실적에 따른 객관화된 예측 기법과 함께 개인의 경험이나 주관 등과 같은 주관적인 예측기법들을 결합하여 사용하는 것이 보다 바람직하다.

수요예측 방법은 일반적으로 수치를 이용한 계산 방법이 중심이 되는가에 따라 크게 정성적 예측기법(qualitative forecasting method)과 정량적 예측기법(quantitative forecasting method)으로 구분되며 정량적 예측기법은 다시 시계열 예측기법(time series analysis)과 인과형 예측기법(causal forecasting method)으로 분류된다.

3. 정성적 예측방법

정성적 예측기법은 예측자의 판단이나 주관에 의하여 예측하는 방법을 총칭하며 주로 기술예측, 시장전략, 입지선택과 같은 중장기 예측과 과거의 자료가 충분하지 않은 경우에 유용하게 적용될 수 있다.

예측자의 주관성으로 인하여 예측의 정확성을 객관적으로 평가할 수 없는 것이 단점이나 예측자의 오랜 경험과 전문적 지식을 바탕으로 한 전문가의 판단을 토대로 하기 때문에 신뢰성이 높은 방법이기도 하다.

정성적 예측기법에는 델파이법, 시장조사법 등이 있다.

1) 델파이법

(1) 개념

델파이기법(Delphi technique)은 특정 문제에 관하여 전문가의 판단을 조직적으로 수렴시켜 일치된 의견이나 예측을 도출하는 기법으로 오늘날 장기예측이나 문제해결의 방법으로 널리 이용되고 있다. 일반적으로 다음의 상황에 적용한다.

- 미래의 특정 시점을 예측하는 경우
- 현재의 상태에 대한 객관적인 자료가 부족한 경우
- 전문가적인 직관을 객관화하는 경우

(2) 특징

델파이기법은 각 전문가들에게 개별적으로 설문서와 그 종합된 결과를 전달하고 회수하는 과정을 거듭함으로써 독립적이고 동등한 입장에서 의견을 접근해 나갈 수 있도록 하는 장점이 있다. 또한 철저하게 익명성이 보장되므로 외부적인 영향력으로 결론이 왜곡되거나 표현이 제한되지 않는 특징이 있다.

하지만 질문서에 의지하는 경향이 나타나므로 질문서 자체가 잘못되면 델파이조사 자체가 잘못될 수 있는 결정적인 문제점과 시간 및 비용이 많이 든다는 단점이 있다.

(3) 단계

- **관련분야 전문가집단 구성:** 관련 전문가를 30~100명까지 선정하여 패널 구성
- **1차 질문:** 구성된 패널에게 개방형 질문을 통해 자신의 견해를 나열하게 함으로써 가능한 많은 자료를 수집 · 분석하여 이를 토대로 폐쇄형 질문지 작성
- **2차 질문:** 폐쇄형 설문지를 동일 대상자에게 보내는 2차 질문을 실시한다. 문항에 점수를 주거나 중요도를 측정하여 일정수의 중요 문항을 선택
- **3차 질문:** 수집된 결과를 항목별로 종합하여 전문가 전체의 항목별 도수, 평균, 또는 표준편차 등을 제시하여 다시 동일 집단에게 보내어 중요 문항을 선택
- **4차 질문 피드백:** 셋째 단계의 결과를 가지고 면담을 실시

이와 같은 방법으로 전문가들 사이에 어떤 합의점을 찾을 때까지 3~6회 정도 반복하여 최종 결과에 수렴한다.

2) 시장조사법

시장조사법(market surveys)은 대상 시장에 대하여 설문지, 전화 또는 개별 방문을 통하여 자료를 수집하고 이에 기초하여 예측하거나 가설을 설정하고 검정한다.

통계적 분석 방법을 위시한 정량적 방법들이 활용되기도 하여 정성적 예측기법 중 가장 정량적이나 조사의 설계, 실시, 결과의 분석 등에 전문적인 지식이 필요하며 응답률이 낮아 신뢰할 만한 결과를 얻지 못하는 경우도 있을 수 있다. 이와 함께 시간과 비용이 많이 소요되는 문제점도 있다.

4. 정량적 예측방법

1) 시계열예측기법

시계열(time series)이란 시간의 흐름에 따른 변수값을 일정 시간의 간격으로 배열하여 놓은 것이다. 그러므로 시계열예측(time series forecast)기법은 과거 패턴의 연장선상에서 미래를 예측하는 방법으로 과거 패턴이 미래에도 지속된다는 가정을 기본으로 하고 있어 주로 중·단기 예측에 이용된다.

이를 적용하기 위해서는 과거 자료만이 필요하며 자료를 얻는데 필요한 노력이 여타의 예측기법에 비하여 매우 간단하고 쉽게 적용이 가능함에 비해 비교적 정확한 예측이 가능하다는 장점을 갖고 있다. 시계열예측기법으로는 이동평균법(moving average), 지수평활법(exponential smoothing) 등이 있다. 시계열자료는 추세(trend), 순환(cyclical), 계절(seasonal), 우연(random) 등 계열을 구성하는 몇 가지 변동으로 나누어질 수 있다.

- 추세변동: 장기적 변화에 대한 전반적 경향을 의미

그림 8-7 시계열변동요인

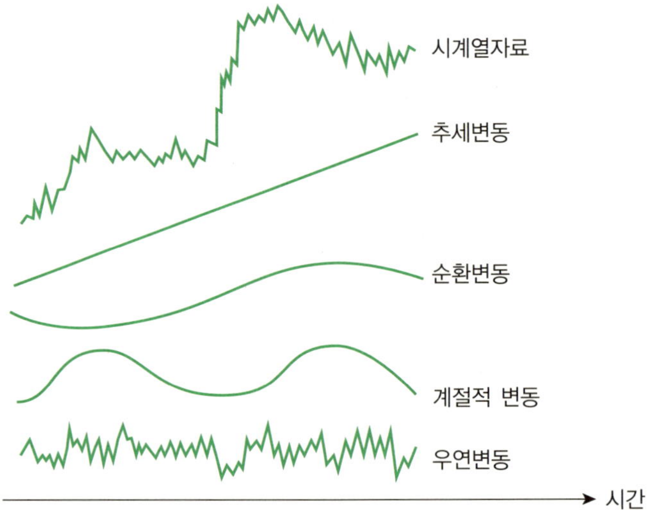

- **순환변동**: 경기변동과 같은 순환적인 변화 현상을 의미
- **계절적 변동**: 1년 단위로 되풀이되는 계절에 따른 변화
- **우연변동 혹은 불규칙변동**: 설명될 수 없는 요인 또는 돌발적인 요인에 의하여 일어나는 변화

이러한 요인들은 단일 또는 복합적으로 시계열적 변화에 영향을 미치기 때문에 시계열분석기법은 이러한 요인들에 대한 분석을 포함한다.

(1) 단순이동평균법

이동평균(moving average)이란 기준시점과 인접한 n개의 관측값의 평균을 의미하는 것으로, 이동평균법(moving average method)이란 이동평균을 이용하여 불규칙변동이나 계절변동을 제거하는 시계열예측기법 중 가장 쉽게 적용될 수 있는 방법이다.

특히, 시계열 자료에 추세, 순환변동, 계절적 변동이나 급격한 변화가 없고 우연변동만 존재하는 경우의 예측에 유용하게 적용될 수 있다. 또한 이동평균법의 개념은 시계열 변동요인이 존재하는 경우에는 추세나 계절지수를 산정하는데도 이용된다.

단순이동평균법은 예측하고자 하는 기간의 직전 일정 기간에 해당하는 시계열의 평균값을 미래의 예측치로 이용하는 방법으로 다음과 같은 수식으로 나타낸다.

$$F_t = (Y_{t-1} + Y_{t-2} + \cdots + Y_{t-N})/N$$

여기서, F_t: 기간 t의 예측치
N: 이동평균기간
Y_{t-i}: 기간 $t-i$의 실제수요, $i = 1, 2, \cdots, N$

예제 H병원을 이용한 환자수가 아래와 같이 주어졌다고 할 때 3개월 이동평균기간을 이용하여 4월의 환자수를 단순이동평균법을 활용하여 예측하시오.

월	1	2	3
환자수	100	130	115

풀이 $F_4 = (Y_1 + Y_2 + Y_3)/3 = 345/3 = 115$

따라서, 4월의 환자수는 115명으로 예측된다.

(2) 가중이동평균법

가중이동평균법(weighted moving average method)은 단순이동평균법과는 달리 미래에 가까운 실제치에 높은 가중치를 부여하고 먼 과거의 실제치에는 점차로 낮은 가중치를 부여하는 이동평균법으로 다음과 같은 수식으로 나타낸다.

$$F_t = W_{t-1}Y_{t-1} + W_{t-2}Y_{t-2} + \cdots + W_{t-N}Y_{t-N}$$

여기서, F_t: 기간 t의 예측치

N: 이동평균기간

Y_{t-i}: 기간 $t-i$의 실제수요, $i=1, 2, \cdots, N$

W_{t-i}: 기간 $t-i$에 부여된 가중치, $i=1, 2, \cdots, N$

$W_1 + W_2 + \cdots + W_N = 1$

예제 앞의 예제에서 1, 2, 3월의 가중치를 각각 20%, 30%, 50%로 부여하였을 때, 4월 환자수를 가중이동평균법을 활용하여 예측하시오.

풀이 $F_4 = W_1Y_1 + W_2Y_2 + W_3Y_3 = 0.2\times100+0.3\times130+0.5\times115=116.5$

따라서, 4월의 환자수는 약 117명으로 예측된다.

(3) 지수평활법

지수평활법(exponential smoothing method)은 가중이동평균법의 일종으로 최근 자료에서부터 과거 자료일수록 가중치가 지수적으로 감소하는 예측방법이다. 이는 단기 예측에 유용하게 활용할 수 있는 기법으로 시계열자료가 추세, 순환변동, 계절적 변동이 크게 작용하지 않고 비교적 안정되어 있는 경우에 적합하다.

지수평활법은 가중이동평균법과 달리 과거 N기간의 자료가 아닌 직전 기간의 실제수요, 직전 기간의 예측치, 평활상수라는 세 가지 자료만을 이용하기 때문에 가장 최소의 자료를 가지고 폭넓게 활용될 수 있는 예측기법 중의 하나이다. 지수평활법을 수식으로 나타내면 다음과 같다.

$$F_t = \alpha Y_{t-1} + (1-\alpha)F_{t-1}$$
$$= \alpha Y_{t-1} + \alpha(1-\alpha)Y_{t-2} + \alpha(1-\alpha)^2 Y_{t-3} \cdots$$
$$+ \alpha(1-\alpha)^{t-2} Y_1 + (1-\alpha)^{t-1} F_1$$

여기서, F_t: 기간 t의 예측치
α: 평활상수($0 \leq \alpha \leq 1$)
Y_{t-i}: 기간 $t-i$의 실제수요
F_{t-i}: 기간 $t-i$의 예측치

예제 앞의 예제에서 평활상수가 0.7이라면 4월의 환자수를 지수평활법을 활용하여 예측하시오. (단, $F_1 = 120$으로 가정)

풀이 $F_4 = 0.7Y_3 + 0.7(1-0.7)Y_2 + 0.7(1-0.7)^2 Y_1 + (1-0.7)^3 F_1$
$= 0.7 \times 100 + 0.7 \times 0.3 \times 130 + 0.7 \times 0.3^2 \times 115 + 0.3^3 \times 120$
$= 107.785$

따라서, 4월의 환자수는 약 108명으로 예측된다.

2) 인과형 예측기법

인과형 예측기법(causal forecasting method)은 변수 간의 인과관계를 나타내는 모델을 사용하여 미래를 예측하는 기법으로 시계열예측에서는 겉으로 나타난 패턴을 파악하는데 그치지만 인과형 예측에서는 의존관계까지 파악하려 함이 특징이다.[1)]

인과형 예측기법의 대표적인 방법이 회귀분석이다. 회귀분석의 회귀라는 말은 '부모의 키는 자식의 키에 영향을 미치지만 평균치로 회귀하는 경향이 있다'고 하는 유전학자의 연구결과에서 유래되었다.

오늘날에는 두 개 이상의 변수들 간의 관계식을 찾아내고 이 관계식의 타당성과 정확성을 검토하는 통계적 방법을 회귀분석(regression analysis)이라 한다. 영향을 미치는 변수를 독립변수(independent variable)라 하고 영향을 받는 변수를 종속변수(dependent variable)라 하는데 이들 간의 관계를 나타낸 함수식이 회귀방정식이다. 독립변수가 하나면 단순회귀분석(simple regression analysis)이라고 하며 둘 이상인 경우에는 다중회귀분석(multiple regression analysis)이라 한다. 본서에서는 단순회귀분석만

1) 일반적으로 회귀분석에서의 예측은 prediction이라 하고, 시계열분석에서의 예측은 forecasting이라 한다.

간략히 살펴보고자 한다.

단순회귀분석에서는 수요를 종속변수로 y라 하고 수요에 가장 큰 영향을 미치는 한 요인을 독립변수로 x라 할 때 y가 x 및 오차항과 어떻게 관련되는지를 표현하는 식을 회귀모형(regression model)이라 한다. 단순회귀모형은 다음과 같다.

$$y = \beta_0 + \beta_1 x + \epsilon$$

여기서, β_0와 β_1은 모형의 모수(parameters of the model),
ϵ는 오차항(error term)

이를 단순선형회귀식(simple linear regression equation)으로 표현하면 다음과 같다.

$$E(y) = \beta_0 + \beta_1 x$$

그림 8-8 **회귀선**

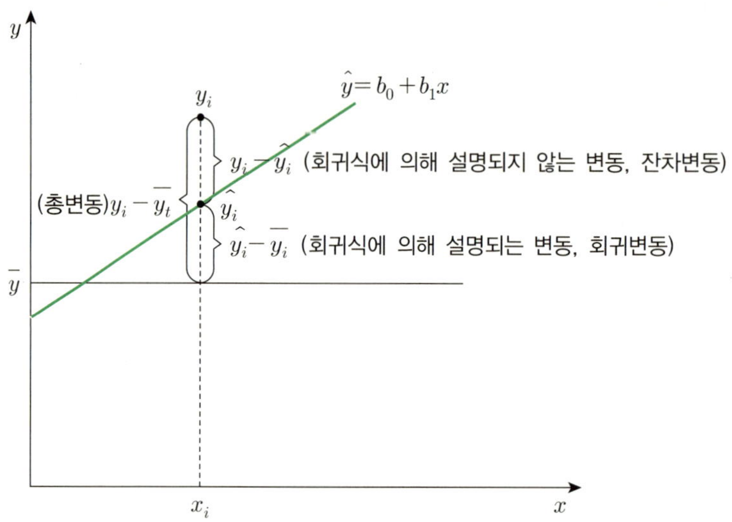

이를 추정하기 위한 식을 추정 단순선형회귀식이라고 한다.

$$\hat{y} = b_0 + b_1 x$$

여기서, b_0와 b_1은 β_0와 β_1의 추정치

위 식에서 회귀계수 a, b를 구하기 위하여 최소자승법(least squares method)을 활용한다. 최소자승법은 실제 수요와 회귀방정식에 의한 예측치와의 오차제곱의 총합이 최소가 되도록 회귀방정식을 구하는 추정 방법을 말한다.

$$\min_{b_0, b_1} \Sigma (y_i + \hat{y}_i)^2$$

여기서, y_i: i번째 관측치에 대한 종속변수 관측치
$\hat{y}_i$: i번째 관측치에 대한 종속변수 추정치

결정계수(coefficient of determination)는 표본으로부터 추정한 회귀선이 변수의 표본관측에 얼마나 적합한지를 측정하는 계수로 설명력(explanatory power)이라고도 한다. 결정계수는 표본관측이 추정된 회귀식에 가까운 정도를 계수로 나타낸 것으로 종속변수의 총변동과 회귀변동의 비율로 측정한다. 결정계수의 값은 0과 1 사이로, 큰 값일수록 적합도 또는 설명력이 높다는 것을 의미하고 작은 값일수록 적합도 또는 설명력이 낮다는 것을 의미한다.

$$\begin{array}{ccccc} \text{SST} & = & \text{SSR} & + & \text{SSE} \\ \Sigma (y_i - \bar{y})^2 & = & \Sigma (\hat{y}_i - \bar{y})^2 & + & \Sigma (y_i - \bar{y})^2 \end{array}$$

여기서, SST: total sum of squares (총제곱합)
SSR: sum of squares due to regression (회귀제곱합)
SSE: sum of squares due to error (오차제곱합)

$$\gamma^2 = \text{SSR}/\text{SST}$$

3) 예측오차의 평가

예측에는 항상 오차가 있게 마련이다. 따라서 예측오차에 대한 평가는 예측모형의

적합성을 판단하는 데 중요한 기준이 될 뿐 아니라 예측모형의 선정에도 도움을 준다. 예측오차란 주어진 기간의 실제치에서 예측치를 뺀 값으로 다음과 같이 나타낸다.

$$e_t = Y_t - F_t$$

여기서, e_t: 기간 t의 예측오차
Y_t: 기간 t의 실제치
F_t: 기간 t의 예측치

예측오차의 종류로는 누적예측오차, 평균오차, 평균절대편차, 평균자승오차, 평균절대비율오차, 추적지표 등이 있으며 이는 다음과 같이 정의된다

누적예측오차: $CFE = \sum e_t$
평균오차: $ME = \sum e_t / N$
평균절대편차: $MAD = \sum |e_t| / N$
평균자승오차: $MSE = \sum e_t^2 / N$
평균절대비율오차: $MAPE = \sum\{(|e_t| / Y_t) \times 100\} / N$
추적지표: $TS = CFE / MAD$

(1) 누적예측오차

누적예측오차(cumulative sum of forecast error: CFE)는 이동평균기간 동안에 예측오차를 누계한 값으로 0에 가까울수록 예측정확도가 높다. CFE는 과대 또는 과소예측처럼 한쪽으로 치우친 예측을 할 때 발생하는 오차인 편의(bias)를 측정하는 데 유효하다.

(2) 평균오차

평균오차(mean error: ME)는 매기간의 오차를 모두 더하여 기간수로 나눈 값으로 예측모형이 수요를 일관되게 과대 또는 과소예측을 하지 않는다면 양의 오차와 음의 오차가 상쇄되어 ME는 0에 근접해야 한다. 그러나 ME가 0에 가깝다고 하더라도 절대편차는 클 수가 있다.

(3) 평균절대편차

평균절대편차(mean absolute deviation: MAD)는 오차의 절대치, 즉 절대편차를 모두 더한 다음 기간수로 나눈 값을 말한다.

(4) 평균자승오차

평균자승오차(mean squared error: MSE)는 오차자승의 합을 기간수로 나눈 값으로 양의 오차와 음의 오차가 상쇄되지는 않으나 개개의 오차의 제곱을 취하기 때문에 오차가 클수록 부여되는 가중치가 커지는 결과를 초래한다.

(5) 평균절대비율오차

평균절대비율오차(mean absolute percent error: MAPE)는 실제수요에 대한 상대오차의 비율을 모두 더한 다음 기간수로 나눈 값으로 기간에 따라 수요의 크기가 크게 달라질 때 유용한 예측오차 측정방법이다.

표 8-1 예측오차 계산

기간	실제수요	예측치	예측오차	절대편차	자승오차	절대비율오차	CFE	MAD	추적지표
(t)	Y_t	F_t	e_t	$\lvert e_t \rvert$	e_t^2	$(\lvert e_t \rvert / yt) \times 100$	Σe_t	$\Sigma e_t / N$	CFF/MAD
1	55	54	1	1	1	1.82	1	1.00	1.00
2	57	55	2	2	4	3.51	3	1.50	2.00
3	65	70	–5	5	25	7.69	–2	2.67	–0.75
4	48	53	–5	5	25	10.42	–7	3.25	–2.15
5	62	63	–1	1	1	1.61	–8	2.80	–2.86
6	77	77	0	0	0	0.00	–8	2.33	–3.43
7	56	55	1	1	1	1.79	–7	2.14	–3.27
8	73	70	3	3	9	4.11	–4	2.25	–1.78
9	67	66	1	1	1	1.49	–3	2.11	–1.42
10	70	65	5	5	25	7.14	2	2.40	0.83
합			2	24	92	39.58			
			ME	MAD	MSE	MAPE			
			0.2	2.4	9.2	3.96			

(6) 추적지표

추적지표(tracking signal: TS)란 누적예측오차를 MAD로 나눈 값으로서 이 값이 0에 가까울수록 예측정확도가 높음을 의미한다.

9 CHAPTER 6시그마와 린시스템

변동을 줄이고 속도를 높여라

1절 6시그마의 이해

1. 6시그마의 주요 개념

1) 6시그마의 개념

모토로라(Motorola)에서 근무하던 해리(M. Harry)에 의해 **통계적 기법과 품질개선운동을 결합**한 **품질향상운동의 일환**으로 창안된 6시그마(sigma)는 **변동성을 과학적이고 체계적으로 관리하는 경영혁신 방법론**이라 할 수 있다. 즉, 통계적 기반의 과학적 기법을 이용하여 조직의 가치창출 체계상의 모든 변동성을 관리 · 통제함으로써 높은 효율로 고품질의 산출물을 만들고 이를 통해 획기적인 원가절감을 위한 방법론이라 할 수 있다.

품질수준을 나타내는 지표로 시작된 6시그마는 오늘날 기업생존을 위하여 모든 프로세스에서 무결점을 지향하는 과학적 경영혁신전략으로 모든 프로세스의 품질수준을 6시그마수준으로 높이고자 하는 조직의 전사적 품질경영전략으로 발전하고 있다.

2) 6시그마 품질관리의 핵심

품질관리는 변동성관리가 핵심이다. 즉, 품질관리의 핵심은 산출물의 변동성을 최소화하고 성과의 일관성을 확보하는 것이다. 이를 다른 말로 표현하면 품질관리는 고급의 상품을 생산하는 것이 아니라 고품질의 상품을 생산하는 것이다. 고급은 상품의 품격이 높은 것으로 평균값이 높은 것을 말하나 고품질은 변동성, 즉 편차가 최소화되어 일관성이 높은 것을 말한다.

그림 9-1 고급의 예

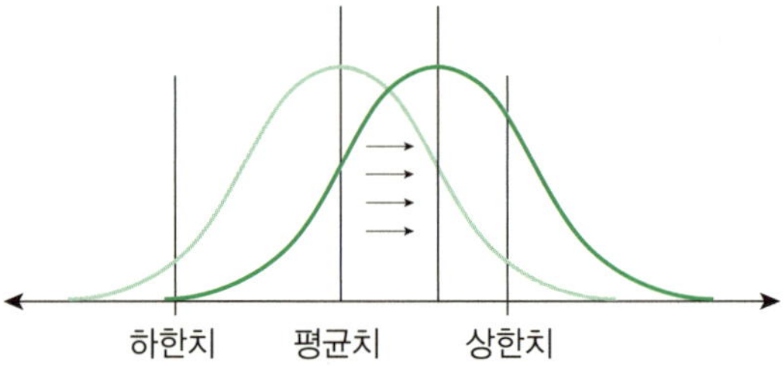

그림 9-2 고품질의 예

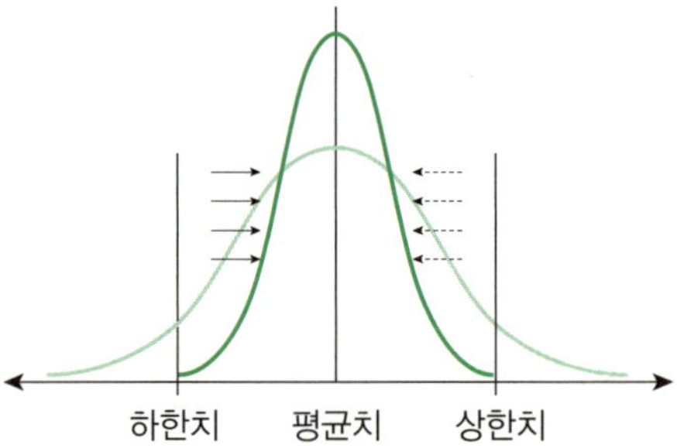

3) 시그마의 개념

변동성에 대한 객관적이고 과학적인 측정지표가 분산(variance)과 표준편차(standard deviation)이다. 편차란 어떤 특정값과 평균값의 차이인 변동성을 말하는 것으로 이 값이 클수록 변동성이 큼을 의미한다.

따라서 편차의 크기를 줄이는 것이 변동성 관리의 원칙인데 통상 편차의 평균을 줄이는 것으로 처리한다. 그런데 편차는 평균값을 기준으로 오른쪽에 있는 양의 값도 있고 왼쪽에 있는 음의 값도 있어 편차의 평균을 계산할 때 서로 상쇄됨을 방지하기 위해 등장한 개념이 분산이다. 분산은 편차의 제곱으로 평균값을 구할 때 상쇄됨이 없다.

분산의 제곱근을 통해 구한 편차를 표준편차라 하며 시그마(sigma, σ)로 표시한다.

그림 9-3 시그마(편차)의 개념

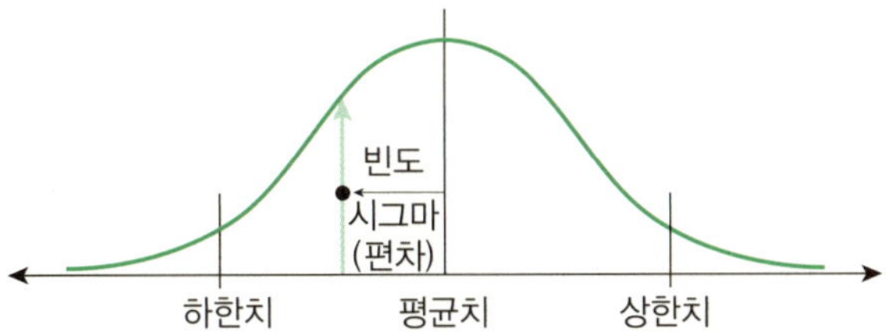

4) DPMO

6시그마는 100만 기회당 결함수(defects per million opportunities: DPMO) 3.4개인 거의 무결점에 가까운 높은 수준의 품질을 추구한다는 의미이다.

그림 9-4 6시그마

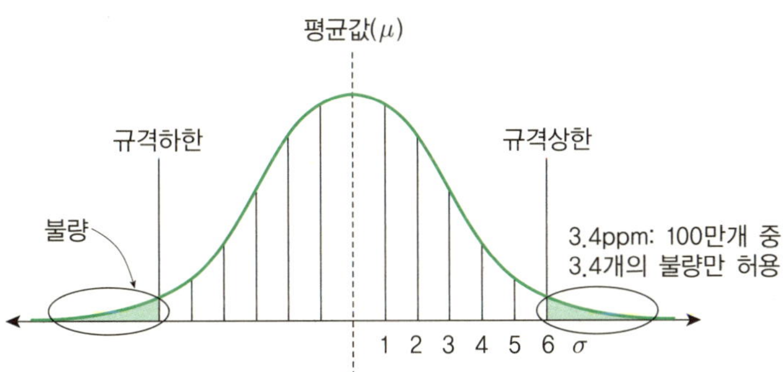

6시그마에서 품질을 저하시키는 요인을 결함(defect)이라고 하는데 그 중 최종 결과물의 품질수준에 중요한 영향을 미치는 요소를 **주요 품질특성(critical to quality: CTQ)**이라 하여 이를 중점적으로 측정하고 관리한다. 모든 CTQ는 변동성과 이의 허용치를 갖고 있는데 변동성이 허용치 범위를 벗어나게 되면 결함이라 판정된다.

6시그마에서 결함의 의미는 최종 산출물의 품질만을 의미하는 것이 아니라 이를 생성하는데 관련된 프로세스의 능력과 활동의 품질까지 포함하여 산정한다. 예를 들어, 어떤 산출물이 10개의 작업을 통해 만들어진다고 할 때 3개의 작업에서 문제가 되어 3번의 재작업을 수행하였고 그 결과 불량품은 없었다고 하면 전통적 품질관리에서는 불량률로 알려져 있는 결함률은 0%이나 6시그마에서는 13번의 작업 중에서 3번의 작업이 실패하였기 때문에 결함률은 3/13=0.231인 23.1%가 된다. 따라서 6시그마 수준은 모든 경영활동에 있어 어떤 오류도 없이 100% 완벽하게 진행된 상황을 말한다.

3시그마수준은 100만 개당 결함수가 66,807개로 이를 2만 배 개선하여야 6시그마수준에 도달할 수 있다. 예를 들어, 병원에서 처방약의 오류 발생건수와 잘못된 수술건수가 3시그마수준에서 각각 1천 건과 500건이라면 6시그마수준에서는 각각 20년에 단 1회와 40년에 1건 정도 발생하는 수준을 말한다.

표 9-1 시그마수준과 100만 개당 결함수 비교

시그마수준	100만 개당 결함수	직전 시그마수준에 비해 개선 정도(배)
2	308,537	
3	66,807	5
4	6,210	11
5	233	27
6	3.4	68

그림 9-5 3시그마와 6시그마 비교

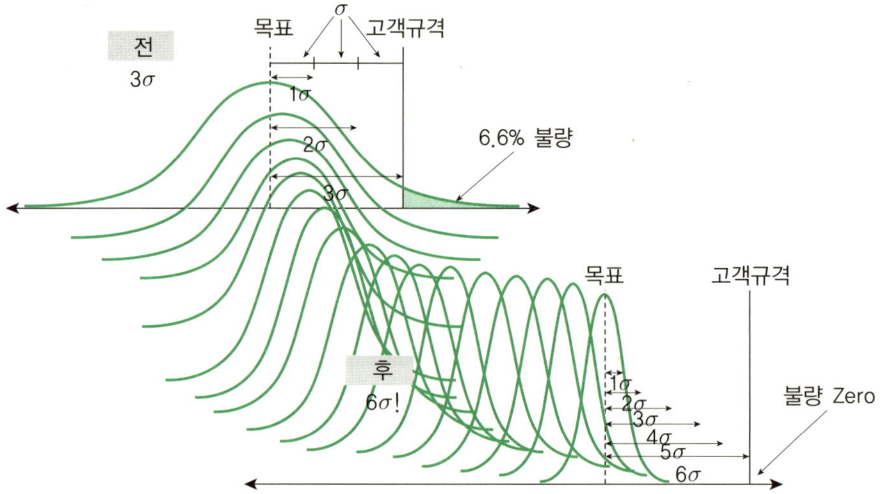

2. 도입 이유

해리(M. Harry)에 의하면, 대부분의 조직이 6시그마 활동을 시작하기 전에 3~4시그마 수준에 있으며 6시그마 활동을 전개하면 매년 1시그마수준을 향상시킬 수 있다고 하였다. 그 성과는 다음과 같다고 하였다.

- 20%의 수익 향상
- 12~18%의 생산능력 증대
- 12%의 인건비 감소
- 10~30%의 자본지출 감소

해리(M. Harry)는 자본지출, 즉 투자 없이 도달할 수 있는 시스마 수준은 4.7시그마이며 4.7~5시그마 이상에 도달하기 위해서는 상당한 투자와 노력이 필요하며 6시그마 수준에 도달하려면 시스템의 개선을 넘어 재설계해야 한다고 하였다.

많은 조직들이 6시그마를 도입하고 있는 이유는 다음과 같다.

첫째, 6시그마가 대상으로 하고 있는 프로세스 및 품질의 개선은 모든 업종에서도 중요한 경영관리대상이 되고 있을 뿐만 아니라 쉽게 타 조직과 비교할 수 있기 때문이다.

둘째, 경영관리대상에 대한 성과평가가 수치화되어 있어 객관적이며 이를 수행하는 방법과 분석기법 및 교육 방안들이 체계적으로 마련되어 있기 때문이다.

이처럼 6시그마는 기존의 품질향상 운동에 비해 보다 견고한 체계성을 바탕으로 하고 있다.

2절 6시그마 향상 모형

1. DMAIC와 DFSS

1) DMAIC

해리(M. Harry)와 쉬뢰더(R. Schroeder)는 6시그마의 목표를 달성하기 위해 인식, 정의, 측정, 분석, 개선, 관리, 표준화 및 통합이라는 8단계 혁신전략을 소개하고 있다. 여기서 인식과 정의는 확인 범주에, 측정과 분석은 특성화 범주에, 개선과 관리는 최적화 범주에, 표준화와 통합은 제도화 범주에 분류하였다.

- 인식: 주요 비즈니스 이슈들과 현행 프로세스 간의 문제를 확인하는 것
- 정의: 성과에 영향을 미치는 중요 프로세스와 기대수준을 정의
- 측정: 과학적 · 통계적 방법을 이용하여 대상 프로세스의 현상을 측정
- 분석: 벤치마킹한 측정 결과를 바탕으로 현상과 기대치 차이를 분석
- 개선: 바람직한 프로세스가 구축될 수 있도록 시스템 내 요소 개선
- 관리: 개선된 프로세스가 의도된 성과를 얻도록 투입요소와 변동성을 관리
- 표준화: 구축된 베스트 프랙티스를 반복 및 확산할 수 있도록 표준화
- 통합: 표준화된 결과를 다른 기능 및 제도 절차와 조화되도록 통합

인식단계는 주로 직관과 경험이 많이 개입되어 과학적 방법론의 영역으로 보기 어렵고, 표준화와 통합은 혁신이 이루어진 산출물을 지속적이고 반복적인 성과가 창출될 수 있도록 조직에 내재화시키는 과정이라는 측면에서 혁신 방법론과는 거리가 있다.

따라서 6시그마 방법론은 이를 제외한 나머지 5단계의 품질향상 단계 모형, 즉 DMAIC('드마익')이라는 정의definition), 측정(measurement), 분석(analysis), 개선(improvement) 및 통제관리(control) 단계를 소개하고 있다.

(1) 정의단계

첫 번째 단계는 문제를 정의(definition)하는 단계이다. 즉, 무엇을 개선할지에 대한 품질관리 프로젝트를 선정하고, 이의 목표와 범위를 구체적으로 정의하는 단계로써 어떤 고객이 어떤 프로세스의 개선을 요구하는지 '고객요구사항에 대한 핵심'인 주요 품질특성(critical to quality: CTQ)을 파악함이 가장 중요하다. 일반적으로 CTQ는 측정가능하며 정량화할 수 있을수록 바람직하다.

QI 활동영역 선정의 우선순위는 크게 다빈도, 고위험, 고비용, 문제발생 가능성이 높아 이를 해결하였을 경우 고객이 피부로 느낄 수 있는 의미 있는 것이어야 한다. 이와 함께 의료조직이 실제적으로 해결할 수 있는 역량을 갖춘 영역에 있어야 한다.

정의단계에서 활용할 수 있는 분석방법으로는 SIPOC(supplier-input-process-output-customer) 분석, 파레토차트(Pareto chart), 친화도 다이어그램(affinity diagram) 등이 있다.

(2) 측정단계

두 번째 단계는 문제가 얼마나 심각한지 CTQ의 현 수준을 측정(measurement)하는 단계이다. 모든 판단의 근거가 사실로써 입증되어야 하기 때문에 6시그마 활동이 다른 품질 활동에 비해 가장 강조하는 영역이기도 하다.

측정의 세 가지 원칙은 다음과 같다. 첫째 고객에게 중요한 것만 측정하며, 둘째 개선시킬 수 있는 프로세스의 산출물만 측정하며, 셋째 고객불만족사항이 아닌 것에 대해서는 측정하지 않는다.

측정단계에서 활용할 수 있는 분석방법으로는 기본적인 통계분석 및 정규분포(normal distribution), 저품질 비용(cost of poor quality: COPQ), 프로세스 능력지수(process capability index)인 C_p와 C_{pk}, DPU(defects per unit), DPO(defects per opportunity) 및 DPMO(defects per million opportunities) 등의 프로세스 성과측정 등이 있다.

(3) 분석단계

세 번째 단계는 문제점이 어떤 환경에서 발생되었는지를 분석(analysis)하는 단계이다. 이는 앞 단계에서 측정된 자료 또는 대상 프로세스를 분석하여 CTQ에 영향을 미치는 핵심요인을 결정하여야 한다.

분석단계에서 활용할 수 있는 분석방법으로는 다변량분석(multivariate analysis), 인과분석(cause and effect analysis), 회귀분석(regression analysis), 실패유형 및 영향분석(failure modes and effects analysis: FMEA), 브레인스토밍(brain storming) 등이 있다.

(4) 개선단계

네 번째 단계는 문제점을 어떻게 개선할 수 있는가에 관한 단계(improvement)이다. 문제의 근본 원인을 제거하고 프로세스의 개선을 위한 최적조건을 찾아내어 실행한다.

일반적으로 품질개선의 방향은 다음과 같다.

- **고객 중심**: 고객과 지역사회의 필요 및 기대를 충족시킬 수 있도록 서비스를 설계해야 한다.
- **업무를 프로세스와 시스템으로 이해**: 공급자는 서비스시스템과 프로세스를 개선하기 위하여 그 핵심 프로세스를 반드시 이해해야 한다.
- **변화의 검증과 자료 사용의 강조**: 변화를 통하여 개선이 될지 판단하기 위하여 변화를 검증해야 한다.
- **팀워크**: 문제 파악 및 개선 방안 추진에 효과적이기 위해서는 이해당사자들을 참여시켜야 한다.

개선단계에서 활용할 수 있는 분석방법으로는 모수(parametric) 및 비모수(nonparametric) 가설검정(hypothesis testing), 분산분석(ANOVA), 실험계획법(design of experiments), 벤치마킹(benchmarking), 시뮬레이션(simulation) 등이 있다.

(5) 통제관리단계

마지막 단계는 문제점을 안정상태로 유지하도록 통제관리(control)하는 단계이다. 즉, 실행 결과를 통제함으로써 개선된 프로세스를 유지하도록 관리하는 단계로 이를 위해 개선사항을 표준화하고 이행 책임자를 선정하여 주기적으로 모니터링함이 중요하다.

2) DFSS

DFSS(design for six sigma)는 DMAIC과 달리 기존 프로세스에서 발생하는 편차 감소를 통해 불량률을 줄이는 방법이 아니라 프로세스를 완전히 새로 설계하거나 재설계하여 처음부터 불량이 발생하지 않도록 하는 방법론이다.

6시그마는 기존 프로세스의 지속적 개선을 통해 수익성을 향상하고자 하는 방법론에 기초함에 반해 DFSS는 이와 달리 초기부터 새로운 프로세스를 개발하거나 기존 프로세스를 재설계하여 나중에 문제점이 발생하는 것을 사전에 예방하기 위한 방법론이다.

DFSS는 기존 프로세스의 개선을 통해서는 6시그마수준을 달성할 수 없다는 현실적 한계를 극복하기 위해 소개된 개념으로 Ehrlich(2002)는 다음과 같은 경우에 이용되어야 한다고 보았다.

첫째, 개선할 기존의 프로세스가 없을 때, 둘째 기존 프로세스의 시그마수준이 너무 낮아 개선할 필요성조차 발견하기 어려울 때, 셋째 기존 프로세스의 수준의 너무 높아 더 이상 개선이 어려울 때, DFSS도 DMAIC과 같이 일련의 단계를 거쳐 실행되는데 그 단계의 내용에 따라 DMADV와 DIDOV 등이 소개되고 있다.

(1) DMADV

DMADV는 GE가 1997년에 도입한 DFSS 방법론이다. 이는 정의(define), 측정(measure), 분석(analyze), 설계(design) 및 검증(verify)으로 구성되어 있다. 정의단계는 DMAIC의 정의단계와 유사하게 수행된다. 측정단계에서는 CTQ를 결정하고 이를 측정할 측정시스템을 설정하는 단계이다. 분석단계는 CTQ의 최적 설계를 수행하며 최종설계는 설계단계에서 완성된다. 검증단계에서는 새로운 설계를 실제 상황에서 테스트하여 설계능력을 검증한다.

(2) DIDOV

반면에 DIDOV는 정의(define), 파악(identify), 설계(design), 최적화(optimize) 및 검증(verify)을 말한다.

정의단계는 처음부터 일을 올바르게 시작하고 팀의 목적을 명확히 하는데 목적이 있다. DFSS 프로젝트의 목적은 6시그마 프로젝트의 목적에 비해 장기적으로 주로 수익성, 고객만족, 낭비, 기술 등으로 표현된다. 고객욕구와 CTQ의 잠재요인을 파악하는 단계로 이를 위해 주로 QFD를 사용한다.

파악단계는 VOC를 통해 수집된 고객의 욕구를 분명히 파악하고 목표를 설정하며 추상적 욕구를 제품과 서비스의 구체적 특성으로 전환하는 단계이다. 이를 위해 QFD를 활용한다.

설계단계는 고객이 욕구를 충족시키는 다양한 모형을 개발하고 이를 객관적 방법에 의해 평가하고 그 중 최선의 모형을 선택하는 단계이다.

이를 위해 창의적인 발상이 필요한데 브레인스토밍(brainstorning) 등을 활용하며 평가기준으로는 비용, 효과, 위험성 등이 있다.

최적화단계는 앞 단계에서 선정한 모형의 설계를 최적화하는 단계이다. 이는 이상적 기능을 파악하고 변동을 극소화하는 설계를 추구한다.

검증단계는 최적화된 설계가 계획대로 작동되는지를 확인하고 관리하는 단계이다. 이를 위해 설계를 검증하고 프로세스의 능력을 증명하고 파일럿 실험을 수행한다.

3) DMAIC과 DFSS 비교

6시그마 향상 모형을 선택하는 기준과 절차는 다음과 같다. 먼저 정의단계 후 새로운 프로세스에 대한 설계이면 DIDOV를 활용하여 설계단계로 넘어가며 그렇지 않은 경우 측정과 분석단계를 거친다. 이를 통해 재설계가 필요한 경우 DMADV를 활용하여 재설

그림 9-6 DMAIC과 DFSS

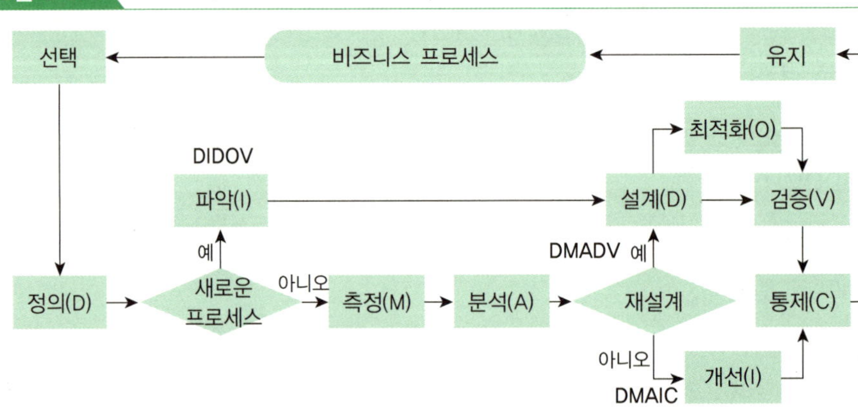

계 과정으로 넘어가며 그렇지 않은 경우 통상의 DMAIC 모형을 활용한다.

이상의 과정을 걸쳐 비즈니스 프로세스를 개선하게 된다.

2. 6시그마 문화형성

1) 문화형성단계

6시그마는 단지 비용절감과 같은 제한된 성공을 목표로 현재의 단순한 문제를 해결하기 위해 활용할 수도 있으며 품질제일주의로 인한 고객만족을 극대화하기 위해 조직문화를 변혁하고자 도입할 수도 있다.

트루스코(B. Trusko) 등은 고품질을 지향하는 6시그마 문화의 형성을 위해 다음과 같이 조직화(mobilizing), 계획화(planning), 시험화(piloting), 실행화(implementing) 및 내면화(internalizing) 단계가 필요하다고 하였다.

(1) 조직화단계

첫 번째는 조직화 단계로써 이는 크게 다음과 같은 일곱 가지의 활동으로 구성된다.

① 조직 내 · 외부에서 6시그마 문화 형성을 지지하는 지지자를 찾아내고 이들을 개발한다.

② 6시그마를 조직의 비전 및 전략적 계획과 적합한지 분석한다.

③ 지지자들은 조직의 핵심 및 지원프로세스를 고려하여 6시그마 개선 기회를 정의한다.

④ 6시그마 사업 사례를 구축한다.

⑤ 단계 3의 시험화를 위한 승인과 조직화를 한다.

⑥ 시험화 과제의 주된 목표를 설정한다.

⑦ 교육과 문제해결 등에 대해 도움을 받기 위해 외부의 6시그마 강사나 전문가 등 컨설턴트를 선택한다.

그림 9-7 6시그마 문화형성단계

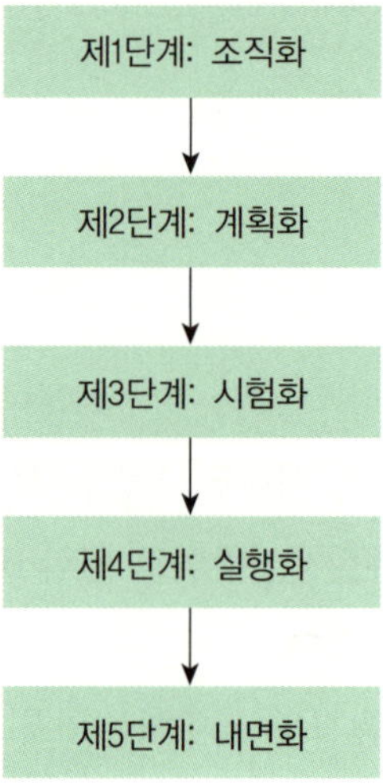

자료: Trusko, B.E., C. Pexton, H.J. Harrington and P. Gupta, *Improving Healthcare Quality and Cost with Six Sigma*, FT Press, 2007.

(2) 계획화단계

두 번째는 계획화단계로써 이 또한 다음과 같은 일곱 가지의 활동으로 구성된다.

① 각 6시그마 개선기회의 수준을 어느 정도의 시그마수준으로 할 것인가를 정의한다.

② 6시그마 팀(six sigma team: SST)과 적합한 구성원을 정의한다.

③ SST의 구성원을 훈련시킨다. 훈련프로그램에는 주에 몇 시간 훈련하는가에 대한 일정에서부터 6시그마의 필요성 및 방법론 등의 내용을 구체적으로 포함한다.

④ SST를 조직한다. 워크시트(worksheet)를 활용하여 6시그마 목표와 함께 무엇을, 어떻게, 언제, 왜 하게 될 것인지에 대한 구체적인 프로젝트 계획을 수립한다.

⑤ 측정을 정의한다. 측정에는 고객, 경영자, 공급자, 내부직원, 프로세스의 목소리들이 반영되도록 한다.

⑥ 6시그마 프로젝트 계획을 준비한다. 어떤 내용을 언제부터 언제까지 수행해야 한다는 일정표와 함께 책임 직원을 명시한다.

⑦ 조직변화관리 계획을 준비한다. 특히, 6시그마 프로그램을 통해 제거되는 프로세스와 관련된 직원과 업무에 대한 고려가 포함되어야 한다.

(3) 예비시험화단계

세 번째는 예비시험화단계로써 이는 앞에서 살펴본 DMAIC를 수행하는 단계이다.

(4) 실행화단계

네 번째는 실행화단계로써 여기서도 다음과 같은 일곱 가지의 활동이 추진된다.

① 6시그마 운영위원회를 조직화한다. 6시그마 운영위원회는 조직 전체를 통합할 수 있도록 구성되어야 하며 모든 6시그마 담당 직원과 프로젝트가 포함되어야 한다.
② 6시그마 담당 직원의 역할을 정의한다. 운영위원회, 챔피언, 스폰서, 마스터블랙벨트(master black belt: MBB), 블랙벨트(black belt: BB), 그린벨트(green belt: GB), 옐로우벨트(yellow belt: YB), 블루벨트(blue belt) 및 프로세스 소유자의 역할을 모두 정의한다.
③ SST를 훈련한다. 이에는 챔피언스폰서, MBB, BB, GB, YB 등 모든 멤버들의 교육시간, 교육내용 및 교육목표를 구체적으로 명시하여 진행한다.
④ 6시그마 프로젝트를 선택한다. 프로젝트의 목표와 성과측정에 따른 KPI를 선정하고 사업추진에 따른 주요 변화 영역을 녕시하며 프로세스 변화수준을 제시한다. 주요 변화영역으로는 최종고객 영역, 프로세스 측정 영역, 공급자 성과 영역, 문서화 영역, 훈련 영역, 벤치마킹 영역, 프로세스 적응 영역 및 지속적 개선영역이 있으며 프로세스 변화수준은 알 수 없는 수준에서부터 이해수준, 효과적 수준, 효율적 수준, 오류가 없는 수준 및 세계적 수준까지 구분할 수 있다.
⑤ BB 자격을 소지한 직원으로 하여금 SST를 구성하도록 한다.
⑥ DMAIC 등의 절차를 통해 프로젝트를 실행한다.
⑦ 최고경영층에 의해 6시그마 성과를 조직 내·외로 홍보하고 의사소통하며, 지속적인 6시그마 제안프로그램을 운영하고 다양한 보상 정책을 시행하면서 6시그마 문화를 내면화한다.

2) 벨트제도의 활용

6시그마 혁신전략의 성패를 결정하는 주체들을 전문가로 육성하는 체계가 벨트제도이다. 화이트벨트에서 시작하여 그린, 블랙, 마스터블랙벨트로 이어지는 전문가 육성 체계는 6시그마의 핵심 성공요인이자 전제조건이다.

6시그마에서 중추적인 역할을 담당하는 실무 추진 주체들은 본인의 역량수준에 따라, 또한 책임질 수 있는 프로젝트의 난이도와 규모에 따라 등급이 다음과 같이 구분되어진다.

표 9-2 6시그마 벨트제도

구분	주요 역할
챔피언	6시그마 추진에 총괄적 책임을 지는 임원급 리더로서 6시그마의 잠재적인 능력과 가치에 대해 이해하고 혁신팀을 이끌면서 전략, 전술에 대해 방향을 제시하는 최고 경영층
마스터 블랙벨트	• 6시그마의 조직 내부 전문가로 블랙벨트와 그린벨트를 지도하고 챔피언을 지원 • 6시그마에 대한 상당한 전문성을 가지고 있어야 하며 6시그마의 문화를 조직 전체에 확산하는 변화관리의 핵심적인 역할을 수행
블랙벨트	• 챔피언이 무엇을 할 것인지를 결정하고 블랙벨트의 마스터가 전문인력 육성 및 변화관리를 책임지게 되면 블랙벨트는 이러한 범위 내에서 어떻게 할 것인지를 찾아내어 해결하는 실무적으로 가장 중추적인 역할을 하는 핵심주체 • 통계학, 문제해결 기법 등에 대해 광범위한 훈련을 받게 되고, 그린벨트를 훈련시키는 책임 수행
그린벨트	• 자신이 속한 부서에서 추진되는 6시그마 혁신 프로젝트에 파트타임으로 참여하는 직원으로 6시그마의 기본적 훈련을 받은 사람 • 주로 자신의 일상적 업무와 직접 관련된 프로젝트에만 주력
화이트벨트	부서에 소속된 일반 근로자로 6시그마 관련 기본 개념 훈련을 2~4일간 받고 블랙 및 그린벨트를 지원

3. 6시그마의 한계

6시그마는 만병통치약이 아니다. 모든 문제를 해결할 수 있는 것도 아니며 또 활용한다고 하여 조직의 성과를 항상 향상시킬 수 있는 것도 아니다.

6시그마가 갖는 강점들이 오히려 성공적으로 활용하기 어려운 이유가 되기도 한다.

첫 번째는 상층에 의한 톱다운 방식과 전문적인 팀 및 전문가에 의한 수행은 하층 및 비전문가의 참여와 관심을 자연스럽게 유도하기에 어렵다는 한계가 있다.

두 번째로는 6시그마의 특별한 용어나 정의를 교육훈련시키는데 많은 투자와 시간이 필요하며 전문적인 통계기법을 적용한 과학적인 방법론은 인간적인 요소들을 고려하지 않는다는 비판을 받고 있다.

세 번째로 6시그마가 정형적이고 체계화된 방법론에 입각하기 때문에 오히려 혁신과 전략적인 변화 및 창의적인 발상을 방해할 수 있다. 그 단적인 예가 IT 활용을 고려하지 않는 점이라 할 수 있다.

이상의 지적들은 6시그마를 철학이나 경영개념처럼 유연하게 이해하지 않고 너무 수단 중심적으로 해석하였기 때문이기도 하다. 그러나 문제를 해결함에 있어 체계적이고 과학적인 수단과 절차 및 이해를 제고했다고 하는 강력한 측면들을 부정하기도 어려운 일이다.

6시그마가 과거에 없던 완전히 새로운 개념이 아니듯이 6시그마는 보다 유연하게 확장되어 BPM(business process management)과 SCM(supply chain management), CRM(customer relationship management) 등 여러 개념들과 융합할 개연성도 당연히 열려 있다.

따라서 6시그마를 조직의 혁신을 위한 사고로써 과학적 기법의 활용과 교육훈련의 필요성, 성과향상이 중요하며 이를 위해 프로세스가 개선되어야 한다는 관점은 향후에도 여전히 유효할 것이다.

3절 린시스템의 이해

1. 린의 개념과 특징

1) 개념

린의 토대가 되는 **도요타생산방식(Toyota production system: TPS)**은 적시생산(just in time: JIT), 자동화(jidoka) 등을 기초로 부가가치창출과 관련되지 않은 활동과 낭비 제거를 통해 고객이 원하는 품질의 제품과 서비스를 최적의 속도로 생산하여 고객의 요구를 충족시키기 위한 체계적인 접근방법을 말한다.

1990년 MIT의 워맥(J. Womack)과 존스(D. Jones)에 의해 TPS를 분석하는 과정에서 린생산이 언급되면서 보편화되기 시작되었다. **린(lean)이란 '얇음', '군더더기가 없음'**을 나타내는 단어로 흐름의 개선을 위해 프로세스상에 존재하는 **모든 낭비 또는 비부가가치 활동을 제거하기 위한 도구 및 개념을 의미**한다. 이로 인해 린, TPS, JIT는 동일한 철학을 공유하고 있어 서로 혼용되어 표현되기도 한다. 또한 린은 생산에 중점을 두고 표현할 때에는 린생산으로, 프로세스의 비효율을 제거하기 위한 관리에 초점을 두었을 경우 린 프로세스 관리 등으로 불리기도 한다.

6시그마가 표준편차로 나타나는 **산포의 크기를 줄여 결함이 없는** 완벽한 품질을 지향한다면 린은 낭비와 프로세스의 **사이클타임을 줄여 속도를 개선**하기 위한 품질향상 개념이다. 즉, 린은 어떤 프로세스의 시작에서 끝까지 소요된 시간 중에서 고객이 요구하는 제품과 서비스를 창출하는 데 소요된 시간의 비율을 높이는 것을 목적으로 한다. 이 비율을 프로세스의 부가가치율(percent value added of process) 또는 프로세스 주기효율(process cycle efficiency)이라고 한다.

- **프로세스 주기효율**=(부가가치시간÷총소요시간)×100

프로세스 주기효율을 높이기 위하여 린은 6시그마의 주 대상인 개별 프로세스가 아닌 전체 프로세스의 시각에서 80~90% 이상의 낭비가 존재하는 개별 프로세스 간 비부가가치 요소에 우선적으로 집중하는 특징을 갖는다.

2) 목적과 특징

린의 목적은 제품과 서비스를 생산하는 모든 프로세스에서 발생하는 **모든 유형의 낭비를 제거**함을 통해 **사이클타임을 감소**하고 **비용을 줄이며** 품질향상을 통해 보다 많은 가치를 창출하는 것이다.

비용에 대한 전통적 사고는 '손해보고 팔 수는 없다'는 사고에 입각하여 주어진 비용에 이익을 더한 값을 가격으로 책정하였다. 즉, 가격을 후행변수로써 파악하고 있음에 반해 린 사고는 가격이 선행변수로써 주어진 가격에 이익을 더 많이 확보하기 위해서는 비용을 줄일 수밖에는 없다는 사고에 기초하고 있다.

그림 9-8 비용에 대한 전통적 사고와 린 사고 비교

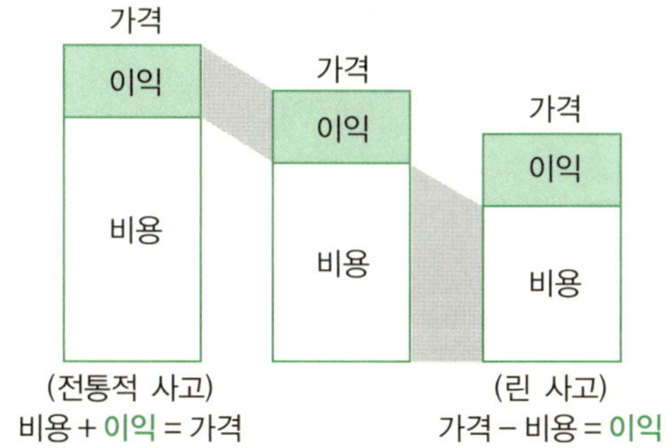

린을 이해하기 위한 핵심 단어로는 **가치, 흐름, 당김(pull), 완벽**이 있다.

첫째, 린은 부가가치를 창출하는 활동을 최적화하기 위한 것이다.

둘째, 린은 제품과 서비스가 자연스럽게 흐르도록 흐름의 속도를 개선하고자 하는 것이다.

셋째, 린은 예측이 아닌 실제 고객이 원하는 것만을 원하는 시기에 생산하고자 하는 당김 체계이다.

마지막으로 린은 고객가치 최대화를 위하여 지속적으로 개선하고자 하는 완벽을 지향하는 체계이다.

이상의 핵심 개념을 기반으로 린은 다음과 같은 특징은 갖는다.

첫째, 효율성 향상을 위해 낭비를 철저히 제거함을 통한 **비용절감을 지향**한다.

둘째, 필요한 것을 적시에 필요한 만큼 생산하고자 하는 **JIT를 지향**한다.

셋째, **생산의 평준화, 동기화, 시각적 관리 등을 지향**한다.

2. 린의 구성

린 또는 TPS는 크게 **JIT와 자동화(jidoka)를 양대 축**으로 구성된다. 먼저 적시생산인 JIT는 **필요 제품을, 필요한 시기에, 필요한 양만큼 생산**하는 것으로 평준화 생산을 토대로

Kanban시스템, 풀시스템, 다기능공의 양성을 토대로 한다. 또한 자동화는 **낭비의 발굴과 개선, 5S, 안돈시스템 및 표준화** 등을 통해 구현하는 생산시스템이 TPS다.

그림 9-9 Lean/TPS 구성요소

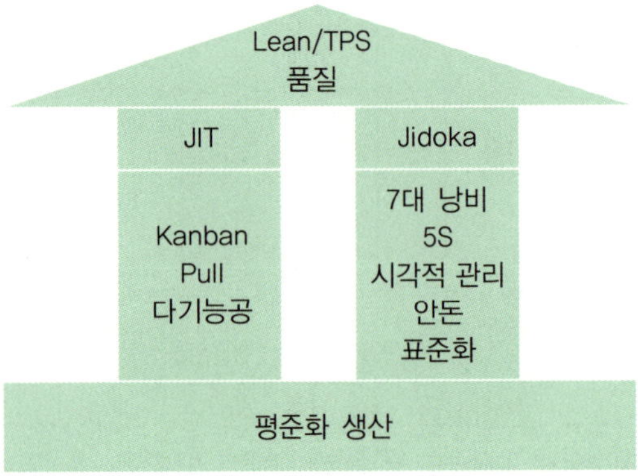

1) JIT

JIT는 린생산의 중요한 요소로써 필요한 일을 필요한 장소에서 필요한 시간에 필요한 만큼만 생산한다면 낭비와 불량을 최소화할 수 있다는 사고에 기초하고 있다. 이를 위해 JIT는 모든 프로세스의 비효율과 비부가가치 시간을 줄이는 지속적인 프로세스 개선을 지향한다.

낭비와 불량의 최소화는 다음과 같은 효과를 기대할 수 있다.

첫째, 재작업 시간과 비용을 줄여 원가를 절감할 수 있다.

둘째, 리드타임 단축으로 납품시기를 앞당길 수 있어 수요예측을 보다 빠르고 정확하게 할 수 있다.

셋째, 완제품으로 적시에 적량이 생산되기 때문에 재고를 줄여 재고회전을 빠르게 할 수 있다.

JIT가 효율적으로 수행되기 위한 구성요소로 칸반시스템과 풀시스템 및 다기능공의 양성 등이 있다.

(1) 칸반시스템

간판, 카드 등을 일컫는 일본말인 칸반(kanban)은 JIT에서 생산허가와 자재이동을 위해 사용하는 카드로 **무엇을 생산해야 하며 무슨 재고를 다시 채워야 하는지**를 알려주는 **신호장치**를 말한다.

칸반은 부품 사용자가 인출해야 할 부품과 그 수량을 부품 생산자에게로 보내는 것으로 생산에 지장이 초래되지 않도록 적시에 생산되어야 함을 알리는 것이다. 이렇게 칸반을 이용하여 최종 조립라인에서부터 최초 생산라인으로 **거슬러 올라가** 부품 생산과 조달이 적시에 물 흐르듯이 진행되게 한다.

이는 의료조직에서도 활용될 수 있는데 진료실에서 간호사가 접수 직원에게 칸반을 보내 환자가 빈 진료실로 오게 할 수도 있다.

그림 9-10 칸반카드의 예

(2) 풀시스템

풀시스템(pull system)이란 판매를 중심으로 하여 **후속공정에서 필요한 만큼 선행공정으로부터 가져오는 방식**으로 공정별 재고량을 최소화함으로써 낭비를 제거하는 방법이다.

이에 반해 푸쉬시스템(push system)은 생산 중심으로 미리 결정된 작업계획서에 지시된 수량만큼 생산하는 시스템이다. 후속공정의 상황을 염두에 두지 않고 생산된 부품을 후속공정으로 전달하기 때문에 후속공정일수록 재고가 쌓이게 될 수 있다.

(3) 다기능공 양성

적시에 필요한 양만큼 생산하기 위해서는 대량생산체계에 비해 다기능공의 양성이 보다 필요해진다. 이로 인해 조직은 **인력 활용의 유연성을 확보**할 수 있어 인건비의 감소를 기대할 수 있고 직원은 안정된 직장에서 다양한 업무경험을 기대할 수 있어 업무성취감을 보다 제고할 수 있다는 장점이 있다.

2) 자동화

자동화(jidoka)란 **이상이 발생하면 작업자가 생산라인을 자동으로 멈추게 함**으로써 불량품의 발생을 방지하고 과잉생산을 억제하는 개념이다. 이는 의료에서 외과수술 전 의무적으로 환자의 등록번호, 술기, 수술 부위 등을 확인하는 것으로 응용되고 있다.

자동화를 위한 구성요소로는 낭비의 유형을 미리 파악하고 5S활동을 통해 낭비를 제거하며 시각적 관리를 통해 예방 관리하는 것 등이 있다.

(1) 낭비의 유형

린은 프로세스의 흐름과 속도에 가장 큰 관심을 두고 있기 때문에 프로세스의 흐름과 속도를 늦추게 하는 요인, 즉 낭비의 제거가 가장 중요한 관리대상이다.

낭비(muda)란 **생산공정에서 부가가치를 창출하지 않는 모든 유형의 활동 또는 과업**으로 대표적으로 다음과 같은 일곱 유형이 있다.

① 과잉생산에 따른 비용
② 자재, 인력 및 장비 부재로 인한 작업지연에 따른 비용
③ 불필요한 운송이나 이동에 따른 비용
④ 과다재고에 따른 비용
⑤ 불필요한 프로세스에 기인한 비용
⑥ 불필요한 작업동작에 따른 비용
⑦ 품질결함에 따른 비용

(2) 5S활동

5S란 생산성 향상을 위한 **일상적이고 초보적인 활동**으로 일본어 어휘의 첫 글자를 따 작명되었다. 그 내용은 다음과 같다.

① **정리**(seiri): 필요한 것과 불필요한 것을 구분하여 불필요한 것을 현장에서 제거하는 것
② **정돈**(seidon): 필요한 것은 필요할 때 쉽게 사용할 수 있도록 적정량을 정해진 장소에 정돈해 놓는 것
③ **청소**(seiso): 작업장의 바닥, 벽, 설비 등 깨끗한 환경을 유지하도록 청소하는 것
④ **청결**(seiketsu): 정리, 정돈, 청소에서 문제가 발생시 이를 쉽게 발견할 수 있는 상태로 유지하는 것
⑤ **습관화**(shitsuke): 조직의 규율, 규칙, 작업방법 등을 준수하도록 습관화하는 것

5S는 기본으로 돌아가는 개념으로써 어렵거나 복잡하지 않아 누구나 일상적으로 실천할 수 있는 낭비제거 방법이다. 도요타자동차는 이것으로도 상당한 수준의 품질과 가동률, 안전 등을 향상시키고 원가와 재해를 감소시키고 있다.

그림 9-11 **5S의 도입 전후**

(3) 시각적 관리

안돈시스템과 같은 시각적 관리(visual management: VM)는 부가가치 흐름을 개선시켜준다.

(4) 안돈시스템[1]

안돈시스템은 생산현장에 걸린 **라인 정지표시판**으로 시각적 관리의 대표적 사례이다.

1) 불을 켠다는 행등(行燈)의 일본어 발음이다.

안돈의 종류에는 감독자를 호출하거나 부품을 요구하는 호출안돈, 불량이 발생하거나 시간 내 생산이 어려울 때 사용하는 이상안돈, 기계의 가동, 고장, 준비 교체 등 가동상태를 나타내는 가동안돈, 생산계획과 실제 생산현황의 진도를 실시간으로 알려주는 진도안돈 등이 있다.

그림 9-12 안돈의 종류

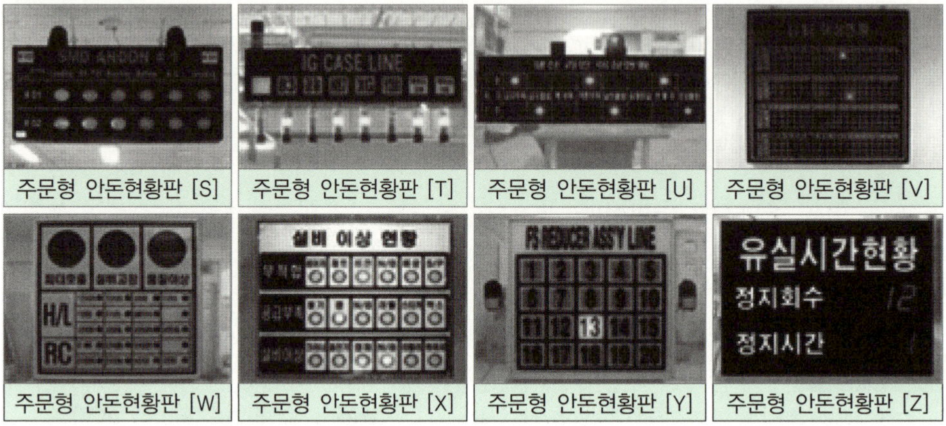

주문형 안돈현황판 [S] 주문형 안돈현황판 [T] 주문형 안돈현황판 [U] 주문형 안돈현황판 [V]
주문형 안돈현황판 [W] 주문형 안돈현황판 [X] 주문형 안돈현황판 [Y] 주문형 안돈현황판 [Z]

(5) 표준화

표준화는 **낭비 없이 가장 효율적으로 작업할 수 있는 방법을 정의한 것**으로 도요타생산방식의 기본이라 할 수 있다. 표준화된 작업은 가장 생산적으로 일할 수 있도록 안내하기 때문에 문제점의 발견이 용이할 뿐 아니라 이를 개선하여 쉽게 전 작업장으로 전파하기도 쉬워 지속적 개선의 토대를 형성하고 있다.

3) 평준화 생산

린은 낭비를 최소화하면서 유연하게 완벽한 업무흐름을 획득하기 위하여 적절한 일을 적절한 장소에서 적절한 시간에 적절한 양을 수행하는 것에 초점을 맞추고 있다.

도요타는 이를 위하여 **생산량을 평준화**하였는데 이는 품목의 구성과 생산량을 항상 비슷하게 함으로써 작업장의 일별 수요를 균일하게 하는 것을 말한다. 평준화 생산은 생산계획의 수립을 용이하게 하고 작업실행을 표준화시킴 등을 통해 JIT와 자동화의 기초를 제공해주고 있다.

3. 린 개선절차와 개선활동 실행단계

1) 린 개선절차

린 관리의 두 개 기둥인 JIT와 Jidoka는 린 개선주기(lean improvement cycle)의 기초를 형성한다. 린 개선전략은 다음과 같은 체계적 단계를 통해 수행되어야 한다.

첫째, 린 개선전략을 추진하기 위하여 고위관리직의 동의를 획득한다. 이는 어떤 품질향상프로그램과 마찬가지로 고위관리직의 지지는 필요자원이 프로젝트를 위하여 할당되는 것을 보장하는데 결정적인 요소이다. 고위지도자에 의해 지지된 린 전략은 다른 운영진을 보다 쉽게 설득할 수 있다는 장점도 있다.

둘째, 정착에 관여하는 운영진들에게 접근법을 설명한다. 특히, 대부분의 근로자는 린으로 인해 자신의 직무가 없어져 버릴 수 있음을 두려워하게 된다. 따라서 린 전략이 성공하기 위해서는 근로자의 직업이 보장된다는 것이 환기되어야 하며 최소한 근로자의 직업 안정성이나 인원 감축에 대하여 정직해져야 한다. 근로자의 전환배치와 교육프로그램의 참여를 확대하여 린 전략의 목표와 목적에 대하여 이해도를 제고시켜줘야 한다.

셋째, 린 개선전략이 실행될 프로젝트를 선정한다. 의료부분의 경우 상대적으로 인적·물적자원이 많이 투입되는 업무나 환자의 위해와 환경적 손상의 가능성이 높은 업무, 대규모이기 때문에 지속적 자원을 소모하는 업무에 대해 우선적으로 프로젝트 대상으로 선정할 수 있다.

넷째, 선택된 팀과 개선활동(kaizen event)을 이끈다. 지속적 개선을 의미하는 kaizen은 통상 특정의 짧은 기간 동안 특정 영역에서 린 도구를 적용하여 비용투입 없이 낭비를 찾아 이를 해결하는 이벤트를 신속하게 수행한다. 그 구체적인 단계는 다음의 개선활동 실행단계와 같다.

마지막으로 결과를 측정하고 평가한 후 성공 여부를 공표한다.

2) 개선활동(kaizen event) 실행단계

(1) 계획과 준비

팀은 제약이론과 파레토원칙 등을 이용하여 개선하고자 하는 강력한 대상 목록을 작성한다. 일반적으로 병목지점이 전형적인 대상으로 선택된다.

(2) 낭비의 인식

개선 대상이 결정된 후 **가치흐름도(value stream mapping: VSM)**를 이용하여 7가지 낭비 중 한 가지 이상이 있는지를 찾아 개선활동(kaizen event)의 주제로 삼는다. 가치흐름도는 **현재의 업무 프로세스가 고객요구를 충족시키기 위해 요구하는 모든 부가가치 및 비부가가치 활동에 대한 정보와 자재의 이동 과정을 나타낸 가치흐름을 시각화한 것**이다. 또한 가치흐름도는 정보와 자재의 단순한 흐름 과정을 표현한 것을 넘어 낭비를 발견하고 이를 제거하게 하는 프로세스의 종합 진단 도구이기도 하다.

이 단계는 경영자와 근로자만이 알 수 있는 깊이 있는 이해가 필요할 수 있어 운영진이 여기에 포함되는지가 성공의 관건이 된다. 개선활동은 그 난이도에 따라 1~7일이 소요되며 이 기간 동안 팀원들은 개선활동에 집중하여 업무를 수행해야 한다.

(3) 낭비 제거를 위한 계획수립

다음으로 팀은 낭비를 제거하기 위한 계획을 수립한다. 이때 계획에는 다음의 내용들이 포함되어야 한다.

- 중재를 위한 시간적 스케줄
- 상세한 현재의 프로세스 디자인
- 계획 중인 변화의 상세한 내용
- 중재의 기대효과
- 효과를 판단하는데 이용할 방법
- 프로젝트의 결론에 대한 기대효과

(4) 계획의 적용

개선 팀은 개획의 수립뿐 아니라 적용에도 관여해야 한다. 적용단계에서 가치흐름도는 프로젝트의 성공 여부를 파악하는 중요 지표가 된다.

린의 시간단축과 6시그마의 품질향상이라는 두 방법론의 장점을 상호 보완적으로 취합한 것이 **린6시그마(lean six sigma: LSS)**이다. 즉, 린6시그마는 린의 속도와 흐름에 대한 관리, 낭비의 제거, 고객가치에 초점을 두고자 하는 장점과 6시그마의 품질과 시간에 대한 관리, 프로세스 변동의 감소를 통한 성과향상, 문제점의 사전예방 및 완벽한 품질을 지향하는 장점을 모두 살리고자 하는 시도라고 할 수 있다.

이와 함께 린의 단점인 프로세스를 통제하는 관리능력의 부족과 6시그마가 안고 있는 프로세스의 속도에 관심을 두고 있지 않은 점 등을 상호 보완할 수 있다.

따라서 린6시그마는 프로세스의 변동을 이해하고 축소함을 통해 프로세스의 안정을 도모하고 프로세스의 낭비를 제거함을 통해 프로세스의 속도와 흐름을 증진하기 위한 체계적인 노력이라 할 수 있다.

그림 9-13 린6시그마 적용 전후

린6시그마 = 프로세스의 안정(6시그마) + 프로세스의 속도(린)

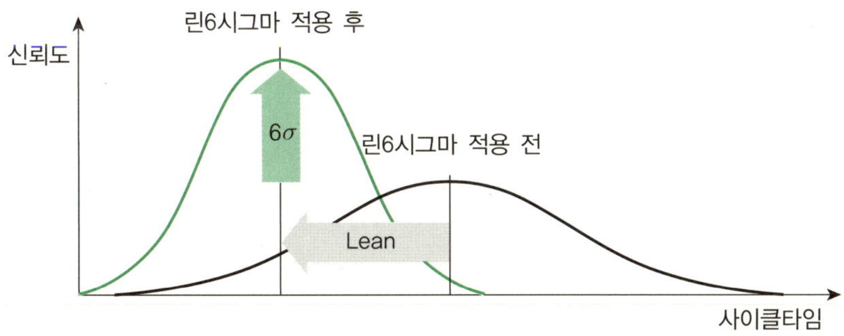

6시그마는 고객가치 창출을 위해 프로세스 산출의 안정, 즉 변동의 감소를 위해 끊임없이 개선하고자 하는 문화 변화를 지향한다. 이를 위해 CEO나 상층관리자의 전폭적인 지지와 각종 벨트제를 활용한 전문가의 다량 배출과 이들을 전방위적으로 활용함을 근간으로 한다. 또 자료에 기초한 과학적 관리를 지향하면서 수익이라는 재무적 결과에 집중한다. 철저히 문제를 파악하여 이를 해결하고자 하는 프로젝트 중심 조직을 강조한다.

그러나 6시그마는 시스템 상호작용에 대한 고려가 결여되어 있고 전체 프로세스에 대한 고려가 부족한 채 프로젝트로 선정된 독립적 프로세스에 집중하는 한계를 갖고 있다.

표 9-3 | 6시그마와 린의 비교

구분	6시그마	린
이론	변동 감소	낭비 감소
사전 요구사항	• CEO와 상급관리자의 참여 • 권한을 가진 전문가의 개발	• 안정적 수요환경 • 잘 개발된 공급자 네트워크 • 종업원의 참여 • 고객 중심 스케줄
단계 (응용지침)	• 정의 • 측정 • 분석 • 개선 • 통제 및 관리	• 가치 확인 • 가치흐름 확인 • 흐름 • 당김(pull) • 완벽
집중	• 문제와 품질에 집중 • 고객가치	• 속도와 흐름에 집중 • 완벽
1차효과	프로세스 산출의 안정 및 성과 향상	흐름 시간 및 낭비의 감소
2차효과	• 줄어든 실패 • 빠른 스루풋 • 줄어든 재고 • 성과 변동 • 관리자를 위한 측정 • 개선된 품질	• 줄어든 변동 • 균질적 산출 • 줄어든 재고 • 흐름의 개선 • 관리자를 위한 측정 • 개선된 품질
비판	• 시스템 상호작용에 대한 고려가 결여 • 프로세스가 독립적으로 개선	통계 및 시스템 분석의 결여

이에 반해 린은 수요에 적극적으로 대처하기 위해 생산과정에서 비부가가치적 요소인 낭비의 제거를 최우선으로 한다. 생산과정의 흐름을 최대화하기 위하여 고객에 대한 이해를 바탕으로 비부가가치요소를 파악하고 고객의 수요가 있을 때만 생산하고자 하는 등 생산프로세스의 지속적 간소화, 최소수준의 재고 및 생산자원 활용의 최적화를 지향한다.

6시그마가 문제에 집중한다면 린은 낭비제거에 집중한다. 그러나 린은 통계 및 시스템분석이 포함되어 있지 않다는 한계점을 안고 있다.

CHAPTER 10 지속적 성과관리시스템

전체 최적화, 핵심에 집중, 그리고 측정하라

1절 TOC, 6시그마의 통합

1. 통합적 방법론의 필요성

고품질의 상품이란 품질의 변동이 적은 상품이자 동시에 품질수준이 높은 상품이기도 한다. 그러나 주어진 예산과 시간의 한계 내에서 고객의 모든 요구를 충족시키는 상품의 생산은 이상적 환상에 지나지 않을 수도 있다. 그렇다고 그 한계에 머물 수도 없는 것이다. 따라서 고객이 가장 중요하게 생각하는 것을 들어주어야 한다. 이와 함께 빠르게 제공해주기도 해야 한다. 그러한 측면에서 다양한 **경영학적 접근법의 통합**은 언제나 의미 있게 시도되어야 할 대상이다.

전략과 연계된 운영, 부분이 아닌 전체의 최적화, 소수의 중요한 이슈에 집중, 과학적인 측정과 분석, 지속적인 개선과 혁신 등을 위한 전사적인 지원과 리더십, 개선과 혁신을 수행하는 명확한 주체와 권한의 부여, 훈련된 구성원들의 적극적인 참여와 문화의 형성 등은 시공을 초월한 생산운영관리의 영원한 주제이다.

2. TOC, 6시그마 통합모형

1) 6시그마의 문제점

프로세스 혁신에 관한 가장 대표적인 방법론이 **제약이론과 6시그마**이다. 그러나 6시그마는 많은 장점에도 불구하고 6시그마 품질경영활동을 확장하여 경영전략으로 발전시키기에는 몇 가지 문제점들이 지적되고 있다. 그 대표적인 것이 경영성과 척도로 시그마수준을 일률적으로 적용하는 것과 함께 제약자원과 비제약자원에 대한 구분 없이 모두 시그마수준을 향상시켜야 한다는 것이 그 예이다. 이를 구체적으로 살펴보면 다음과 같다.

첫째, 6시그마의 적용 대상은 **고객의 요구사항을 기초**로 한다는 점이다. 고객의 요구로 쉽게 포착하기 어려운 새로운 의료서비스의 개발, 환자진료와 관련된 계획의 수립, 병상 회전 및 재원 일에 대한 의사결정 등 정보의 비대칭으로 인한 의사결정 과정의 참여의 한계 및 신속한 의사결정을 요구하는 상황 등에는 6시그마를 적용하기 쉽지 않다는 점이다.

둘째, 6시그마는 조직의 성과 향상을 위한 **제약자원과 비제약자원에 대한 고려가 미흡**하기 때문이다. 비제약자원에 대한 시그마수준의 향상은 수익성 향상과는 무관할 수 있다는 점이다. 의료서비스의 품질 향상이 자칫 측정하고 평가하기가 상대적으로 용이한 기술적 품질 중심으로 전개되었을 경우 고객인 환자의 입장에서 향상된 기술적 서비스의 수준을 알기 어려울 뿐 아니라 기능적 품질에 대한 만족을 상쇄하는 경우에는 오히려 더 큰 역효과가 나타날 수도 있다. 즉, 환자가 불편해할 수도 있다는 점이다.

셋째, 조직의 성과 향상을 **고객들의 만족도 제고만을 주요 대상**으로 삼고 있기 때문이다. 예를 들어, 품질제고를 위한 고객의 요구가 높다 하여 이를 무작정 받아들였다고 해서 조직의 성과가 향상되는 것은 아니다. 좋지 않은 서비스는 고객이 선택하지 않지만 좋은 서비스라고 하여 고객이 반드시 선택하지는 않는다.

넷째, 6시그마는 **조직 전체 시스템에 대한 폭넓은 이해**를 바탕으로 하느냐에 대해서는 상대적으로 한계가 있기 때문이다. 근본적으로 조직의 목표는 수익창출에 있다. 이는 비용 감소를 통해서만 일어나는 것이 아니라는 것이다. 비용을 감소하지 않더라도 더 큰 수익이 창출될 수 있다면 마땅히 그것을 수행해야 한다. 이러한 고려 없이 맹목적인 비용 감소는 부서 이기주의 및 불필요한 경쟁 유발 등 부분 최적화로 빠질 위험을 높게 한다.

다섯째, 6시그마는 **비용절감 중심**의 프로젝트 수행 및 결과보고를 기본으로 하고 있기 때문이다. 물론 일반적으로 절감된 비용은 수익증가로 이어진다. 그러나 비용절감이 반드시 수익증가로 이어지지 않을 수 있을 뿐 아니라 비용절감에는 한계가 있어 그 한계점에 도달하면 더 이상 비용절감이 발생하지 않을 수도 있다. 또한 조직이 프로세스 개선이나 서비스의 품질수준을 향상시킴에 있어 정책적 제약이 있을 경우 시그마수준을 향상시키기 위한 노력보다 정책을 변경시키는 것이 우선적으로 요구되기도 한다. 특히, 의료조직의 경우 부서 간에 갈등이 존재하는 주요 이유가 업무의 종속성에 기인하기 때문이다. 업무의 종속성은 지식의 양의 차이에서도 기인하며 사건의 선후 관계로 인해서도 존재하게 된다.

2) 6시그마와 제약이론 비교

6시그마의 한계를 제약이론이 보완할 수 있다. 제약이론은 전체의 최적화를 추구하면서 문제의 근본원인인 소수의 제약에 집중함으로써 성과창출에 탁월한 혁신이론이다. 이에 반해 6시그마는 성과창출의 최대 난제인 프로세스의 변동성에 주목하면서 이를 최소화하기 위한 과학적이고 체계적인 혁신이론이다. 상대적으로 **제약이론이 거시적 측면에서 전체 프로세스를 조망**한다면, **6시그마는 미시적으로 프로세스의 분석에 집중**된 모습을 보이고 있다.

실제 조직의 운영에서는 여러 가지 유형의 문제가 혼재되어 다양하게 전개될 뿐 아니라 이를 해결해야 할 조직과 사람의 능력과 사고, 가치관, 문화 등에 따라 호불호의 선호 관계 또한 다양하게 표출된다. 위 두 방법론은 서로 대체하는 개념이 아니므로 다양한 상황에서 다양한 문제들을 해결하기 위하여 다양한 조직과 사람들이 이를 적절히 통합하여 활용한다면 그 효과성은 극대화될 것이다.

다음은 두 방법론의 차이점과 통합의 가능성에 대해 살펴보고자 한다.

첫째, 제약이론은 최대의 성과를 창출함에 제약이 되는 프로세스상의 병목요인을 찾아 이를 DBR 개념을 적용하여 **전체 프로세스의 균형을 도모**하는 방법론임에 반해 6시그마는 안정적인 성과를 창출하기 위해 프로세스 내 각 활동의 변동성을 최소화하기 위해 측정 · 분석하고 통제 · 관리하는 방법론이다.

둘째, 생산성 향상은 사이클타임의 감소와 투입 대비 산출의 증가 등을 통해 기대할 수 있는데 제약이론은 전자에, 6시그마는 후자에 집중하고 있다. 제약이론은 병목으로 인해 전체 프로세스가 멈추는 일이 없도록 병목에 맞추어 드럼을 두드리고 병목 앞에 버퍼를 설치하며 프로세스의 맨 앞과 병목을 로프로 묶는 장치를 제안하고 있다. 이는 **최소 사이클타임을 통해 생산성을 향상**시키고자 하는 시도임에 반해, 6시그마는 변동성을 줄여 투입에서 얻을 수 있는 최대한의 산출을 창출하겠다는 접근법이다.

셋째, 제약이론은 제약요인을 최대로 활용하면서 비제약요인에 대한 자산 투입 감소에 집중하고 있다. 이는 **자산의 효율적 사용과 불필요한 자산에 대한 낭비를 줄이는 성과**를 기대할 수 있는데 반해, 6시그마는 변동성이 최소화된 품질을 통한 원가절감을 기대할 수 있다.

넷째, 제약이론은 스루풋, 재고, 운영비용 등 거시적 측정지표를 활용하여 **전체 최적화를 도모하는 지표로 활용**할 수 있음에 반해, 6시그마는 DMAIC 단계를 수행하면서 측정된 각종 통계자료와 DMPO 등의 시그마수준 자료 등 미시적 관리 지표를 활용할 수 있는 강점이 있다.

TOC는 전체 시스템에서 가장 제약이 되는 자원을 우선적으로 개선할 것을 강조한다. 전방위적으로 시도되는 개선활동에 비해 **특정 부문의 핵심 문제에 집중**하기 때문에 상대적으로 **단기간에 개선효과**를 기대할 수 있다. 따라서 **TOC를 통해 정확한 진단과 처방을 내리고 6시그마와 함께 치료**하고자 한다면 각각 개별적으로 활용할 때보다 그 효과는 더욱 커질 것이다.

3) 통합 모형

에이(I. Ehie)와 슈(C. Sheu)는 TOC의 제약관리의 5단계와 6시그마의 추진단계를 결합하여 다음과 같은 6단계의 추진전략을 소개하였다.

- 제1단계: 제약요인을 확인하고 개선할 프로세스를 결정하기
- 제2단계: 현 성과를 측정하고 근본 원인을 확인하기
- 제3단계: 프로세스를 개선함으로 인해 제약요인의 활용을 극대화하기

- 제4단계: 개선을 유지하기 위해 비제약요인을 제약요인에 종속시키기
- 제5단계: 제약요인의 능력을 향상시키기
- 제6단계: 다음 제약요인을 확인하기

그림 10-1 TOC와 6시그마의 통합

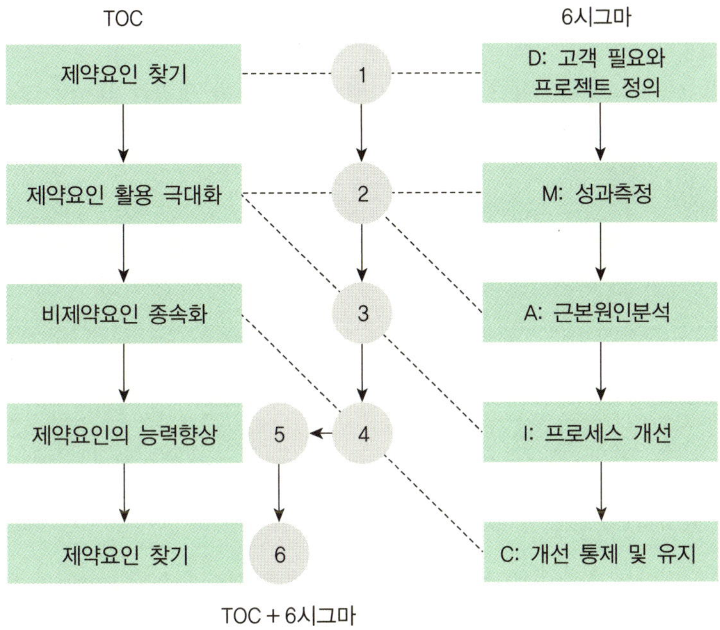

자료: Ehie, I. and C. Sheu, "Integrating six sigma and theory of constraints for continuous improvement: a case study", *Journal of Manufacturing Technology Management* 16(5), 2005.

위 통합모형의 제5단계와 6단계는 6시그마 추진단계에서 통제관리단계에 포함시켜도 무방하다고 본다. 통제관리의 주 목적은 개선된 활동이 일회성으로 그치지 않기 위함과 함께 새로운 개선 기회를 찾는 것도 포함되기 때문이다.

2절 정의, 측정 및 분석단계

1. 정의단계

정의단계는 문제를 정의(definition)하는 것으로 이 단계의 목표는 다음과 같다. 첫째, 무엇을 개선할지에 대한 품질관리 프로젝트를 선정하고, 둘째 이의 목표와 범위를 구체적으로 정의하는 것으로써 어떤 고객이 어떤 프로세스의 개선을 요구하는지 '고객요구사항에 대한 핵심(critical to quality: CTQ)'을 파악함이 가장 중요하다.

정의단계에서 활용할 수 있는 분석방법으로는 SIPOC 분석, 가치흐름도(VSM), 파레토차트, 친화도 다이어그램, Kano 분석과 TOC의 현상분석체계도(CRT) 등이 주로 활용된다.

1) SIPOC 분석

SIPOC(supplier–input–process–output–customer)는 서비스결과물 또는 산출물의 고객이 누구인지를 명확히 하기 위한 프로세스 매핑(process mapping)을 분석하는 도구이다.

| 표 10-1 | SIPOC 작성틀

공급자(S)	투입(I)	프로세스(P)	산출(O)	고객(C)

2) 파레토차트

파레토차트(Pareto chart)는 데이터를 크기 순으로 정리한 후 이를 막대그래프로 표현한 것이다. 이는 소수의 핵심적 문제를 쉽게 찾을 수 있도록 하는 기법으로 작성과정은 다음과 같다.

- 파레토차트에 그릴 품목들을 전부 파악한다.
- 파레토차트에 필요한 기간을 명확하게 명시한다.
- 특정 기간 동안 각 품목이 발생한 총횟수를 계산한다.
- 종이에 Y축과 X축의 이차원도표를 그린다. 왼쪽 Y축에는 빈도를, 오른쪽 Y축에는 누적빈도의 백분율을 그린다.
- X축에는 1에서 분류한 품목들을 명기한다. 이때 왼쪽부터 순서대로 발생빈도가 높은 순으로 명기한다.
- 각 품목에 대한 막대그림을 그린다. 막대그림의 높이는 해당 품목의 발생빈도를 의미하게 하며 각 막대그림의 넓이는 반드시 같게 그린다.
- 각 품목에 대한 발생빈도가 가산됨에 따라 도표에 누적된 선도표를 그린다.

그림 10-2 파레토차트의 예

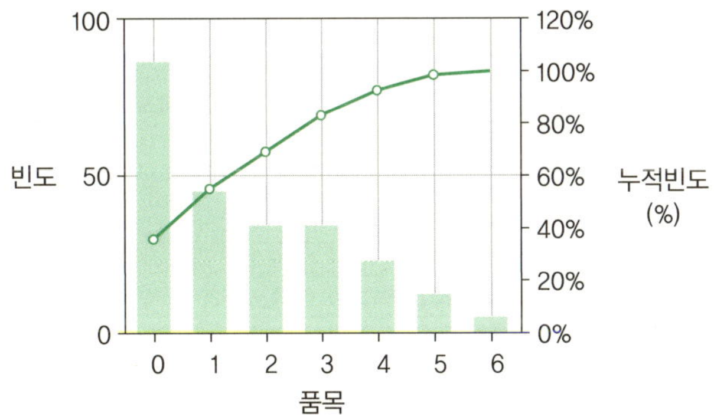

3) 친화도 다이어그램

친화도 다이어그램(affinity diagram)은 많은 양의 아이디어를 관련 있는 것끼리 묶어서 그룹을 만드는 기법으로 팀의 창조성과 직관력을 촉진시키는 데 유용하다.

작성 절차는 다음과 같다.

- 브레인스토밍 등을 통해 각자의 아이디어를 카드에 각각 기록한다.
- 카드를 모아서 무작위로 섞어서 펼쳐 놓아 모든 사람들이 볼 수 있도록 한다.
- 어떤 방식으로든 서로 관련된 아이디어들을 찾아서 그 아이디어가 적혀있는 카드들

을 모아 놓는다. 이때 분류작업에 영향을 줄만한 대화는 삼가한다.

- 모든 아이디어에 관한 군집화가 끝나면 각 그룹에 표제가 될 만한 아이디어를 골라서 해당 그룹의 상단에 놓는다. 그런 카드가 없으면 새 카드에 써서 표제로 사용한다. 이때는 대화가 허용된다.
- 그룹을 합쳐서 상위그룹으로 만드는 것이 적절하다고 판단되면 그렇게 한다.

그림 10-3 친화도 다이어그램 작성 모습

4) Kano 분석

일본인 Kano에 의해 개발된 방법론으로 고객만족이 증가하는 형태에 따라 고객의 요구사항을 매력적 품질요소(attractive quality element), 일원적 품질요소 (one-dimensional quality element) 및 당연적 품질요소(must-be quality element)의 형태로 분류하여 고객의 만족도를 분석함으로써 그 우선순위를 결정하고 해결방안을 찾는 분석방법을 말한다.

- **매력적 품질요소**: 충족이 되면 만족을 주지만 충족되지 않더라도 받아들이는 품질요소로 고객감동의 원천이 된다.
- **일원적 품질요소**: 충족이 되면 만족, 충족되지 않으면 불만을 일으키는 품질요소로서 종래의 품질인식과 같다.
- **당연적 품질요소**: 최소한 마땅히 있을 것으로 생각되는 기본적인 품질요소로서, 충족이 되면 당연한 것으로 생각되기 때문에 별다른 만족감을 주지 못하는 반면, 충족이 되지 않으면 불만을 일으키는 품질요소를 말한다.

2. 측정단계

측정단계는 문제가 얼마나 심각한지 CTQ의 현 수준을 측정하는 단계로 활용할 수 있는 분석방법으로는 기본적인 통계분석 및 정규분포, 저품질비용, 프로세스 능력지수인 C_p와 C_{pk}, DPU, DPO 및 DPMO 등의 프로세스 성과 측정과 관리도 등이 주로 활용된다.

측정된 자료는 파레토차트, 산점도, 런차트, 히스토그램 등 다양한 형태로 표현된다.

그림 10-4 자료표현 방법

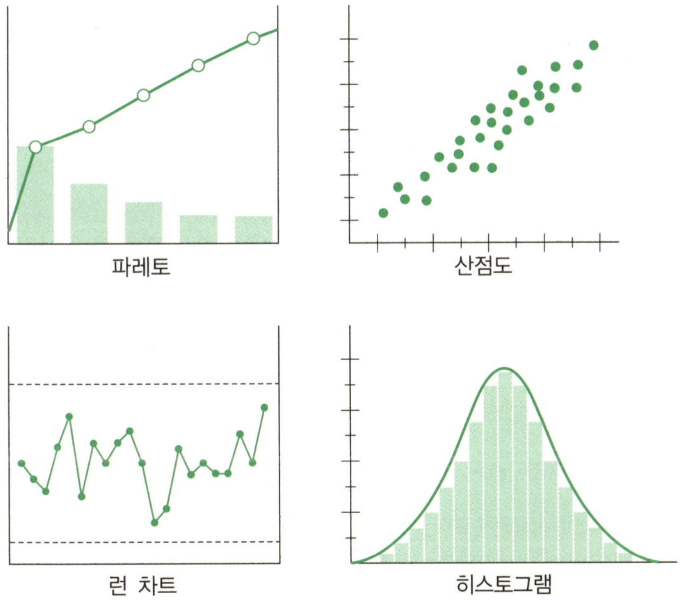

1) 저품질비용

저품질비용(cost of poor quality: COPQ)은 비적합품질비용으로 내 · 외적 실패비용을 말한다. 저품질비용을 산정하기 위해 다음과 같은 표를 활용한다.

표 10-2 COPQ 산정표

내적 실패품목	외적 실패품목	평가품목	예방품목	요약	비용
				내적	
				외적	
				승인	
				예방	
				총	

2) 프로세스 능력지수

프로세스 능력지수(process capability index)는 프로세스가 서비스의 설계사양에 맞게 생산할 능력을 갖고 있는가를 나타내는 지수를 말하며 C_p와 C_{pk}가 있다.

C_p는 프로세스 역량비율(process capability ratio)이라 하는데 이는 프로세스(6 sigma)와 규격범위(규격상한－규격하한)의 비율을 의미하며 프로세스 분포의 극값이 서비스 설계사양의 상·하한값 이내에 있다면 이 프로세스는 역량이 있다고 할 수 있다.

- C_p＝(상한값－하한값) / 6시그마

  $C_p>1$ (3시그마 품질)

  $C_p>1.33$ (4시그마 품질)

  $C_p>1.67$ (5시그마 품질)

  $C_p>2$ (6시그마 품질)

C_{pk}는 프로세스 역량지수(process capability index)라고 하는데 이는 프로세스 산출물이 설계사양 상·하한값 바깥에 나타날 가능성을 측정한 값을 말한다. 프로세스 역량을 확보하였다면 프로세스 역량비율이 기준값보다 크면서 프로세스의 분포가 설계사양의 명목값 중심으로 분포하고 있어야 한다.

- C_{pk} = min[(x평균 − 하한값) / 3sigma, (상한값 − x평균) / 3sigma]

C_p는 C_{pk}보다 크거나 같은데, 같을 경우는 프로세스 중심이 상 · 하한값 중간에 놓여 있음을 의미한다. 예를 들어, 응급실 의료서비스의 소요시간은 평균 26.2분, 표준편차가 1.35분이라 하자. 이 서비스의 명목치는 25분이고, 사양상한은 30분, 사양하한은 20분인데 응급실 관리자는 3시그마 품질을 원한다. 이 응급실은 이 수준의 성과를 낼 능력이 있는지를 분석하고자 한다. 이때 C_{pk}는 0.94로 3시그마 품질의 목표치인 1보다 작기 때문에 이 프로세스는 역량이 없다고 할 수 있다.

3) DPU, DPO 및 DPMO

DPU(defects per unit)는 제품단위당 결함수를 말하며, DPO(defects per opportunity)는 불량 발생 기회당 결함수를, DPMO(defects per million opportunities)는 100만 기회당 결함수를 말한다.

표 10-3 성과측정표 예

성과측정	관찰수	에러수	DPU	기회수	DPMO	시그마수준	C_p

4) 관리도

관리도(control chart)란 우연원인으로 인한 변동과 이상원인으로 인한 변동을 구분할 수 있는 중심선 상 · 하에 관리한계선을 결정한 다음, 공정의 상태를 나타내는 품질 특성치를 타점하여 이 점이 관리한계선 밖으로 나가면 공정에 보아 넘기기 어려운 원인(이상원인)이 존재하고 그렇지 않으면 우연원인에 의한 상태라는 사실을 시간의 경과에 따라한 눈에 알아볼 수 있도록 그린 일종의 꺾은선 그래프를 말한다.

그림 10-5 관리도

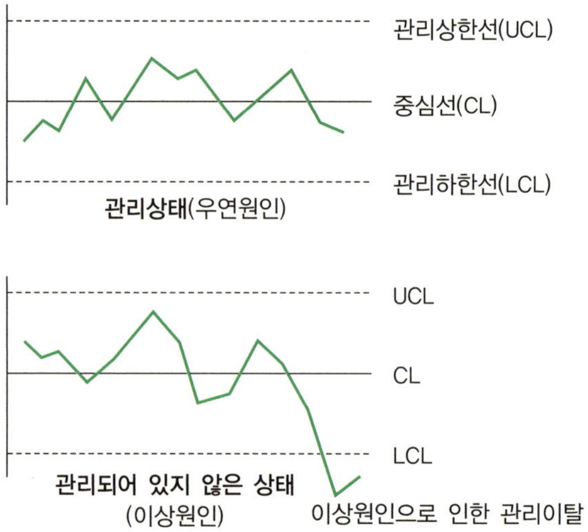

관리도는 데이터의 종류에 따라 변량 데이터(variable data)를 사용하는 계량형 관리도와 계수형 데이터(attribute data)를 사용하는 계수형 관리도가 있다.

- **변량 데이터**: 길이, 무게, 강도, 비율, 원단위, 생산량 등과 같은 제품 혹은 프로세스의 특성을 측정한 데이터
- **계량형 데이터**: 불량품의 수나 단위당 결점수와 같은 특성을 나타내는 정수 데이터

3. 분석단계

분석단계는 문제점이 어떤 환경에서 발생되었는지를 분석하는 단계로 앞 단계에서 측정된 자료 또는 대상 프로세스를 분석하여 CTQ에 영향을 미치는 핵심요인을 결정하여야 한다.

분석단계에서 활용할 수 있는 분석방법으로는 선형계획모형(LP), 대기행렬모형과 같은 각종 운영과학기법과 함께 다변량분석, 인과분석, 회귀분석, 실패유형 및 영향분석, 브레인스토밍, 조하리창, 중요도-성과분석, 5S와 TOC의 대립 해소도(CRD), 미래분석체계도(FRT) 등이 주로 활용된다.

1) 다변량분석

다변량분석(multivariate analysis)은 프로세스에 문제를 일으키는 수많은 잠재요인 중에서 사소한 요인을 찾아 이를 제거함으로써 문제의 범위를 줄여주는 기법이다.

프로세스에서 발생하는 대부분의 문제는 과도한 변동에 의해 야기되기 때문에 다변량분석은 프로세의 변동을 범주화함으로써 변동의 원인이 어디에 있는지를 발견하여 이에 집중하게 한다.

이렇게 범주화될 수 있는 변동에는 위치적(positional) 변동, 주기적(cyclical) 변동 및 시간대별(temporal) 변동이 있다.

- **위치적 변동:** 프로세스, 상품, 부서 및 시스템 안의 특정 위치에서 발생하는 변동
- **주기적 변동:** 한 프로세스 주기로부터 다음 프로세스 주기까지의 변화를 의미
- **시간대별 변동:** 시간이 지남에 따라 관측되는 프로세스 산출의 변화를 의미

예를 들어, 프로세스나 상품 또는 부서의 특정 부위나 위치에서만 계속 문제가 발생하는 경우 위치적 변동이 있다고 하며, 한번은 잘 되다가 다음 번은 잘못 되는 것이 반복될 때 주기적 변동이 있다고 하며, 시간이 지남에 따라 프로세스의 결과가 점차 떨어질 때 시간대별 변동이 있다고 한다.

이렇게 특정한 유형의 변동이 발견되면 그 변동과 관련된 문제의 원인에 집중할 수 있기 때문에 보다 효과적으로 프로세스의 문제를 해결할 수 있다.

2) 인과분석

인과분석(cause and effect analysis)은 개선하고자 하는 특성을 결과라고 할 때 이에 영향을 미치는 요인을 찾아내는 기법으로 어골도(fishbone diagram)라고도 한다.

작성방법은 다음과 같다.

- 문제를 정의한다.
- 문제 원인에 대한 주요 관점을 정의한다. 관점에는 사람, 자재, 기계, 방법, 환경 등으로 크게 분류할 수 있다.

- 관점별 가능한 원인에 대해 브레인스토밍한다.

그림 10-6 인과분석의 틀

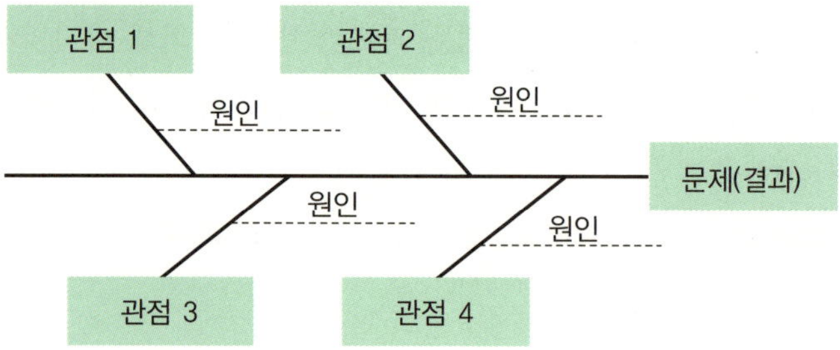

3) 회귀분석

회귀분석(regression analysis)은 예측하고자 하는 변수를 종속변수(Y)라 하고 이에 영향을 주는 변수들을 독립변수(X)라고 했을 때 종속변수와 독립변수의 관련성, 즉 Y=f(X)를 추정하기 위한 통계적 분석방법을 말한다.

그림 10-7 회귀분석의 예

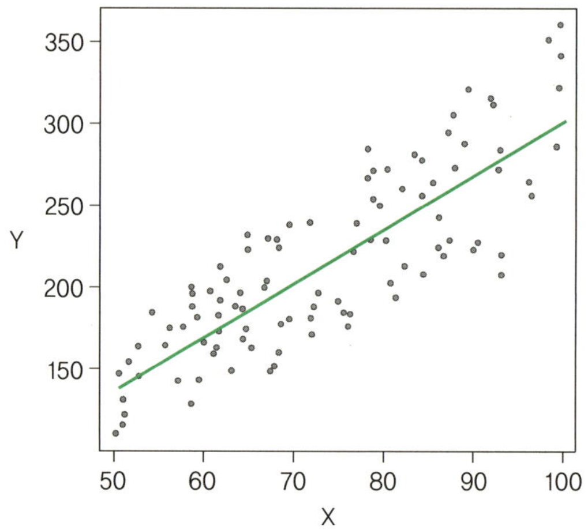

4) 실패유형 및 영향분석

실패유형 및 영향분석(failure modes and effects analysis: FMEA)은 프로세스에서 발생할 수 있는 실패유형과 이에 의한 영향을 명확히 하고 이와 관련된 위험도를 수치화한 것으로 개선의 우선순위를 정하기 위하여 작성한 표를 말한다.

아래 표는 프로세스에서 발생할 수 있는 문제의 심각도, 그 심각한 문제의 발생도 및 그 발생을 사전에 탐지할 수 있는가에 대한 검출도 정도에 대해 1~10점까지의 등급을 나타낸 표이다.

표 10-4 중대성, 발생가능성 및 탐지의 등급

	문제의 심각도 severity	심각도의 발생도 occurrence	발생도의 검출도 detection
10	경고없이 손해	매우 높음(1/2)	절대적으로 불확실
9	경고하며 손해	매우 높음(1/3)	매우 어려움
8	매우 높은 위험	매우 높음(1/8)	어려움
7	높은 위험	높음(1/20)	매우 낮음
6	적당한 위험	높음(1/80)	낮음
5	낮은 위험	보통(1/400)	보통
4	매우 낮은 위험	보통(1/2,000)	높은 보통
3	사소한 위험	낮음(1/15,000)	높음
2	매우 사소한 위험	낮음(1/150,000)	매우 높음
1	위험이 전혀 없음	거의 없음(1/1,500,000)	거의 확실

예를 들어, 중환자 집중 치료 프로세스의 경우에 프로세스의 문제를 발생시킬 수 있는 실패유형으로 환자의 침대에서 낙상이 있다고 하자. 이 낙상이 중환자 집중 치료 프로세스에 미치는 문제의 심각도는 매우 사소하기 때문에 2점, 이 심각한 위협의 발생도는 15,000의 경우 중에 한번 정도이어서 3점, 그러나 그 발생도를 사전에 검출하기 어렵기 때문에 8점을 부과하였다.

이렇게 실패유형별로 심각도, 발생도 및 검출도에 대한 평가가 이루어졌으면 이를 모두 곱하여 위험우선수(risk priority number: RPN)를 계산한다. 위험우선수란 위 세 가지 요인에 근거한 위험수준을 나타낸 수치로써 이 값이 특정 수치를 초과한 유형에 대해서는 그 위험을 감소하기 위해 우선적으로 관리해야 한다. 일반적으로 심각도가 7 이상이고 발생도가 6 이상이면 그 유형의 요인을 감소시키기 위해 조사해야 한다.

위험우선수 = 심각도 × 발생도 × 검출도

표 10-5 FMEA의 예

프로세스: 중환자 집중 치료 날짜:
프로세스 번호:

실패유형	심각도	발생도	검출도	RPN =
	S	O	D	S×O×D
침대에서 낙상	2	3	8	48

5) 브레인스토밍

브레인스토밍(brain storming)은 창의적인 아이디어를 생산하기 위한 학습도구이자 회의 기법으로 어떠한 주제에 대하여 해결책이나 대안을 만들어낼 때 분석적인 절차를 밟지 않고 몇몇 사람이 그룹을 형성하여 자유롭게 아이디어를 제시한 후 구체안을 정리하여 1차, 2차 검토를 통해서 그 주제에 가장 적합한 생각을 다듬어나가는 일련의 과정이다. 주의할 점은 어떤 사람이 제시한 의견에 대해서 다른 참가자가 비판을 해서는 안 된다.

6) 조하리창

두 명의 심리학자 조셉 루프트(Joseph Luft)와 헤리 잉햄(Harry Ingham)의 이름을 조합한 조하리창(Johari's window)은 집단역학에 관한 조사를 하는 과정에서 개발한 모형이다. 이후 서비스에 대한 소비자와 공급자 간의 인식 차이를 확인하고 소통을 통한 인간관계 개선에 도움을 주는 도구로서 이용되고 있다.

조하리창은 '나의 인식 여부'와 '타인의 인식 여부'라는 두 변수의 조합에 따라 열린 창(open area), 보이지 않는 창(blind area), 숨겨진 창(hidden area), 미지의 창(unknown area)이라는 네 가지 영역으로 분류된다. 각각의 창은 나와 타인의 관계가 어떻게 달라지는지를 나타낸다.

- **열린 창**: 자신과 타인이 공통적으로 인식한 영역으로 서로를 이해하고 있다는 점에서 양측은 대체로 평온한 상황
- **보이지 않는 창**: 자신은 인식하지 못한 상태에서 타인은 인식한 영역으로 타인에 대한 이해가 부족한 상황
- **숨겨진 창**: 자신은 인식한 상태에서 타인은 인식하지 못한 영역으로 자신의 정보를 타인에게 제공하지 않아 오해가 발생할 수도 있는 상황
- **미지의 창**: 자신과 타인 모두 인식하지 못한 영역으로 집단 간의 갈등이 발생할 수 있는 상황

특히, 보이지 않는 창은 조직의 입장에서 소비자인 타인은 중요하게 인식하였지만 공급자인 자신은 중요하게 인식하지 못한 영역으로 소비자와 공급자 간에 인식 차이를 확인할 수 있다. 따라서 이를 양쪽 모두 인식하고 있는 열린 창으로 전환하고자 하는 노력을 통해 소비자와의 의사소통 및 서비스수준을 개선하게 된다.

그림 10-8 조하리창

	공급자가 인식한 부분	공급자가 인식하지 못한 부분
소비자가 인식한 부분	열린 창 (open area)	보이지 않는 창 (blind area)
소비자가 인식하지 못한 부분	숨겨진 창 (hidden area)	미지의 창 (unknown area)

자료: Luft, J., "The Johari Window", *Human Training News* 5(1), 1961.

7) 중요도-성과분석

마틸라(J. Matilla)와 제임스(J. James)가 소개한 중요도-성과분석(importance-performance analysis: IPA)은 상품이나 서비스에 대한 이용자의 만족을 측정하기 위해 각 속성의 이용 전 중요도와 이용 후 성과를 평가하여 각 속성의 상대적 중요도와 성취도를 동시에 비교·분석하는 평가기법이다.

두 개의 축을 구성하고 있는 중요도와 성과는 다음과 같이 다양한 개념으로 치환될 수 있다.

- **중요도**: 투자비용, 향후 사업의 우선순위 등
- **성과**: 고객의 만족도, 매출액, 인지도, 브랜드 파워 등

두 개의 축인 중요도와 성과의 높고 낮음에 따라 다음과 같은 네 가지 유형이 존재하게 된다.

- **중점개선 영역**: 중요도는 높지만 성과는 낮은 영역으로 성과 향상을 위한 집중적인 관리 전략이 필요
- **지속관심 영역**: 중요도도 높고 성과도 높은 영역으로 지속적으로 잘 유지하는 전략이 필요

그림 10-9 중요도-성과분석모형

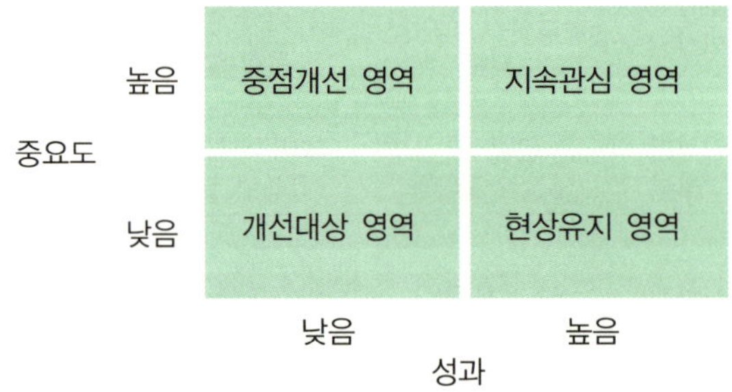

자료: Martilla, J.A. and J.C. James, "Importance performance analysis", *Journal of Marketing* 41, 1977.

- **개선대상 영역**: 중요도도 낮고 성과도 낮은 영역으로 관리의 우선순위를 낮추는 전략이 필요
- **현상유지 영역**: 중요도는 낮지만 성과는 높은 영역으로 불필요한 과잉 관리를 제거하거나 개선하는 자원 재분배 전략이 필요

이때 중점개선 영역에 속한 변수들은 상대적으로 중요도는 높은 데 반해 성과는 낮으므로 조직입장에서 한정된 자원을 우선 투입해야 하는 대상으로 선정하게 된다.

IPA는 통계분석이 아닌 단순한 기법이라는 점, 기대와 만족평가를 동시에 함으로써 문제점을 명확히 제시하고 결과해석과 전략적 우선순위를 판단하기 용이하다는 점 등으로 인해 쉽게 실무에서 활용할 수 있다는 장점이 있다.

3절 개선 및 통제관리단계

1. 개선단계

개선단계는 문제점을 어떻게 개선할 수 있는가에 관한 단계로 문제의 근본 원인을 제거하고 프로세스의 개선을 위한 최적조건을 찾아내어 실행한다.

개선단계에서 활용할 수 있는 분석방법으로는 운영과학기법과 함께 실험계획법, 모수 및 비모수 가설검정, 분산분석, 벤치마킹, 시뮬레이션, 서비스 청사진, 품질기능전개와 TOC의 전제조건 체계도(PRT), 이행 체계도(TT) 등이 주로 활용된다.

1) 실험계획법

실험계획법(design of experiments: DOE)은 해결하고자 하는 문제에 대하여 실험방법, 자료취득, 통계방법 선택을 통해 최소의 실험으로 최대의 정보를 얻을 수 있는가를 계획하는 통계학의 응용분야이다.

즉, 해결하고자 하는 문제에 대하여 실험을 어떻게 행하고, 데이터를 어떻게 취하며, 어떠한 통계적 방법으로 데이터를 분석하면 최소의 실험횟수에서 최대의 정보를 얻을

수 있는가를 계획하는 것으로 분산분석(analysis of variance: ANOVA), 통계적 검정·추정, 상관분석(correlation analysis), 회귀분석(regression analysis) 등이 분석을 위해 주로 사용된다.

2) 가설검정

(1) 가설검정

가설검정(hypothesis testing)은 모평균, 모분산, 모비율 등과 같은 모집단의 모수 또는 분포에 관하여 주장 또는 가설(귀무가설, 대립가설)을 세우고 표본을 통하여 얻어지는 정보에 따라 그 주장 또는 가설을 받아들이거나 기각하는 결정을 내리는 통계적 방법을 말한다.

- 귀무가설: 기존의 입장
- 대립가설: 주장하고 싶은 새로운 사실

(2) 비모수검정

비모수검정은 자료가 모수검정을 하기에 표본의 수가 너무 작거나 분포가 정규분포가 아닐 때 등 필요 가정을 충족시키지 못한 경우에 사용한다. 비모수검정의 장점은 모수검정에 비해 상대적으로 계산이 간단하며 분포와 무관한 특성을 갖는다.

- 모수(parametric): 모집단의 특성을 나타낸 것으로 통상 특정 분포를 가정
- 비모수(nonparametric): 이에 대해 가정하지 않는 것

차이를 검정하기 위한 비모수검정 방법으로는 다음과 같은 방법들이 있다.

- 중앙값검정(median test)
- Mann Whitney U검정
- 부호검정(sign test)
- Wilcoxon singed rank test(부호화된 순위검정)

- Wilcoxon rank sum test(순위합검정)
- Kurskall-Wallis test

또한 상관성을 검정하기 위한 비모수검정 방법으로는 다음과 같은 방법들이 있다.

- 카이제곱검정
- McNemar test
- Spearman rho
- Kendall tau & gamma

3) 분산분석

분산분석(ANOVA)은 두 개 이상 모집단들의 평균이 서로 동일한지 여부를 검정하기 위해서 사용한다.

4) 벤치마킹

벤치마킹(benchmarking)은 경쟁우위를 확보하기 위하여 특정 분야의 최고 수준의 프로세스를 조사 · 분석하여 배우면서 자기혁신을 추구하는 활동을 말한다. 즉, 벤치마킹은 단순한 방문이나 일회성의 활동이 아니라 지속적인 학습을 통해 끊임없이 업무방식의 개선을 추구하는 과정이다.

벤치마킹의 단계와 주요 내용은 다음과 같다.

- **범위 결정**: 벤치마킹을 수행할 분야를 정하고 목표를 수립하고 수행 주체를 결정
- **대상 결정**: 벤치마킹할 대상 조직을 결정
- **벤치마킹 시행**
- **성과차이 분석**: 벤치마킹 결과를 바탕으로 성과차이 분석
- **개선계획 수립**: 성과차이 원인을 분석하고 개선 목표와 계획을 수립
- **변화관리**: 개선 목표 달성을 위해 변화 사항을 지속적으로 관리

벤치마킹은 후발주자로 하여금 위험 감소나 선발 주자를 손쉽게 따라 잡을 수 있는 기회를 제공한다는 장점이 있으나 경쟁자를 뛰어넘기는 어렵다는 한계가 있다.

5) 시뮬레이션

시뮬레이션(simulation)은 실제로 실행하기 어려운 실험을 컴퓨터를 이용하여 행하는 모의실험을 뜻한다.

6) 서비스 청사진

서비스 청사진(blue printing)이란 서비스를 쉽게 이해할 수 있도록 그림으로 나타낸 것으로 고객과 서비스를 생산하는 조직과의 상호작용을 구체적으로 표현하며 실패 가능점을 식별하여 이에 대한 대처 방안을 마련해 프로세스를 개선하기 위해 활용한다. 고객, 직원, 조직이 서비스 전달 과정에서 각자해야 하는 역할, 서비스 프로세스와 관련된 단계, 서비스 절차를 이해하기 쉽도록 그림으로 표시한 것으로 서비스 상품 개발의 설계와 재설계 시에 유용하게 활용된다.

서비스 청사진의 구성요소는 다음과 같다.

- 고객의 행동(customer actions): 고객이 수행하는 행동들을 나타냄.
- 직원의 행동(employee actions): 고객의 행동에 따른 직원의 행동을 나타냄. 고객과의 직접응대 여부에 따라 일선 직원과 후방 직원으로 분류하여 나타냄.
- 지원 프로세스(support process): 일선에서 서비스를 전달하는 직원을 지원하기 위한 조직의 내부적 서비스를 나타냄.
- 상호작용선(line of interaction): 고객과 조직 내 일선 직원 간의 직접적인 상호작용을 나타낸 선으로 상호작용이 발생할 경우 수직선으로 표시함.
- 가시선(line of visibility): 조직의 일선 활동과 후방 활동을 구분하는 선으로 이를 기준으로 서비스의 물리적 증거를 제공받는지 여부를 알 수 있음.
- 내부적 상호작용선(line of internal interaction): 조직 내 후방 활동과 이를 지원하는 활동을 구분하는 선으로 내부적 상호작용이 발생할 경우 수직선의 표시를 통해 내부적 서비스 접점을 나타냄.

그림 10-10 의료조직의 서비스 청사진 예

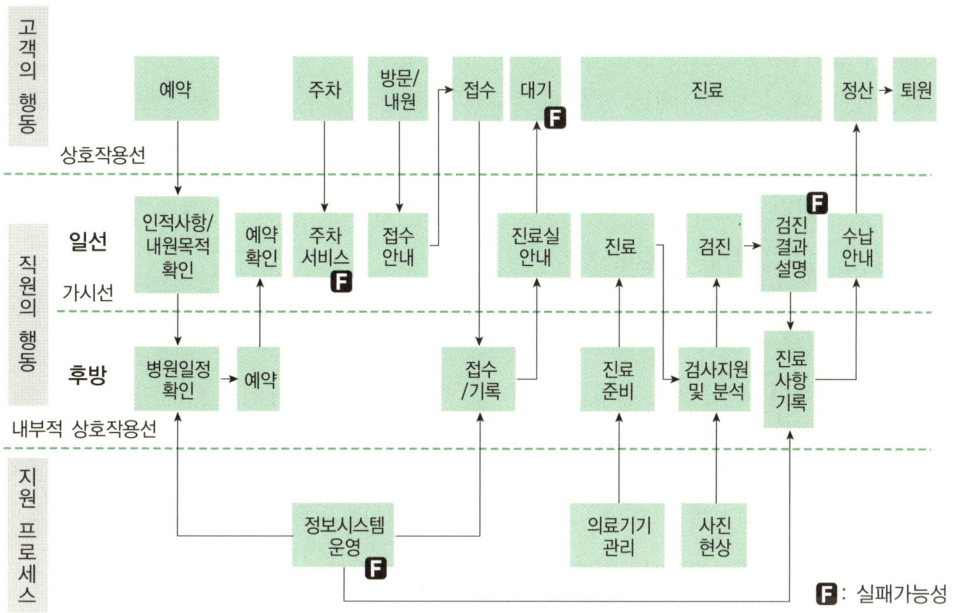

7) 품질기능전개

품질기능전개(quality function deployment: QFD)는 고객의 요구가 최종 서비스에 충실히 반영되도록 고객의 요구와 서비스 디자인 요소들 사이의 연결점을 발견하여 고객의 생각을 구체적이고 실행가능한 서비스로 개발하기 위한 기법이다.

이를 구체화하기 위한 도구로 '품질의 집(house of quality)'이라는 매트릭스 형의 다이어그램을 활용한다. 이는 다음과 같은 요소로 구성된다.

- **고객요구**: 서비스에 대해 고객에 의해 요구되고 기대하는 사항들로 매트릭스의 가로방향으로 구성
- **서비스 디자인 요소**: 서비스 디자인의 기술적 요소로 나타내며 주로 품질을 평가할 척도가 될 수 있는 요소로 매트릭스의 세로방향으로 구성
- **고객요구와 서비스품질 특성의 상관관계**: 고객요구와 서비스품질 특성 간의 상호관련성, 중요도 및 상호작용들을 비교하는 것으로 매트릭스의 중앙부분에 표시

이와 함께 품질의 집 지붕은 디자인 요소들 사이의 상호작용 정도를 나타낸다. 서로 긍정적인 방향으로 작용할 요소도 있겠지만 상쇄적 관계로 작용할 요소도 있을 수 있다.

품질의 집 제일 오른쪽에는 고객의 요구에 대한 우선순위를 평가하고 조직의 목표수준과 경쟁조직의 수준을 나타낸다.

이렇게 품질의 집은 고객이 요구하는 서비스를 설계하고 서비스 프로세스를 개선함에 귀중한 정보를 주는 역할을 한다.

2. 통제관리단계

도출된 개선안대로 현장에서 진행된다는 보장은 없다. 따라서 개선결과를 실제 조건에서 검증하고 개선결과의 유지 · 관리 계획을 수립하는 단계로 도출된 개선안이 현장에 적용되도록 관리하고, 개선안대로 프로세스가 진행되고 있는지와 프로세스의 성과를 확인하는 것이 필요한데 이를 통제관리단계에서 수행한다.

이렇게 통제관리단계는 문제점을 안정상태로 유지하도록 통제 관리하는 단계로 이 단계에서는 실행결과를 통제함으로써 개선된 프로세스를 유지하도록 개선사항을 표준화하고 이행 책임자를 선정하여 주기적으로 모니터링함이 중요하다. 또한 이 단계에서는 새로운 프로세스의 개선 기회를 발견하기도 한다.

각종 통계기법과 프로세스 능력지수 등을 활용하여 통제관리되고 있는지 확인한다.

| 참고문헌 |

강경훈 · 임홍순, 프로세스 경영, 성안당, 2008.

김도훈 · 문태훈 · 김동환, 시스템다이내믹스, 대영문화사, 1999.

김동환, 시스템 사고, 선학사, 2004.

김언수, TOP을 위한 전략경영 2.7, 박영사, 2008.

김연성 외, 글로벌 품질경영, 박영사, 2009.

박형호 외, 제품 · 서비스 운영관리, 도서출판 청람, 2010.

안영진, 서비스 식스 시그마, 박영사, 2009.

안영진 · 유영목 · 홍석기, 생산운영관리, 박영사, 2010.

윤석철, 경영학의 진리체계, 경문사, 2008.

이견직 외, 사회경영전략, 무역경영사, 2015.

이견직, 의료경영학, 도서출판 청람, 2021.

이견직, 의료운영관리, 무역경영사, 2012.

이유재, 서비스마케팅, 학현사, 2004.

Anderson, V., & L Johnson, *Systems Thinking Basics : From Concepts to Causal Loops*, Pegasus Communications, Inc., 1997.

Axelrod, R.(이경식 역), 협력의 진화, 시스테마, 2009.

Berman, E.M., Performance and Productivity in Public and Nonprofit Organizations, M.E. Sharpe, 2006.

Blenko, M.W., M.C. Mankins, and P. Rogers, "The Decision-Driven Organization", *Harvard Business Review*, June, 2010.

Brown, T., "Design Thinking", *Harvard Business Review*, June, 2008.

Burns, L.R., *The Health Care Value Chain: Producers, Purchasers, and Providers*, CA: Jossey-Bass, 2002.

Butler, G., C. Caldwell, and N. Poston, *Lean-Six Sigma for Healthcare*, WI: American Society for Quality, 2009.

Capra, F.(김용정 외 역), 현대물리학과 동양사상, 범양사, 2006.

Charnes, A., W.W. Cooper, and E. Rhodes, "Measuring the Efficiency of DMUs", *European*

Journal of Operational Research 2, 1978.

Collins, J.(이무열 역), *Good to Great*(좋은 기업을 넘어 위대한 기업으로), 김영사, 2002.

Cox, J., Schleier, J., *Theory of Constraints Handbook* (Eds.), McGraw-Hill, 2010.

Crosby, P.B., Quality Is Free, NY: McGraw-Hill, 1979.

Dettmer, H., *Goldratt's Theory of Constraints,* ASQ Quality Press, 1997.

Dettmer, H., *The Logical Thinking Process: A Systems Approach to Complex Problem Solving,* ASQ Quality Press, 2007.

Drucker, P., *The Practice of Management*, NY: HarperCollins, 1954.

Drucker, P.(이재규 역), *Practice of Management*(경영의 실제), 한국경제신문사, 2006.

Drucker, P.F., "What Makes an Effective Executive", *Harvard Business Review*, June, 2004.

Ehie, I. and C. Sheu, "Integrating Six Sigma and Theory of Constraints for Continuous Improvement: A Case Study", *Journal of Manufacturing Technology Management* 16(5), 2005.

El-Haik B., and R. Al-Aomar, *Simulation-Based Lean Six-sigma and Design for Six-Sigma*, NJ: John Wiley & Sons, 2006.

Fitzsimmons, F. and M. Fitzsimmons, *Service Management*, McGraw-Hill, 2006.

Goldratt, E., Cox, J., *The Goal: A Process of Ongoing Improvement*, North River Press, 1992.

Goldratt, E.M.(강승덕 · 김일운 역), It's Not Luck, 동양문고, 2002.

Goldratt, E.M. and Cox, J.(김일운 외 역), The Goal, 동양문고, 2001.

Goldratt, E.M. and Cox, J., *The Goal: A Process of Ongoing Improvement*, North River Press, 1992.

Goldratt, E., and Goldratt-Ashlag, E.(최원준 역), *The Choice*(초이스), 웅진윙스, 2008.

Grönroos, C. and K. Ojasalo, "Service productivity: Towards a Conceptualization of the Transformation of Inputs into Economic Results in Services", *Journal of Business Research* 57, 2004.

Grönroos, C., Strategic Management and Marketing in the Service Sector, Marketing Science Institute, 1983.

Hall, J.M. and M.E. Johnson, "When Should a Process Be Art, Not Science?", *Harvard Business Review*, March, 2009.

Hamel, G. and C. Prahalad, "Strategic Intent", *Harvard Business Review*, Jul.-Aug., 2005.

Hammer, M. and J. Champy, *Reengineering the Corporation*, NY: HarperCollins Publishers, 1993.

Harmon, P., *Business Process Change: A Guide for Business Managers and BPM and Six*

Sigma Professionals, Morgan Kaufmann Publishers, 2007.

Harry, M.J. and R. Schroeder(안영진 역), 6시그마 혁신전략, 김영사, 2000.

Harry, M.J., "Six Sigma: A Breakthrough Strategy for Profitability", *Quality Progress*, May, 1998.

Heskett, J.L. et al., "Putting the Service-Profit Chain to Work", *Harvard Business Review*, March-April, 1994.

Juran, J.M., Juran on Leadership for Quality, NY: Free Press, 1989.

Kaplan, R., Norton, D., *The Balanced Scorecard,* MA: Harvard Business School Press, 1996.

Kaplan, R.S. and D.P. Norton, "The Balanced Scorecard Measures that Drive Performance", *Harvard Business Review*, Jan.-Feb., 1992.

Kaplan, R.S. and D.P. Norton, The Balanced Scorecard, MA: Harvard Business School Press, 1996.

Kaplan, R.S. and D.P. Norton, The Strategy-Focused organization, MA: Harvard Business School Press, 2001.

Kaplan, S., *The Business Model Innovation Factory,* John Wiley & Sons, 2012.

Kim, H., *Introduction to Systems Thinking*, Pegasus Communications, Inc., 1999.

Kim, K. and R. Mauborgne, "Blue Ocean Strategy", *Harvard Business Review*, Oct., 2004.

Krajewski, L.J. and L.P. Ritzman and M.K. Malhotra, *Operations Management*, MA: Prentice-Hall, 2009.

Langabeer II, J.R., Health Care Operations Management: A Quantitative Approach to Business and Logistics, MA: Jones and Bartlett Publishers, 2008.

Lee, K.J., "A Practical Method of Predicting Client Revisit Intention in a Hospital Setting", *Health Care Management Review* 30(2), 2005.

Lighter, D.E., Advanced Performance Improvement in Health Care, MA: Jones and Bartlett Publishers, 2011.

Luft, J., "The Johari Window", *Human Training News* 5(1), 1961.

Martilla, J.A. and J.C. James, "Importance performance analysis", *Journal of Marketing* 41, 1977.

Meadows, D. H., Meadows, D. L., Randers, J., Behrens, W., *The Limits to Growth*, New York: Universe Books, 1972.

Meadows, D. H., Randers, J., Meadows, D. L., *The Limits to Growth: The 30-year Update, Chelsea Green Publishing*, 2004.

Meadows, D., *Thinking in Systems,* Chelsea Green Publishing, 2008.

Murdick, R.G., B. Render and R.S. Russell, *Service Operations Management*, Allyn and Bacon, 1990.

Parasuraman, A., V.A. Zeithaml, and L.L. Berry, "A Conceptual Model of Service Quality and Its Implications for Future", *The Journal of Marketing* 49(4), 1985.

Parasuraman, A., V.A. Zeithaml, and L.L. Berry, "SERVQUAL: A Multiple Item Scale for Measuring Consumer Perceptions of Service Quality", *Journal of Retailing* 64, 1988.

Parmenter, D., Key Performance Indicators: Developing, Implementing, and Using Winning KPIs, NJ: John Wiley & Sons, 2010.

Person, R., Balanced Scorecards and Operational Dashboards with Microsoft Excel, IN: Wiley Publishing, 2009.

Porter, M. and E. Teisberg, "Redefining Competition Health Care", *Harvard Business Review*, June, 2004.

Porter, M. and M. Kramer, "Strategy & Society: The Link Between competitive Advantage and Corporate Social Responsibility", *Harvard Business Review*, Dec., 2006.

Porter, M., "What is Strategy?", *Harvard Business Review*, Nov.-Dec., 1996.

Porter, M., Kramer, M., Creating Shared Value, *Harvard Business Review*, 2011.

Porter, M., The Competitive Advantage of Nations, NY: Free Press, 1990.

Porter, M.E. and E.O. Teisberg, Redefining Health Care: Creating Value-based Competition on Results, MA: Harvard Business Press, 2006.

Porter, M.E. and M.R. Kramer, "The Big Idea: Creating Shared Value", *Harvard Business Review*, Jan.-Feb., 2011.

Prahalad, C.K. and G. Hamel, "The Core Competence of the Corporation", *Harvard Business Review*, May-June, 1990.

Press, I., Patient Satisfaction: Defining, Measuring, and Improving the Experience of Care, IL: Health Administration Press, 2002.

Ramaswamy, V. and F. Gouillart, "Building the Co-Creative Enterprise", *Harvard Business Review*, October, 2010.

Ransom, S.B., M.S. Joshi, and D.B. Nash, *The Healthcare Quality Book*, IL: Health Administration Press, 2005.

Ronen, B. and J.S. Pliskin, *Focused Operations Management for Health Services Organizations*, CA: Jossey-Bass, 2006.

Roth, A.V., "World Class Health Care", *Quality Management in Health* 1(3), 1993.

Schonberger, R.J., *World Class Manufacturing: The lessons of Simplicity Applied*, NY: Free Press, 1986.

Senge, P.(강혜정 역), 학습하는 조직, 에이지21, 2014.

Senge, P., *The Fifth Discipline: The Art and Science of the Learning Organization,* New York: Currency Doubleday, 1990.

Shaw, P., C. Elliott, P. Isaacson, and E. Murphy, Quality & Performance Improvement in Healthcare: A Tool for programmed learning, American Health Information Management Association, 2007.

Smith, S.P. and D.L. Flarey, *Process-Centered Health Care Organization*, Aspen Publication, 1999.

Sterman, J., *Business Dynamics: Systems Thinking and Modeling for a Complex World,* Irwin McGraw-Hill, 2000.

Sterman, J., Learning from Evidence in a Complex World, *American Journal of Public Health* 96(3), 2006, pp. 505-514.

Stevenson, J.W.(강종렬 외 5인 역), 생산운영관리, McGraw-Hill Korea, 2007.

Swayne, L.E., W.J. Duncan, and P.M. Ginter, *Strategic Management of Health Care Organizations*, Blackwell, 2006.

Taguchi, G., Introduction to Quality Engineering: Designing Quality into Products and Process, MA: Productivity Press, 1986.

Trusko, B.E., C. Pexton, H.J. Harrington, and P. Gupta, *Improving Healthcare Quality and Cost with Six Sigma*, FT Press, 2007.

Tyagi, R.K. and P. Gupta, *A Complete and Balanced Service Scorecard*, FT Press, 2008.

Vissers, J. and R. Beech, *Health Operations Management: Patient Flow Logistics in Health Care*, Routledge, 2005.

Vuori, H., *Quality Assurance of Health Services: Concepts and Methodology*, WHO, 1982.

Wedgwood, I., *Lean Sigma: A Practitioner's Guide*, MA: Prentice-Hall, 2007.

Wolstenholme, E.F., Towards the definition and use of a core set of archetypal structures in system dynamics, *System Dynamics Review* 19, 2003.

| 찾아보기 |

| 저자소개 |

이견직

[학력 및 주요 경력]
저자는 서강대학교 경영대학을 졸업하고 한국과학기술원(KAIST)에서 경영과학 석・박사학위를 받았다. 현재 한림대학교 경영학과 의료경영전공의 교수이며, 의료경영연구소 소장이다. 주요 사회활동으로 대통령자문 고령화 및 미래사회위원회 전문위원과 보건복지부 및 대한병원협회 자문위원 등이 있으며 한국병원경영학회 이사로 활동하고 있다. 의료경영과 의료정책, 고령친화산업과 사회혁신경영, 비즈니스 다이내믹스 등에 깊은 관심을 갖고 있으며 특히, 의료조직의 전략경영과 운영관리, 비영리조직경영, 사회적 기업과 공유경제 등에 대해 공부하고 있다.

[저서]
의료경영학(2010, 2015, 2021), 의료운영관리(2012), 사회적경제의 이해와 전망(2014), 사회경영전략(2015) 등이 있으며, 주요 논문으로는 "A Practical Method of Predicting Client Revisit Intention in a Hospital Setting"(Health Care Management Review, 2005), "Maternal Education and Allocation of Time and Children's Health in South Korea"(Journal of World Health & Population, 2006), "코로나19에 대응하는 세분화된 사회적 거리두기 정책의 효과 분석"(한국시스템다이내믹스연구, 2021), "동적 시뮬레이션 접근을 통한 만성질환관리의 스마트 헬스케어 효과성 연구"(보건사회연구, 2019), "디지털 헬스 시스템 성과연구"(의료경영학연구, 2018), "시스템사고로 본 의료전달체계의 위기와 개선방안"(한국시스템다이내믹스연구, 2016), "사회적 미션조직으로서 의료기관의 단계적 성과분석"(보건사회연구, 2014), "중요도-성취도 분석을 활용한 도심형 요양병원 선택요인 연구"(보건사회연구, 2014), "의료관광산업의 국제경쟁력분석 연구"(보건사회연구, 2013), "린6시그마와 시뮬레이션을 활용한 병원 응급실 프로세스 개선"(보건사회연구, 2011), "병원산업에서 시장지향성이 성과에 미치는 영향과 규모와의 관계"(보건행정학회지, 2006), "신경망 모형을 이용한 외래 환자 만족도 예측 및 민감도 분석"(병원경영학회지, 2003) 등 국내외 수십여 편이 있다.

전체 최적화를 위한 시스템 사고와 제약 관리
생산운영관리

2021년 8월 15일 1판 1쇄 인쇄
2021년 8월 20일 1판 1쇄 발행

저　자 | 이견직
발행인 | 이수영
발행처 | 도서출판 청람
서울시 마포구 독막로 288(대흥동, 세양상가 109호)
전　화 | 02)3272-2601~2
팩　스 | 02)3272-2603
이메일 | crbooks@daum.net
홈페이지 | http://www.crbooks.co.kr
등　록 | 2000년 8월 26일 제6-0509호

ISBN 978-89-5972-829-9 93320 [정가 22,000원]